왜 당신들만 옳고 우리는 틀린가?

인간과 사회를 사유하기 위한
새로운 철학 입문

왜 당신들만 옳고 우리는 틀린가?

다케다 세이지 지음 | 박성관 옮김

일러두기

1. 본문 속 괄호 [ ]는 옮긴이의 부연 설명이다.
2. 각주는 지은이의 주이며 옮긴이 주는 '-옮긴이'로 표시해 두었다.
3. 원서에서 권점(圈點)으로 강조한 부분은 볼드체로 표시했다.

철학의 방법과 공적

나는 우연한 계기로 철학의 길에 들어선 이래 몇 권의 철학 입문서를 썼다. 그런데 또 이런 책을 쓰게 되었다. 일이 이렇게 된 계기는 몇 년 전에 내 철학의 성과를 모두 쏟아부을 생각으로 쓴 『욕망론』(전 2권)과 관련이 있다. 그 두 권을 내고 조금 시간이 흐르자 철학에서 너무나도 중요한 뭔가가 빠졌다는 생각이 들었다. 이 책은 그게 마음에 걸려 태어난 것이기도 하다. 그 결과 지금까지 쓰여온 어떤 철학 입문서와도 다른 것이 되었다.

철학은 왜 세계사에 등장했고, 어떠한 방법을 구사하며, 인간이 입장에서 볼 때 어떠한 역할을 수행해 왔는가, 또 지금 어떠한 역할을 수행할 수 있는가? 이것이 이 책의 중심 테마다. 나는 지금까지 어떤 철학 입문서도 이런 것들에 대해 충분히, 명백히 말하지는 않았다고 생각한다. 이 책을 써서 나는 현재 우리에게 얼마나 철학이 중요한지를 밝혀 보고 싶다.

철학이라는 앎은 프로메테우스가 인류에게 전해 준 기술의 불이 아니라, 정신의 참된 전개를 위한 불씨다. 그것이 철학의 명확한 역할과 목적이다. 그러나 현재 철학의 불은 다 꺼져 가고 있다. 나는 새로운 세대가 인간 정신의 빛나는 불을 다시 한번 활활 타오르게 해주리라는 희망을 품고 이 책을 쓴다.

이 새로운 철학 입문서의 주제는 두 가지다.

첫째, 철학의 가장 중대한 세 가지 수수께끼, 즉 '존재의 수수께끼', '인식의 수수께끼', '언어의 수수께끼'를 해명하고자 한다. 이 수수께끼들은 고대 그리스 이래 현대에 이르기까지 유럽 철학이 오래도록 떠안아 왔으면서도 아직 해명되지 않은 채 남아 있는 것들이다. 나는 이 책에서 철학의 세 가지 수수께끼를 일반 독자도 이해할 수 있도록 잘 설명해 보고 싶다.

철학의 수수께끼를 해명하는 게 왜 필요한가? 그 이유는 이 수수께끼가 미해결 상태로 남겨져 온 까닭에 철학이 그 근본 취지인 '보편 인식'*의 가능성을 잃어버렸고, 그 결과 현재에는 생명을 상실해 가고 있기 때문이다. 철학의 수수께끼를 근본적으로 해명하는 것은 철학이 다시 살아날 수 있느냐의 문제, 즉 철학의 재생과도 관련되

---

* 보편 인식이란 단어는 이 책의 키워드이기 때문에 해설을 해두는 게 좋겠다. 일반적으로 대상의 올바른 인식은 '객관 인식'이라 불리지만, 보편 인식은 자연 세계에 대한 과학적인 객관 인식과 구별되는 것이다. 간단히 말하자면 철학의 중심 주제인 인간 및 사회와 관련된 물음에 대한 객관적 인식, 즉 누구라도 납득할 수 있는 인식을 보편 인식이라 부르기로 한다. 보편 인식은 철학의 근본 목표라 표현해도 좋겠다. 그러나 보편 인식의 불가능성을 설파하는 회의론이나 상대주의도 하나의 철학적 입장으로 존재하는 것이 사실이다.

는 중대한 문제다.

둘째, 철학의 수수께끼를 해명하여 철학을 보편 인식의 가능성으로서 재건하고자 한다. 이를 통해 우리가 현대 사회를 어떻게 새로이 이해하고 또 현대의 여러 가지 문제들에 어떤 식으로 대처할 수 있느냐에 대해, 결정적으로 중요한 단서를 제공해 줄 수 있을 것이다. 이 주제를 나는 '사회 본질학'이라는 개념으로 제시하고 싶다.

나는 이 두 가지 주제를 '반反철학'을 기조로 삼는 현대 철학의 조류에 대항하여 고찰하고자 한다. 요컨대 나는 현대 철학의 다양한 조류들이 과연 철학의 근본 취지를 옹호할 것인지 아니면 내팽개쳐 버릴지, 양자택일을 하라고 강하게 압박하고 싶은 것이다.

철학의 수수께끼를 해명한다는 것이 정확히 어떤 의미인지, 그것을 좀 더 분명히 하기 위해 두 가지 물음을 던져 보겠다. 우선 기본적으로 철학이란 무엇인가? 그리고 왜 철학의 보편 인식이 우리에게 필요한가?

철학이란 무엇인가? 우선 이 문제를 종교와 비교해 보자. 종교는 '이야기'(신화)에 의해 '세계 설명'을 행한다. 하지만 과연 무엇을 위해서? 본질적 이유는 분명하다. 공동체에서의 선악, 성속의 룰을 정하고, 그럼으로써 공동체의 질서를 안정시키기 위해서다. 요컨대 **폭력을 줄이기 위해서**다.

세계 설명은 공동체의 근본 룰을 창출한다. 근대 사회 이전의 세계에서는 거의 예외 없이 종교가 신성한 것의 위력에 의해 왕에게 통치의 권한을 부여하고 있었다. 왕은 공동체 룰의 절대 권한자로서 통치와 지배를 위한, 재화의 분배를 위한 룰의 절대 권한자였다.

이 질서를 사람들은 승인하고, 그럼으로써 폭력이 날뛰지 못하도록 억지하고 있었다. 성스러운 위력과 최강자인 왕의 권위가 없는 곳에서는 세계가 보편 폭력*의 암흑 속으로 추락해 버린다는 걸 누구나 알고 있었던 것이다.

처음에 철학은 '이야기'가 아니라 '개념'과 '원리'에 의해 세계를 설명하겠다는 시도로 등장했다. 이리하여 철학의 세계 설명은 '공동체', '종교', '문화'의 한계를 뛰어넘어 모든 인간의 이성에 개방된 세계 설명의 '언어게임'**이 되었다.

그리스 철학의 출발점은 밀레토스의 탈레스(기원전 7~6세기)다. 그는 "처음에 신이 엿새 만에 천지를 창조했다"라는 이야기 대신, "만물의 원리는 물이다"라고 설파했다. 탈레스의 제자라고 하는 아

---

* 동물 세계는 선천적으로 타고난 육체의 강인함이 자연스레 질서를 결정하지만, 반면 인간 사회는 지력(知力)이라는 것이 있어서 약한 자도 강한 자를 이겨낼 가능성이 있다. 이 때문에 인간 사회에서는 자신을 지킬 필요와 그에 대한 불안으로부터, 문명이 발생한 이래 공동체 간의 전쟁이 끊임없이 이어졌다. 홉스는 이를 '만인에 대한 만인의 투쟁'이라는 키워드로 표현했다. 홉스의 설은 인간의 역사가 엄청난 전쟁의 역사였다는 사실에 의해 잘 설명된다. 어떤 의미에서 인간의 역사는 끊임없이 발생하는 전쟁을 어떻게 억제할 것인가의 역사였다고 할 수 있다. '보편 전쟁' 혹은 '보편 투쟁'이라는 말도 거의 같은 의미에서 사용된다.

** '언어 게임'은 비트겐슈타인의 『철학적 탐구』에 나오는 철학 용어다. '인간들의 사회는 언어에 의해 다양한 룰을 창조해감으로써 성립된다'라는 함의가 있다. 종교도, 철학도 어떤 의미에서 보면 사람들이 공유할 수 있는 '세계 설명'을 언어에 의해 창조해 가는 게임이라 간주할 수 있다. 이런 관점에서 볼 때 철학이란 (종교와 달리) '이야기'가 아니라 개념을 사용하여 '원리'(키워드)를 설정하고, 그것을 출발점으로 다음 철학자들이 그 '원리'를 계승 및 전개해 가는 게임, 즉 세계 설명의 언어 게임이라 간주할 수 있다.

낙시만드로스는 만물의 원리를 '무한한 것to apeiron'이라 주장했다. '물'은 너무도 순수하여 세계의 다양성을 설명할 수 없다고 판단했기 때문이다. 나아가 아낙시메네스는 '공기pneuma'라고 주장했다. '무한한 것'은 너무도 추상적인 관념이어서 모든 사람에게 확증될 수 없기 때문이다.

그리스 철학이 처음 출발하는 이 장면들은 철학의 근본 방법을 우리에게 대단히 분명하게 가르쳐 준다. 여기에는 소위 '철학 테이블'이라는 개방된 언어게임이 있다. 누가 보더라도 어떤 문제에 대해 가장 적절하다고 여겨지는 그런 키워드(=원리)를 테이블 위에 올려놓고, 이후 그 키워드가 더 많은 사람들이 납득할 수 있는 키워드로 심화, 발전해 가는 것이다.

이러한 철학의 사고 방법은 다음과 같이 총괄할 수 있다. 어떤 문제가 있고 그에 대해 다양한 생각들이 오가는 가운데, 그 문제에 대해서는 '**누구나 이렇게 생각하지 않을 수 없다**'라는 사고방식의 길을 탐구해 나아가는 방법이다. 비교해 보자면 종교의 세계 설명은 임의의 이야기에 의해 만들어진다. 그러나 철학은 이 방법을 배격하고, '누구라도 이렇게 생각할 수밖에 없다'라는 방법, 요컨대 **보편적인 공통 이해를 목표로 삼는** 사고 방법인 것이다.

자, 그렇다면 이러한 철학의 방법이 이룩한 최대의 공적은 어떤 것이었을까 생각해 보자. 나는 두 가지를 들겠다. 첫째, 철학의 방법은 '자연철학'을 성립시켰고, 그것은 머잖아 인간에게 기술이라는 불에 해당하는 '자연과학'을 산출하였다. 요컨대 철학은 과학의 아버지이자 그 기원인 것이다. 근대 유럽에서는 철학이라는 방법의 발전 형태가 바로 자연과학이라는 점을 누구나 알고 있었다. 근대 물리학의 기초가 된 아이작 뉴턴의 책 제목이 『자연철학의 수학적 원리』이지 않은가!

철학에는 또 하나의 공적이 있다. 바로 근대 철학에 의해 근대 사회의 근본 설계도가 그려졌다는 점이다.

기독교의 세계 설명이 오래도록 세상을 지배한 뒤, 근대 철학은 사회에 대한 새로운 **세계 설명**을 창안하였다. 그것은 우리 사회가 최강자인 왕을 배제하고 사람들에 의한 통치 권력을 수립할 수 있다는 사고, 인민의 '일반 의지'*에 의한 통치 권력이 가능하다는 사고였다. 근대 이전에는 보편 폭력을 억제하는 원리가 성스러운 권위와 왕의 패권에 의한 집중 통치 이외에는 존재하지 않았다(연합 형태가 있었지만 극히 예외적이었다). 이 새로운 세계 설명에 의해, 즉 근대의 시민 사회 원리에 의해 인간 사회는 문명이 발생한 이래 최초로 만인의 자유가 확보되는 사회라는 전대미문의 사회시스템을 수중에 넣은 것이다.

두 번째 질문은 왜 보편 인식이 필요하냐는 것이다. 우선 이렇게 말하지 않을 수 없다. 개개인들마다 무엇이 중요한 일인지는 저마다 다르다. 그렇기 때문에 특히 근대 사회에서는 사고방식의 다양성이라는 것이 극히 중요하고 반드시 보증되어야만 하는 것이다.

---

* 루소의 『사회계약론』에 나오는 개념. 그는 황제나 왕 등 특정 인물에 의한 지배적 통치가 아니라, 사회 성원들 전체의 합의와 의지에 의한 '인민의 통치'가 가능하다고 보았다. 쉽게 설명해 보자면, 어떤 특권자도 배제하고, 대등한 권리하에 전원이 사회를 운영한다고 하는 '모두의 의지'를 말한다. 근대 사회의 근본 틀에 해당하는 개념이다.

그러나 그와는 별도로, 인간 사회는 늘 공통의 인식, 공통의 사고방식을 창출할 필요가 있다.

예를 들어 근대 이전 유럽에서는 가톨릭과 프로테스탄트가 교의(세계관)의 차이에 의해, 백 년이 넘도록 신앙을 둘러싼 전쟁의 진흙탕에서 빠져나올 수 없었다. 요컨대 사회적인 성속聖俗이나 선악과 관련된 사태에 대해 "누구라도 납득할 수 있는 공통 인식"을 찾아낼 방법을 창출하는 것은 다양한 인간들의 공존을 위해 불가결한 것이다.

데카르트(1596~1650)의 "나는 생각한다, 고로 존재한다"라는 말은 누구라도 의심할 수 없는 명증성의 지점(=나는 존재한다)을 보편적인 세계 설명의 출발점으로 삼아야만 한다는 철학적 사고의 근본적인 재건을 의미했다. 근대 철학은 "보편 인식의 탐구를 본의本意 삼는다"라는 이념하에 재출발한 것이다.

그러나 보편 인식의 탐구로서의 철학이라는 이 이념은 근대 철학의 진전 속에서 좌절된다. 이론적 측면에서 말하자면, 보편 인식을 향한 철학자들의 구상은 데이비드 흄(1711~1776)의 "올바른 세계 인식의 불가능성"이라는 강력한 설에 의해 큰 타격을 받게 된다.

더 심각한 것은 사회적 현실의 측면이다. 근대 국가들끼리 격한 생존경쟁(자본주의 전쟁)을 펼치면서 역사상 유례없이 비참한 결과가 초래된 것이다. 유럽의 세계 지배라는 사태와 국민 국가 간의 세계 전쟁! 이로부터 유럽의 근대, 근대 국가, 자본주의 시스템 등에 대한 근본적인 비판과 그것을 극복하고자 하는 사상(철학)이 생겨나기 시작했다.

이를 대표하는 것이 마르크스주의다. 마르크스주의는 근대 사회가 봉착한 심각한 모순을 극복하기 위해 공산주의 원리를 유일하고도 올바른 세계관으로 제시했다. 그러나 이는 수많은 사람들의 공감을 쟁취했을 뿐만 아니라 수많은 반대자들도 낳음으로써 20세기 전반을 이데올로기 대립의 시대로 만들었다. 그것은 근대 철학이 구상했던 보편적 세계 인식이라는 이념의 좌절을 의미한다. 객관 인식의 방법은 자연과학의 영역에서만 확립되었던 것이다.

그뿐만이 아니다. '올바른 세계관'을 주장한 마르크스주의의 현실태로서 사회주의 국가는 대대적인 인간 숙청 등의 사태를 포함한 거대한 모순을 드러냈다. 이런 상황으로부터 철학적 상대주의로서의 포스트모던 사상이 새로운 사회 비판의 담당자로 등장하게 되었고, 여기서는 '이것이야말로 올바른 인식이다'라고 하는 주장은 지극히 위험한 것, 피해야만 할 것으로 간주되었다.

또 모든 인간의 자유를 해방한다고 하는 '근대 사회'의 원리는 실제로는 유럽 열강의 세계 지배를 산출하게 되었고, 결국 유럽 이외의 문명에서 살아가는 사람들에게 그것은 자유를 해방하는 원리이기는커녕 '폭력적인 지배의 원리' 이외에 아무것도 아니었다. 이리하여 20세기 중반 이후, 철학의 중심적 이념이었던 '보편성'과 '원리'라는 두 단어는 강력히 기피되는 혐오의 대상이 되었다. 이 단어들은 절대적인 진리나 독단적 도그마 등의 관념과 결부되어 '유럽 중심주의'를 대표하는 관념으로서, 기본적으로 비판적인 시선의 대상이 된 것이다.

하지만 우리의 현대 사회는 현재 너무나도 중요한 기로에 서 있다. 이를 상징하는 것은 아마도 최근 40년 동안 진행된 문제, 즉 현대 자본주의에서 부의 격차가 점점 더 확대되어 왔다는 문제일 것이다. 이 상황에 잉태되어 있는 중대한 위기는 인간의 이성에 의한 대처 없이는 극복할 수 없는 성질의 위기다. 그러나 현대의 상대주의적 사조는 사람들이 이성의 힘에 의해 모순에 맞설 가능성을 저해해 왔다. 그것은 철두철미하게 보편 인식의 가능성을 부정하고, 그런 인식의 위험성과 무효성을 계속해서 선전해 왔기 때문이다.

상대주의 사상은 우리가 어떤 식으로 현대 사회의 상황을 파악하고 또 그 극복을 위해 어느 방향으로 나아가야 할지에 대한 인식을 창출할 수 없다. 즉, '이 점에 대해서는 누구라도 이렇게 생각하지 않을 수 없다'라는 보편 인식을 창출할 수 없는 것이다.

여기에 인식의 수수께끼 해명이라는 과제가 중요해지는 이유가 있다. 철학적으로는 인식의 수수께끼가 제시하는 아포리아(도저히 풀 수 없는 난문難問)를 해명하지 않고서는 보편 인식의 가능성에 근거를 부여할 수도, 그 방법을 명시할 수도 없다. 이렇다는 것은 현대 사회의 심각한 위기에 대해 현대의 철학과 사상이 좌절하고 패배할 것임을 의미한다. 이 책이 '사회 본질학'의 가능성이라는 테마를 포함하는 것도 바로 이 문제와 관련된 것이다.

근대 철학의 이념(보편 인식)이 좌절되있나는 사실은 마르크스주의 붕괴 이후 출현한 다양한 사회 사상들의 현 상황이 여실히 보여준다. 현재 우리가 어떻게 현대 사회의 모순을 뛰어넘을 것이냐에 관해 엄청나게 많은 사회 이론, 사회 사상, 구원 사상, 원리주의 사상 등이 존재하고 있다. 마치 오래전 프로테스탄트 종파가 엄청나게 많은 섹트들을 산출했듯이 말이다.

사회에 관한 이론들의 이러한 분열은 근대 사회 특유의 '가치 다양성'을 근거로 생겨나고 있다. 우리는 이러한 상황 속에서 사람들의 가장 중요한 요구를 표현할 보편적인 사회 사상을 창출할 수 있을까?

이렇기 때문에 최초의 일보는 우선 인식의 수수께끼를 푸는 데서 시작하지 않을 수 없다. 이것이 지나치게 에둘러 가는 것으로 보일지도 모르겠다. 하지만 수많은 사람들의 이성과 의지가 현실의 '힘의 논리'를 이겨 내기 위해서는 철학과 보편 인식에 대한 신뢰가 우선 회복되지 않으면 안 된다.

이 책은 그러한 이유로 완전히 새로운 철학 입문서가 되지 않을 수 없었다. 이 시도의 의의를 이해하는 독자에게 철학은 단순한 지식의 집적일 수 없다. 철학은 인간과 사회의 미래에 대해 품어야 할 하나의 '뜻志'인 것이다.

제1장

철학의 수수께끼와 보편 인식

'세 가지 수수께끼'의 유래

고르기아스 테제와 상대주의

우선 철학의 세 가지 수수께끼에서 시작하자. 이는 고대 그리스 철학 이래 오래도록 철학에 늘 따라붙는 난문이었다. 세계를 탐구하는 철학자들의 노력은 이 까다로운 난문의 벽에 부딪쳐 늘 좌절의 운명을 밟아 왔다. 한마디로 세 가지 수수께끼는 철학의 숙적인 것이다.

그리스 철학에서 이 철학의 수수께끼를 상징하는 것은 소피스트로 알려진 고르기아스(기원전 5~4세기)가 제시한 존재와 인식과 언어에 대한 다음과 같은 세 논증이다. 이를 고르기아스 테제라 불러 두자.

(1) 무릇 그 어떤 것도 존재할 수 없다. 혹은 존재는 증명되지 않는다.

(2) 설령 존재가 있다 해도, 결코 인식되지 않는다.

(3) 설령 존재가 인식되었다 해도, 결코 언어에 의해 제시할 수 없다.

고르기아스의 세 가지 테제는 철학과 관련해서 파괴적인 의미를 품고 있다. 보편 인식을 획득하려는 철학이라는 행위가 **불가능하다는 걸 논증하는 것**이기 때문이다. 더 중대한 것은 고르기아스 테제가 현대 철학에 이르기까지 나타난 모든 철학적 '상대주의=회의론'의 원천으로서 그 정수를 보여 주고 있다는 점이다.

고르기아스 테제의 논증은 주로 귀류법(배리법이라고도 한다)이라 불리는 논리에 의거하고 있다. 예컨대 (1) 테제에 제시된 '존재'에 대한 요점은 이러하다.

첫 번째, 존재가 있든가 무가 있든가 둘 중 한쪽일 터인데, 어느 쪽이든 간에 증명은 되지 않는다. 일단 무라는 것은 없다. 무가 있다는 것은 모순이기 때문이다. 다음으로 존재도 없다. 존재가 있다고 하면, 영원히 있든가 생멸하든가 어느 쪽일 터인데 만일 존재가 영원이라면 그것은 시작을 갖지 않을 것이고, 결국 무한하다는 얘기가 된다. 한데 무한한 것이 있다면 그것은 그 무엇에도 한정되지 않을 것이므로, 존재의 장소를 갖지 않는다. [한편] 존재는 또한 생성일 수도 없다. 무로부터는 어떤 것도 생겨나지 않기 때문이다. 이상에서 본 바와 같이 존재는 영원으로서도, 생멸로서도 증명되지 않고, 그런 까닭에 전혀 증명되지 않는다 ….

고르기아스 테제는 귀류론의 특질을 잘 표현하고 있다. 우선 어떤 사태는 A나 B 중 어느 쪽이라고 전제한 다음, 한쪽 주장의 모순을 증명함으로써 다른 한쪽을 '올바르다'고 결론짓는다. 이런 식의 논법이 가장 전형적이다. 여기서의 고르기아스는 A라는 주장도 B라는 주장도 모두 모순에 빠진다는 걸 증명함으로써 사태 자체를, 혹은 사태를 인식할 가능성 자체를 부정하는 그러한 논법을 취하고 있다.

플라톤(기원전 427~347)도 또 아리스토텔레스(기원전 384~322)도 뭐든지 다 상대화시키는 소피스트의 논의를 귀류론을 사용하여 반박하고 자신의 보편적인 철학 체계를 수립함으로써 큰 명성을 얻었다. 하지만 그들의 거대한 작업도 고르기아스 테제를 완전히 논박했다고는 할 수 없다.

철학의 '상대주의=회의론'을 내세운 자들은 누구인가? 우선 그리스의 소피스트들과 로마 시기의 퓌론주의자들(퓌론Pyrrhon은 회의론의 시조다)이 있었다. 한편, 기독교철학이 절대적이었던 중세 시대에는 금지되었지만, 근대에 들어서자 수많은 소小회의론자들이 출현해 교회의 권위에 대항했다. 이 소회의론자들을 방법적 회의*에 의해 반박하고 데카르트가 근대 철학의 기초를 수립했다는 사실은 잘 알려져 있다. 근대 철학에서 최고의 거물로 불리는 것은 흄이다(정확성을 기하기 위해 지적해 두자면, 흄은 세계의 보편 인식에는 대항을 했지만, 그렇다고 해서 '상대주의=회의론자'는 아니다).

---

* 데카르트는 당시 출현한 수많은 회의주의적 논의들에 맞서 일체를 회의함으로써 도리어 '유일하게 확실한 것'을 발견하는 소위 '방법적 회의'라는 사고방식을 제시함으로써, 보편 인식으로서의 철학의 방법을 재건하고자 했다. 이 '유일하게 확실한 것'이 '나는 생각한다, 고로 나는 존재한다', 즉 의심하는 나의 존재만은 누구도 의심할 수 없다, 라고 하는 철학의 권리상의 시발점으로 간주된다.

그 후 칸트, 헤겔이라는 정통 보편 인식파가 유럽 철학의 주류가 되었고, 이를 계승해 마르크스주의가 등장했는데, 그 뒤 현대 철학에 들어서면 상대주의가 주류가 된다. 현대 분석철학이나 포스트모던 사상이 여기에 해당한다.

앞서 언급했듯이 '상대주의=회의론'은 비판자로서는 강력한 반면, 그 자체에 커다란 논리적 모순이 들어 있다. 그래서 뛰어난 철학자들은 거의 예외 없이 '상대주의=회의론'을 비판한다. 플라톤, 아리스토텔레스, 데카르트, 칸트, 헤겔, 후설, 비트겐슈타인 등이 그러하다. '상대주의=회의론'은 기본적으로 철학의 보편성이나 원리 같은 사고를 부정하기 때문에, 그 자체로부터는 탁월한 철학적 원리가 결코 출현하지 않는다. 하지만 그럼에도 불구하고 철학의 역사는 보편 인식을 획득하려는 철학과 그에 반대하는 상대주의 철학 간의 기나긴 논쟁의 역사였다고 하는 측면이 있다.

존재, 인식, 언어의 수수께끼

철학에서 '상대주의=회의론'이 뿌리깊게 지속되어 온 데에는 크게 두 가지 이유가 있다. 여기서는 다시 한번 고르기아스 테제에 주목해보자. 설대적인 보편 인식은 있을 수 없다고 보는 상대주의 철학의 근본적 근거가 바로 고르기아스 테제인데, 이를 끝까지 추적해 도식화하면 그림 1처럼 된다. 고르기아스는 존재와 인식 사이 그리고 인식과 언어 사이에는 결코 엄밀한 일치가 있을 수 없음을 논증한다(여기에 언어와 '듣는 사람, 읽는 사람의 이해' 간의 불일치를 추가할 수

존재	≠	인식	≠	언어
(현실, 대상, 객관)		(주관)		(철학설)

그림 1. 고르기아스 테제의 정식

도 있겠다).

그리스 소피스트들의 '무슨 소리든 다 정당화해 줄 수 있는' 귀류론, 근대 철학에서의 '주관과 객관의 불일치' 문제(이는 '인식 문제'라 불린다), 그리고 현대 철학에서의 '인식과 언어의 불일치' 문제는 하나같이 인식론*상의 난문이 형태만 바뀌어 출현한 것이다. 이들을 보면 고르기아스 테제가 모든 철학적 상대주의의 원천이 되어 왔음이 일목요연하게 확인된다.

뛰어난 철학자들은 반복해서 이 불일치(즉, 보편 인식의 불가능성)의 구도를 논박하고자 했지만, 누구도 이 목표를 성취할 수가 없었다. 왜냐하면 '절대적인 보편 인식이 가능한가, 불가능한가'라는 논리 차원에서는, 그 목표를 달성하기가 원리적으로 불가능하다는 고르기아스 테제 쪽이 강력하기 때문이다. 그 때문에 '상대주의=회의론'과 보편 인식파의 논의는 결말이 지어지지 않은 채 한없이 계속 이어진다. 그리고 보편 인식의 불가능성이라는 이 테제가 철학에서의 세 가지 난문(존재의 수수께끼, 인식의 수수께끼, 언어의 수

---

* 인식론: 보편적인 인식이 가능한지 여부를 탐구하는 철학 이론. 그리스 철학에서는 플라톤, 아리스토텔레스 등의 반소피스트론(반귀류론)이나 논리학 등의 형태를 취하고, 근대 철학에서는 '주관과 객관이 일치하는가'라는 문제로서 거의 모든 철학자들의 탐구 대상이 되었다(근대 철학에서는 '인식 문제'라 불렸다). 철학의 세 가지 수수께끼는 모두 이 인식론상의 물음을 토대로 생겨난다.

수께끼)의 원천이 되고 있는 것이다.*

세 가지 수수께끼의 요체는 보편 인식이 가능한가 아니면 불가능한가, 라는 문제다. 고르기아스 테제로 상징되는 인식론상의 이 난문은 사실 근대의 마지막 시기에 이르러 니체와 후설이라는 두 철학자에 의해 거의 해명이 된다. 그런데 몇 가지 사정으로 인해 이 점이 거의 이해되지 않은 채로 남아 있다. 그리고 이 때문에 철학의 세 가지 수수께끼는 미해결 상태로 현대 철학으로 이월되었고, 현대 분석철학의 중심 문제로서(특히 언어의 수수께끼 형태를 취한다) 논의가 주구장창 이어지고 있다.

철학의 최대 난문이라는 인식 문제가 실은 두 철학자에 의해 이미 해명되어 있으며 나아가 이 귀결이 철학에 무엇을 초래하는지를 밝히는 것, 이것이 이 책의 중심 과제 중 하나다(이에 대해서는 조금 뒤에서 얘기하기로 하자). 그 전에 철학에서 출현하는 수수께끼(퍼즐)에 대해 반드시 이해해 두어야 할 사항이 있다. 그것은 이 수수께끼가 인식론의 근본적인 문제, 즉 보편 인식은 애시당초 가능

---

* 철학의 3대 수수께끼: 먼저 존재의 수수께끼를 보자. '세계란 무엇인가'라는 질문에는 필연적으로 다양한 대답들이 제시되기 마련이고, 결국 올바른 답은 결코 찾을 수 없다는 문제를 말한다. 이로부터 '존재' 자체를 대체 어떻게 사유해야 하는가, 라는 새로운 물음도 출현한다. 인식이 수수께끼는 '세계란 무엇인가'라는 물음에 옳은 답을 제공하기 위해서는 옳은 인식 방법이 필요한데, 그것을 어떻게 찾아낼까를 둘러싸고 또 다양한 사유들이 출현하여 결코 결말이 나지 않는다는 문제를 말한다. 마지막으로 언어의 수수께끼는 인식의 수수께끼의 파생태로, 기본적으로 언어라는 게 인식을 올바로 전달할 수 있느냐, 라는 의문에 그 누구도 명료하게 답할 수 없다는 문제를 말한다. 고르기아스 테제가 이 세 가지 철학의 수수께끼를 표현하고 있다는 게 쉽게 이해되지 않는가!

한가, 만약 가능하다고 한다면 그것은 어떻게 해서 가능한가, 라는 인식의 수수께끼로부터 파생된 것이라는 점이다.

요컨대 철학의 중심적인 수수께끼는 인식의 수수께끼이고, 그로부터 존재의 수수께끼와 언어의 수수께끼가 출현했다고 할 수 있다. 더 나아가 예컨대 시간의 수수께끼, 동일성의 수수께끼, 의미의 수수께끼, 미美의 수수께끼 그리고 가치의 수수께끼 등도 그로부터 파생적으로 출현한 수수께끼들이다. 특히 현대 철학 분야에서는 이렇게나 많은 수수께끼들로부터 방대한 논의들이 산처럼 쌓이게 되었는데, 중요한 점은 그 많은 철학적 수수께끼들이 죄다 인식의 수수께끼가 근본적으로 풀리지 않는 한 결코 해결될 수 없다고 하는 사실이다.

이제부터 철학에서의 다양한 패러독스나 아포리아들을 전체적으로 정리해 보자.

시간의 수수께끼

시간의 수수께끼에 대해서는 우선 엘레아의 제논에서 시작해야 한다. 그는 '아킬레우스와 거북이의 패러독스'라는 유명한 난문을 만들어 냈다. 거북이가 조금 앞선 지점에서 먼저 출발하도록 한 후 빠른 발의 아킬레우스와 경쟁시켜 보는 것이다. 그러면 적어도 논리적으로는 아킬레우스가 결코 거북이를 **추월할 수가 없다**. 발 빠른 아킬레우스는 방금 전에 거북이가 있던 지점에 도달하지만, 그때 거북이는 조금이라도 아킬레우스보다 앞 지점까지 전진해 있다. 아킬레우스가 또 거기에 도달하지만 거북이는 재차 조금이라도 그 앞의 지점에 있다. 이후 동일한 일이 계속 반복된다. 아킬레우스가 조금이라도 앞에 있는 거북이를 추월하려면 적어도 논리적으로는 그가 무한 개의 지점들을 통과해야만 한다. 하지만 그 누구도 일정한 시간 안에 무한 개의 점들을 통과할 수가 없으므로, 아킬레우스는 거북이를 추월할 수 없다는 이야기가 된다.

이 패러독스의 포인트는 '유한한 시간 안에 무한 개의 점들을 통과할 수는 없다'라는 점에 있다. 수학을 사용해도 이 패러독스를 풀 수 없다는 사람도 있지만, 사실 이것은 수학적으로는 풀리지 않도록 만들어진 패러독스다. 제논은 이 외에도 시간과 공간에 대한 불가사의한 패러독스를 여럿 고안해 냈다.

그 뒤 시간을 철학에서의 중요한 수수께끼로 제시한 것은 아우구스티누스다(인도에서는 나가르주나의 시간론이 유명하다). 그는 이렇게 말한다. "미래도 없고 과거도 없다. 엄밀한 의미에서는 과거, 현재, 미래라는 세 가지 시간이 있다고도 할 수 없다. 아마도 엄밀하게는 이렇게 말해야 할 것이다. '세 가지 시간이 있다. 과거에 대한 현재, 현재에 대한 현재, 미래에 대한 현재'."(『고백록』)

미래나 과거는 '지금' 존재하지 않는다. 그런데 왜 우리는 과거니 미래가 '있다'고 말하는 것일까? 결국 '지금'만이 있는 게 아닌가? 또 이렇게도 말한다. 그 누구도 지나가는 소리 자체를 잡아놓을 수는 없다. 그럼에도 불구하고 우리는 왜 어떤 길이를 가진 음악을 체험할 수 있는 걸까?

현대 철학에서는 존 맥타거트의 '시간은 존재하지 않는다'라는 패러독스가 알려져 있다. 그러나 그 내용을 살펴보면 귀류론을 사용한 논증으로, 결국 '존재는 논증할 수 없다'라는 고르기아스 테제를 변형한 것에 불과하다.

시간의 수수께끼는 시간이라는 것이 말로 규정될 수 없다는 특징 때문에 철학사 속에서도, 특히 철학자들의 흥미를 강하게 끌어당기는 주제이자 탐구 대상이 되어 왔다. 기본적으로 '시간'은 '존재'하는 것인지 아닌지부터가 분명치 않기 때문이다. 이 문제의 가장 중요한 포인트는 우리 각자가 살아가는 **실존적 시간**과, 모든 사람이 공통으로 살아가는 **객관적 시간**이라는 이 두 가지 계기 간의 관계를 적절히 사고하는 데에 있다. 하지만 이 수수께끼의 해명은 다음에 이야기할 '동일성의 수수께끼' 문제까지 포함해서 「제4장 언어의 수수께끼와 존재의 수수께끼」에 양보하기로 하자.

동일성의 수수께끼

그리스 철학에서 헤라클레이토스의 "누구도 같은(동일한) 강물에 두 번 들어갈 수 없다"라든가, 너무 여러 차례 수리를 거듭한 결과 맨 처음에 있던 소재는 거의 남아 있지 않은 '테세우스의 배'의 동일성 문제가 여기에 해당한다.

현대 철학에서도 '동일성' 문제를 경쟁적으로 고안해 내고 있다. 예컨대 한 남자가 어떤 습지에서 번개에 맞아 사망하는데, 그와 동시에 번개의 충격에 의해 그 습지로부터 남자와 동일한 조성을 가진 인간 '스웜프맨swamp man'이 생성되었다. 과연 이 남자와 스웜프맨은 **동일 인물**이라 할 수 있을까, 라는 수수께끼가 있다(도널드 데이비슨이 고안). 기본적으로 인간은 유아로부터 출발하여 노인이 되는데, 이 인간의 동일성을 어떤 식으로 규정할 수 있을까 등등. 이 밖에도 비슷한 수수께끼들이 산적해 있다. 그러나 하나같이 수수께끼를 제기하고 있을 뿐, 문제를 본질적으로 해명하지는 못하고 있다.

의미의 수수께끼

의미의 수수께끼 중 잘 알려진 것으로는 '크레타섬의 거짓말쟁이 패러독스'가 있다. 어떤 크레타인이 "모든 크레타 사람들은 거짓말쟁이다"라고 말했는데 이게 맞는 말인가, 라는 패러독스다. 이 계열에도 역시 '자기 언급의 패러독스' 등으로 불리는 무수한 예들이 있다.

그러나 의미의 수수께끼를 대표하는 것은 뭐니 뭐니 해도 비트겐슈타인(1889~1951)이 『철학적 탐구』에서 제시한 것이다. 거기에 나오는 것들을 조금 변형시켜 말해 보자면, 내가 보고 있는 빨간색이 당신이 보고 있는 빨간색과 같은 빨간색이라는 걸 증명할 수 있을까, 그 동일성은 어떻게 확인될 수 있을까(감각의 동일성), 또 내가 말하는 '하늘이 파래'와 당신이 밀하는 '하늘이 파래'는 과연 같은 '의미'를 갖고 있다고 할 수 있을까(의미의 동일성) 등등 흥미로운 물음들이 제시되어 있다.

현대 언어철학에는 비트겐슈타인의 물음을 비롯해 의미의 동일성에 대한 기나긴 논의가 있다. 예를 들면 '아리스토텔레스'라는 고유명사의 의미를 엄밀히 규정할 수 있느냐, 하는 문제가 있는데 이를 둘러싸고 버트런드 러셀, 솔 크립키, 존 설 등 다양한 철학자들이 대논쟁을 펼쳤다(이에 대해서도 나중에 살펴보겠다).

이 밖에도 러셀의 '무한집합의 패러독스', 근거의 무한 퇴행(어떤 명제의 근거를 제시해도, 그것이 옳기 위한 근거가 또 요구된다)을 말하는 '뮌히하우젠의 트릴레마'(한스 알베르트가 고안), 크립키에 의한 '커하기 산수*'의 패러독스(규칙의 패러독스) 등 각양각색의 패러독스들이 산출되고 있다.

이렇듯 현대 철학에서는 누구나 고르기아스의 '존재, 인식, 언어 간의 일치는 없다'를 근본적으로는 논박하지 못하기 때문에, 이런 철학적 **퍼즐**에 대한 끝없는 논의가 이어지게 된다.

미의 수수께끼

미의 수수께끼는 플라톤이 『파이돈』에서 처음 제시했다. 우리의 시각은 단지 음영과 색조만을 보고 알아차리는 감각인데, 어째서 꽃을 보고 '아름답다'고 느끼는 걸까? 확실히 이것은 하나의 중요한 난문이다. 그리고 플라톤이 제시한 답은 우리가 일찍이 천상계에서 '미의 이데아(본질)'를 본 **기억**이 있기 때문이라는 것이다(상기설).

미의 수수께끼에 관해서는 근대 철학에 장구한 탐구의 역사가 있다. 칸트의 『판단력 비판』, 실러의 『미와 예술 이론』, 헤겔의 『미

---

* 크립키가 더하기(plus)와 다른 규칙으로 커하기(quus)를 상정한 데서 온 용어. 『비트겐슈타인 규칙과 사적 언어』, 필로소픽, 2018 참조 - 옮긴이

학』, 니콜라이 하르트만의『미학』등등. 그러나 이 수수께끼 또한 인식의 수수께끼의 해명 없이는 근본적인 해결에 도달할 수 없는 물음이라는 점을 말해둔다.

가치의 수수께끼

미의 수수께끼는 더 나아가 보면 '가치의 수수께끼'에 속한다. 이와 관련하여 비트겐슈타인의 상징적인 표현이 있다. "윤리라는 건 말로 할 수 없음이 분명하다. 윤리학은 선험적이다(윤리학과 미적 감각은 하나다)"(『논리철학논고』, 6.421). 요컨대 철학이라는 것은 기본적으로 '가치'의 물음을 논할 수 없다는 말이다. 왜냐하면 선이나 미에 대해서는 **진위**를 논리적으로 규정할 수 없기 때문이다. 이는 감각 및 심미성과 언어 간의 '불일치'라는 문제이기 때문에 역시나 고르기아스 테제의 한 변주라 할 수 있다.

고틀로프 프레게나 버트런드 러셀에서 발원한 현대 언어철학은 논리학을 방법의 대전제로 삼고 있다. 이 말은 언어를 논리학적으로 사용하는 것이야말로, 전통 철학에서 언어를 형이상학적으로 사용했던 것을 극복하고 보편 인식의 가능성을 가져올 수 있다고 하는 철학상의 커다란 전환이 있었다는 걸 뜻한다(이를 언어론적 전회라 부른다). 그러나 여기서도 근대 철학에서의 '주관과 객관의 불일치'라는 수수께끼가 그저 '존재(혹은 인식)와 언어의 불일치'라는 수수께끼로 변했을 뿐, 인식의 수수께끼가 해명되지는 않았다.

왜 '보편 인식'이 필요한가

철학과 가치의 다양성

철학은 왜 이토록 인식 문제에 집착하는 것일까? 철학자들이 인식의 수수께끼를 해명하려는 것은 보편 인식의 가능성을 찾기 위해서다. 하지만 애초에 철학에 왜 보편 인식이 필요하단 말인가?

여기서 잠시 생각해 볼 문제가 있다. 그건 현대 철학에서는 보편 인식의 탐구로서의 철학을 부정하는 사유가 주류라는 점이다. 우선은 언어철학(분석철학)이 그러하다. 이는 본래 형이상학의 극복을 위해 논리학 분야에서 철학을 다시 세우려는 시도였는데, 그것이 도리어 논리학에서조차 '존재-인식'과 언어의 일치는 불가능하다는 결론에 다다르고 만 것이다. 다음으로는, 포스트모던 사상이 또 그러하다. 이것은 출발점부터가 이미 상대주의다. 이렇듯 현대 철학에서는 전반적으로 보편성이나 원리 같은 개념이 부정되어야 할 것으로 간주된다.

보편성이나 원리 같은 사고방식은 형이상학이나 독단론*적 세계관에 결부되면서, 특히 20세기의 전체주의나 스탈린주의 등의 든든한 뒷배로 작용했다고 간주되었다. 상황이 이러다 보니 세계에 대한 다양한 사고가 있어야 좋지 않은가, 오히려 다양한 사고가 있다는 게 중요하지 않은가, 라는 상대주의적인 주장이 강한 설득력을 갖기에 이르렀다.

하지만 철학이 애초에 어떻게 성립되었던가를 깊이 생각해 보면, 이 주장에는 커다란 착각이 있다고 하지 않을 수 없다. 철학은 기원에서 볼 때, **다양한 생각을 가진 인간들**이 모여 어떤 문제에 대해 공통의 인식을 창출해 내고자 하는 '열린 언어게임'으로 출현하였다. 철학이 '보편 인식'을 추구하는 게임이라고 할 때의 본래적인 의미는 바로 여기에 있다.

철학의 테이블에 모인 사람들이 동일 공동체의 인간들이라면, 성속이나 선악이 무엇인지는 처음부터 암묵적으로 합의가 되어 있다. 요컨대 공동체의 테이블에서는 과연 누가 규칙과 관련된 권한을 가질 것인가를 결정하는 게 훨씬 더 핵심적인 과제인 것이다. 이런 상황에서는 어떤 문제에 대해 다양한 사고방식이 서로 부딪치고, 그리하여 더 커다란 공통 인식을 도출해 내는 일 따위는 처음부터 필

※ 일반적으로는 납득할 수 있는 근거를 제시하지 않은 채 뭔가를 단정하는 논의를 가리킨다. 철학적인 차원에서는, 어떤 보편 인식도 있을 수 없다고 보는 '상대주의=회의론'과 대립한다는 점에서 중대한 의의가 있다. 세계는 이성의 합리적 추론에 의해 바르게 인식할 수 있다고 보는 스피노자의 '합리론'과, 모든 '세계관'은 상대적이라고 주장하는 흄의 회의론, 이 양자의 대립이 전형적이다.

요하지가 않다.

철학이 기존에 공유된 이야기가 아니라 개념과 원리를 사용하여, 즉 [종교 교리나 공동체의 관습 혹은 신화로서의 이야기를 전제하지 않고] 새로 출발하여 원리를 전개해 나가는 독자적인 방법적 원칙을 가진 것은 그 때문이다. 그렇기 때문에 종교와는 다른 사고법이라는 점에서 철학이라 불렸던 것이다.

철학의 방법을 '이야기'에 의해 세계 설명을 제공하는 종교의 방법과 비교해 보면, 장점이 무엇인지 분명히 알 수 있다. 그것은 바로 문화나 종교적 틀을 벗어나 더 '보편적인 사고방식'(=공통의 세계 설명)을 창출하는 방법이다. 그에 반해 보편 인식 따위는 필요 없다고 주장하는 것은 곧 공동체적인 세계 설명의 방법인 종교만 있으면 충분하다고 주장하는 것과 마찬가지인 셈이다.

하지만 철학의 방법에도 한 가지 커다란 약점이 있다. 그것은 바로 개념을 논리적으로 사용한다는 특질로 인한 것이다. 개념을 논리적으로 사용하기 때문에 심할 경우, '흰 것을 검은 것이라고 그럴 싸하게 도출해 내는' 궤변적 논리술, 즉 상대가 어떤 주장을 하더라도 논박할 수 있는 '귀류론'이 나오기도 하는 것이다. 이처럼 이야기가 아니라 개념을 논리적으로 사용하는 철학의 방법은 양날의 칼과 같아서, 때로는 이것이 보편 인식에 대한 '상대주의=회의론'의 중심적인 무기가 되기도 한다.

세계에 대해 다양한 생각들이 있는 편이 좋다고 보는 '상대주의=회의론자'의 주장에는 중요한 착각이 있다. 기본적으로 철학은 다양한 언설의 자유가 허용되는 영역에서 태어난다(중국의 제자백가,

인도의 육사외도六師外道, 자유 폴리스(고대 도시 국가)에 존재했던 그리스 철학). 상업의 발달 등으로 고전적인 공동체의 일체성이 붕괴되고 가치의 다양성이 출현함으로써 그것들을 상호 조정할 필요가 생기기 때문이다.

이러한 필요가 없으면 철학이 등장할 이유는 없다. 이야기나 교설敎說이라는 형태의 세계 설명으로도 충분하다. 게다가 하나의 공동체에는 하나의 세계 설명밖에 허용되지 않는다. 결국 이런 상황에서는 애시당초 가치의 다양성이라는 것 자체가 존재할 수 없고, 그런 까닭에 상대주의도 존재 이유가 없다.

또 상대주의에는 하나의 역설이 있다. '상대주의=회의론'은 보편적인 사고 따위는 존재할 수 없고 다양한 가치관이야말로 중요하다고 주장하지만, 실제로 이 주장을 끝까지 추척해 보면 '힘이 모든 것을 결정한다'고 하는 논리에 귀착되고 만다.

모든 사고가 죄다 상대적이라면 선과 악, 정의와 부정의의 근거는 어디에도 존재하지 않고, 니체가 시사했듯이 결국 가장 강력한 자가 '진리'를 참칭하게 된다. 그렇게 되면 뭐가 선악이고 또 정의, 부정의인가를 **결정**할 수 있는 것은 오직 '힘'밖에 없게 된다. 그리고 그런 장소에서는 다양한 가치관이 전적으로 **금지되어** 버린다.

이렇듯 '상대주의=회의론'은 철학적으로 볼 때 본성상 모순이 포함된 주장으로, 헤겔이 말했듯이 '모순의 소굴'이 된다. 그것은 무엇이 보편적인지를 함께 생각해 보는 언어게임의 테이블에서 '보편적인 것은 전혀 존재하지 않는다는 사실만이 보편적이다'라고 주장하는 것이다.

상대주의의 존재 이유

그럼에도 불구하고 철학에서 '상대주의=회의론'은 없어지지 않는다. 거기에는 앞서 말한 고르기아스 테제의 강력함이라는 원인 말고도 또 하나의 중요한 이유가 있다.

철학의 원리는 절대적인 진리와는 전혀 다른 것으로, 그 시대 속에서 사람들이 필요로 하는 새롭고도 보편적인 (대다수의 인간들이 합의할 수 있는) 세계 설명을 창출한다. 즉, 철학이 나름대로 결실을 맺어 대부분의 사람들이 '과연 그렇군' 하고 여길 만큼 탁월한 철학이 출현하면, 처음 한동안은 보편적이고 생생한 세계 설명으로서 사람들에게 받아들여진다.

그러나 시대나 사회의 양상이 변화하면, 한동안 새로웠던 세계 설명은 이미 낡은 상태가 된다. 또한 하나의 철학(세계 설명)이 정치권력과 결합된다든가 해서 큰 권위가 되고 나면, 이를 철두철미 고수하고자 하는 학자들도 출현하기 시작한다. 이제 사람들은 더 새로운 세계 설명을 필요로 하지만, 각양각색의 사람들이 합의할 수 있는 새로운 세계 설명은 그리 간단히 만들어지지 않는다. 한편, 기성의 권위가 된 낡은 세계 설명에도 위화감이 생긴다. '상대주의=회의론'이 중요한 역할을 수행하는 것은 바로 이러한 시점이다.

근대 초 '기독교의 철학=세계 설명'이 낡아져 버려 사람들에게 위화감을 주었을 때, 다양한 회의론들이 출현하여 그 거대한 권위에 반대하였다. 그런 상황 속에서 머잖아 데카르트가 철학의 원리를 부흥시키기 전까지, 회의론(상대주의)이 사람들의 (권위에 대한)

위화감을 튼실히 지지하고 지원하였다.

그 뒤 19세기 후반이 되자 근대 철학의 주류였던 독일 관념론 철학이 낡은 게 되었고, 그 뒤 마르크스주의가 '유일하게 옳은 세계관'을 참칭하며 등장하자 사람들은 그를 받아들였다.

그러나 그것이 독단론적 모순을 드러내며 붕괴했을 때, 포스트모던 사상이라는 강력한 철학적 상대주의가 등장하여 마르크스주의 대신 현실 세계에 대한 사람들의 이견과 이의 제기를 지지, 지원해 주었다. 하지만 '상대주의=회의론'이 사상계에서 주류의 자리에 오르면서 '보편성'이나 '원리' 같은 개념들을 부정함으로써, 이번에는 자신이 새로운 철학의 사유를 억지하는 힘으로 전화轉化되어 버린다.

인식의 수수께끼를 해명하는 일의 의의

이렇듯 유럽 철학에서는 고대 그리스 이래 보편 인식파와 상대주의가 오래도록 인식론 차원에서 계속 대립해 왔다. 수많은 빼어난 철학자들이 보편 인식을 추구해 왔지만, 그래도 고르기아스 테제의 난문이 완전히 극복된 것은 아니었다.

앞서 언급했지만 현대 철학에서는 보편 인식의 탐구가 '논리학'의 형태로 출발했다. 그러나 논리학을 철저히 밀어붙인 결과 '존재-인식'과 언어의 '일치 불가능성'의 논증에 경도되었고, 그러자 그것이 도리어 현대 철학의 반反철학, 반보편 인식이라는 흐름을 낳고 말았다.

보편 인식의 가능성은 철학의 근본 이념이라고 해도 과언이 아니다. 그러한 가능성이 존재하지 않으면 철학은 본질적 존재 이유를 상실한다. 상대주의라는 조류는 이 가능성을 부정함으로써 선과 악, 정의 및 부정의의 근거를 야금야금 갉아먹는 것이다. 뛰어난 철학자들이 오래도록 인식 문제에, 즉 고르기아스 테제가 제시하는 인식의 수수께끼의 해명에 매달려 온 것은 바로 이 때문이다.

반복되는 이야기지만 이 책의 중심 과제 중 하나는 니체와 후설이 인식 문제를 완전히 해명했다는 점을 알리고, 그 의의를 명료히 밝히는 것이다. 철학에서 인식의 수수께끼를 명확한 방식으로 해명하는 일은 철학의 미래에 결정적인 전회轉回를 의미한다. 나아가 인간 사회의 미래에도 결정적으로 중요하다는 점을 일단 짚어 두고자 한다.

그리스 철학에서 출현한 인식의 수수께끼는 유럽 철학의 역사 전체에 걸쳐 철학의 본의를 뒤흔들 정도로 거대한 난문이 되었다. 우리는 이 수수께끼가 어떻게 해명되었는지를 확인할 필요가 있는데, 우선은 근대 철학의 대가들이 이 문제에 어떤 식으로 맞섰고 또 격투했는지에 대해 큰 윤곽을 그려 보자. 그런 다음 니체와 후설이 어떤 식으로 이 문제를 해명했는지 살펴보기로 하자.

인식의 수수께끼의 해명이 과연 철학에 어떠한 새 지평을 열어젖히게 될지에 대해, 독자들이 확실한 전망을 갖게 되길 바란다.

제2장

인식의 구조를 뒤집다

근대 철학의 고투

홉스와 루소의 사회 원리

익히 알려져 있듯이 근대 철학은 데카르트의 "나는 생각한다, 고로 나는 존재한다"라는 원리에 의해 새출발을 한다. 회의론을 극한까지 (방법적으로) 밀어붙인 결과, '나는 존재한다'라는 그 누구도 의심할 수 없는 지점에 도달하였고, 그런 까닭에 바로 이 지점이 철학의 권리적인 출발점이 되지 않을 수 없다.

이 원리에 의해 기독교의 '신이 존재한다'라는 전제는 타도되고 철학은 그리스 철학에서 수립되었던 방법, 즉 전적인 백지 상태에서 출발하되 개념과 원리를 이용하여 세계 설명을 전개해 가는 방법으로 되돌아간다. 철학의 근본 방법이 부흥하게 된 것이다.

그런데 철학이 논리와 원리의 방법에 의해 세계에 대해 사유하기 시작하자 곧 고르기아스의 난문, 즉 존재와 인식의 엄밀한 일치는 없다고 하는 인식의 수수께끼도 귀환한다. 근대 철학에서 그것은 '주관-객관'의 일치는 증명할 수 없다는 명제의 형태를 취했다(이를 제시한 것도 데카르트다. 그는 물음을 제기하고 스스로 그에 답하고자 했던 것이다). 이로부터 근대 철학자들의 인식 문제에 대한 격투가 개시된다.

그러나 이 주제로 곧장 들어가기 전에 두 명의 근대 철학자 곁에 좀 더 머물 필요가 있다. 토머스 홉스(1588~1679)와 장 자크 루소(1712~1778)다.

두 사람은 보편 인식의 가능성을 둘러싼 문제 같은 것에는 전혀 골치 썩이지 않은 채, 사회 철학상 지극히 중요한 원리를 제시했다. 홉스의 원리는 '만인에 대한 만인의 투쟁'(이를 나는 '보편 전쟁의 원리'라 부른다), 루소의 원리는 '사회 계약'과 '일반 의지'다.

두 사람의 원리에는 공통의 특질이 있다. 두 원리 모두 극도로 간명한 원리라는 점이다. 게다가 곰곰이 생각해 볼수록, 정말이지 철저한 검토를 바탕으로 성립된 것이어서 도저히 부정할 수 없는 탁월한 사회 원리라는 점이다.

홉스의 원리는 인간(공동체)이 동물과 달리 늘 죽음 불안에 위협을 당하고 있고, 그로 인해 특별한 시스템이 없는 한 상호 불안에 의해 끝없이 전쟁이 이이진나는 것이다. 그리고 홉스의 이 원리는 동시에 **전쟁 억지**의 원리 또한 제시하고 있다.

인간 간의 보편 전쟁을 억지하기 위해서는 다음 세 가지 조건이 불가결하다. (1) 강력한 권위와 실력(즉, 통치 권력), (2) 강력한 규칙(법), (3) 룰의 침해에 대한 패널티 시스템의 정비(사법과 경찰).

이 세 조건을 한마디로 말하면 국가 통치다. 참고로 홉스는 이 원리가 분명해진 이상, 신민들이 강력한 왕에게 권력을 양도하고, 대신 왕은 신민의 생명과 재산을 보전한다고 하는 신약信約을 맺음으로써 전쟁은 억지된다고 제안했다.

홉스의 이 원리에 대해서는 비판도 있다. 가령 존 로크(1632~1704)나 초기 루소는 인간의 원시적인 자연 상태에서는 광범위한 전쟁이 없었다고 지적한다. 역사를 전체적으로 살펴보면 확실히 농경이나 정주를 하기 이전의 공동체에서는 식량 비축이 존재하지 않았으므로 아직 공동체 간의 전쟁은 없다. 그러나 농경 정주를 하게 된 이후 인류는 전쟁을 시작한다.

그 결과 어느 문명에서도 필히 일정한 전란 시대(패권 전쟁 시대)가 있고, 그 후 강력한 통치 권력이나 법 시스템을 완비하여 집중 지배를 행하는 '대제국'이 출현한다(이집트, 페르시아, 인도, 이슬람, 로마 등). 홉스는 세계사를 참조해서 자신의 학설을 수립하진 않았다. 하지만 최근의 역사 연구는 특히 홉스의 이 원리를 움직일 수 없는 방식으로 실증하고 있다.*

다음은 루소다. 루소는 『고백록』에서도 여실히 나타나 있듯이 근

---

* 홉스 학설의 방증: 유발 하라리의 『사피엔스』, 스티븐 핑커의 『우리 본성의 선한 천사』 등. 예컨대 핑커는 『우리 본성의 선한 천사』에서 이렇게 쓰고 있다. "전쟁의 둘째 요인은 불신이다. 이는 홉스의 시대에는 '겁'이나 '부끄러움'보다 오히려 '두려움'을 의미하는 단어였다. 이는 첫째 원인(경쟁)의 결과다.… 정치학자 토머스 셸링은 총을 든 강도와 총을 든 사람의 비유를 사용하여, 양자가 서로 자신이 공격당하기 전에 상대를 공격해야 한다는 점을 설명하고 있다. 이 패러독스는 때로 '홉스의 덫'이라 불리며, 국제관계론 분야에서는 안전 보장 딜레마라고도 불린다."

대의 '자유'에 의해 태어난 산물과도 같은 인물로, 처음에는 통치 권력과 룰에 의해서만 전쟁이 억지될 수 있다고 보는 홉스의 사고 방식에 비판적이었다(『인간 불평등 기원론』). 그러나 『사회계약론』 에서는 통치 없이 전쟁은 피하기 어렵다는 설을 수용한다. 그리고 서두의 잘 알려진 부분에서 이렇게 말한다. 인간은 본디 자유로이 태어났을 터인데, 현재의 상태를 보면 만인은 지배의 사슬에 엮여 있다. [자기가 남의 주인이라고 생각하는 자도 사실은 그 사람들보다 더한 쇠사슬에 묶인 노예다. 왜 이런 변화가 생긴 것이냐고 하면 나는 모르겠다. 하지만] "무엇이 이 상황을 정당하게 만들 수 있느냐고 하면, 그 문제는 풀 수 있다고 믿는다."

루소가 하려는 말은 이런 것이다. "실제로 인간 사회는 통치 권력 없이는 전쟁을 억지할 수가 없다. 그러나 지금까지 이 해결책은 예외 없이 인간을 소수의 지배자와 대다수의 피지배자로 가르는 거대한 절대 지배로 귀착되었다. 그런 방식 말고 누구나 그 정당성을 인정할 수 있는(시인할 수 있는) 통치의 존재 방식은 무엇일까? 나 루소는 그 원리를 갖고 있다고 생각한다."

루소의 '사회 원리', 즉 전쟁을 억지함과 동시에 사람들이 저마다 자유로울 수 있는 사회 원리는 '사회 계약'과 '일반 의지' 개념으로 제시된다. 이 생각을 대략석으로 설명하면 이렇다.

우선, 각 사람이 자신의 자유를 자각해야 한다(당시 관념으로는 인간이 신의 피조물로 간주되고 있었기 때문에, 자유의 자각은 한정적일 뿐이었다). 다음으로, 각 사람이 타자의 자유와 존엄을 서로 인정하고, 그 위에서 대등한 권한으로 사회를 운영한다고 하는 계약을 맺는다. 이것이 사회 계약이다(후에 헤겔은 이를 자유의 '상호 승인' 개념으로 제시한다). 이로부터 다음과 같은 원칙들이 도출된다.

통치 권력은 특정한 인간의 이해 관심(특수 의지)이 아니라 반드시 전원의 이해 관심(일반 의지)을 배려한다는 원칙하에 통치하지 않으면 안 된다. 그리고 통치 권력은 일반 의지만을 대표해야 한다. 이 원칙이야말로 사회에서 통치 권력이 정당성을 갖는 근거가 된다.

루소의 '일반 의지' 원리에 대해서도, 러셀을 비롯해 다양한 사람들이 비판을 가했다. 그러나 그들의 비판을 읽어보면, 루소의 '원리'를 오독한 결과임을 알 수 있다. 하지만 상세한 이야기는 뒤로 미루자.

민주주의 사회의 근본 원리

홉스와 루소의 이러한 사회 원리는 잘 기억해 둘 필요가 있다. 왜냐하면 이 원리들은 역사상 만인의 자유가 가능하다고 보는 최초의 사회 시스템, 즉 '근대 시민 사회'의 근본 원리기 때문이다.

홉스의 원리는 인간 사회가 전쟁을 억지하기 위해 강력한 통치 권력을 필요로 했다는 점을 처음으로 밝혔고, 루소는 이 통치가 만인으로부터 정당성을 얻는 방법은 일반 의지(성원 전부의 의지)를 대표하는 통치 말고는 없다는 점을 역시나 처음으로 명시한 것이었다.

덧붙이자면 홉스, 스피노자, 로크, 흄, 루소, 칸트, 헤겔 등 모든 근대 철학자들에게 '자유'로운 사회의 창출은 최대의 관심사였고, 그런 점에서 근대 시민 사회는 그들의 철학적 사고의 릴레이에 의해 구상되었다고 할 수 있다. 그중에서도 특히 홉스, 루소, 헤겔은 그 중핵이 되는 원리를 수립한 철학자들이다. 이 구상의 핵심은 첫째, 자유의 보편적 해방(만인이 자유의 권리를 확보하게 할 것)이고, 둘째, 이로부터 귀결된 것으로, 가치의 다양성의 해방(각 사람에게 자기 자신의 '행복'과 '선'의 추구를 인정할 것)이다.

이리하여 홉스와 루소의 사회 원리는 현재 '민주주의' 사회의 근본적인 기초가 되었다. 한 가지 더 말하자면 이 두 사람에 대해 다양한 비판들이 있지만, 그 비판들은 대부분 근대 사회가 초래한 현실 차원의 모순에 대한 비판과, 사회의 원리 차원에 대한 비판이 혼동되어 있다. 달리 말하자면, 만인의 자유 확보의 원리로서 두 사람보다 더 보편적이라 할 수 있는 원리는 아직 출현하지 않았다는 것이다.

홉스, 루소, 헤겔로 대표되는 근대 사회철학의 이러한 성취는 한편으로 근대 사회의 근본 설계도가 된 것이 사실이지만, 그에 못지않게 서양 철학사 속에서도 중요한 의미를 갖고 있다.

그들의 사회철학적 성취는 인식 문제와는 별도의 차원에서 이룩된 것이지만, 만인의 자유의 해방이라는 바로 그 주제를 둘러싸고, 철학의 테이블 위에서 본질적인 철학적 사고가 전개되기에 이르렀다. 나중에 우리는 그 의의와 중요성에 대해, 사회의 보편 인식의 가능성이라는 문제를 둘러싸고 다시 한번 확인하게 될 것이다.

자, 이제 원래의 주제인 인식론으로 돌아가자. 지금까지 보았듯이 근대 철학은 기독교의 세계관을 부정하고 완전히 새로운 세계 설명을 수립하기 위해 출발했다. 그러나 곧장 '주관-객관 일치'의 불가능성이라는 난문에 부딪친다. 근대 철학자들은 이 난문에 어떻게 맞섰을까?

칸트와 헤겔

칸트의 유니크한 인식론

먼저 근대 철학에서는 인식론상의 상징적인 대립이 출현한다. 대륙 합리론 대 영국 경험론, 혹은 스피노자 대 흄의 대립이다.

스피노자(1632~1677)는 이성의 능력을 적절히 사용하면 세계를 바르게 인식하는 것은 불가능하지 않다고 말했다. 이런 생각을 바탕으로 쓰인 책이 『에티카』다. 세계는 '하나'이며 무한하고 영원하고 완전한 '신'이다. 스피노자는 이러한 범신론을 '공리 → 정리 → 증명'이라는 수학적 추론 형식에 의해 논증하고자 했다(그래서 누구나 합의할 수 있다고 보았다). 이것을 대륙 합리론이라 부르는 이유는 이성의 **합리적** 추론에 의해 세계를 올바로 인식할 수 있다는 주장이기 때문이다.

한데 곧 영국의 존 로크나 데이비드 흄 등이 이에 반대하며 경험론 철학을 제창한다. 흄은 말한다. 인간은 다양한 생활 경험들을 종합하여 세계상을 구축해 간다고. 논리보다 증거라는 말이다. 유럽에서는 누구나 기독교의 세계상을 믿고 있지만 세계 전체를 보면 이슬람교도 있고 동양의 다른 종교들도 있다. 요컨대 세상에는 전혀 다른 세계상들이 존재한다. 우리는 자신이 속한 문화적 습관에 의해 세계상을 구축하고 있을 뿐, 어느 것이 바른지를 검증할 방법은 원리적으로 존재하지 않는다. 흄이 제시한 '올바른 세계 인식의 불가능성' 이론은 설득력이 매우 강해서 보편 인식의 가능성을 추구하는 철학자들에게 충격을 안겼다.

이때 등장하는 것이 칸트(1724~1804)다. 칸트의 아이디어는 대단히 독창적인데, 키워드는 '물 자체'다. 칸트는 흄의 학설에 감화를 받았지만, 그래도 보편 인식의 가능성을 포기하지 않고, 독자적인 인식론을 수립한다.

이 문제를 해결하기 위해서는 우선 우리의 **인식 장치**가 어떻게 되어 있는지를 올바로 파악해야 한다. 바로 이것이 칸트의 근본 아이디어다. 그는 인간의 의식이 '감성-지성-이성'이라는 기본 틀로 구조화되어 있음을 보여 준다. 감성은 감각 인상을 수용하는 능력, 지성은 그것을 정리하여 개념적인 판단을 내리는 능력이다. 이성은 주로 추론 능력으로, 경험을 초월한 세계의 양상을 추론에 의해 인식한다.

이를 통해 인간은 어디까지나 인간의 인식 장치를 통해서만 세계를 인식할 수 있고 그런 까닭에 세계에 대해 완전한 인식을 가질 수는 없으며(신만이 완전한 지식을 갖는다), '세계 자체'(물 자체)는 우리의 인식 능력을 초월해 있다는 사실이 밝혀진다. 말하자면 칸트는 일단 흄의 설을 인정한 것이다. 그러나 그는 이제 다음과 같은 주장으로 나아간다.

첫째, 인간의 인식 장치는 확실히 불완전하지만, 누구나 동일한 인식 장치를 갖고 있는 것 또한 사실이다. 가령 사과 한 알은 모두에게 동일한 사과로 보이기 마련이다. 따라서 경험으로서의 사과 인식에는 **객관성**이 있다(이런 사고에 따라 칸트는 자연과학의 인식에 객관성이 있음을 보증한다).

둘째, 세계 자체(=물 자체)의 객관적 인식은 불가능하다. 그러나 인간 정신의 내적인 '자유의 세계'는 인간이 **현실적으로 경험하고 있는 세계**이므로, 내성內省을 수행함으로써 보편적인 법칙을 끌어낼 수가 있다. 바로 이러한 생각으로부터 인간의 '자유=도덕' 법칙에 대한 칸트의 철학, 즉 '도덕 법칙'이 도출된다.

칸트의 아이디어는 지극히 유니크하다. 그의 아이디어에 따르면 우리는 자연 세계를 경험하고 있으니 그로부터 자연 법칙을 끄집어낼 수 있다. 마찬가지로 우리는 정신(자유)의 세계를 살아가고 있으므로 자유 세계의 법칙, 즉 도덕 세계의 법칙을 끄집어낼 수가 있다(칸트에게 자유는 도덕적인 행위를 수행할 자유를 의미한다). 이리하여 잘 알려진 '정언 명법'이 도출된다.

> 너의 의지의 격률(格律)이 언제나 동시에 보편적인 입법의 원리로서 타당하도록 행위하라.(『실천이성비판』)

달리 표현하자면 당신의 행위의 룰이 보편적인 선악의 룰에 합치하도록 행위하면 당신의 행위는 늘 도덕적이라 할 수 있다는 말이다. 그러면 **보편적인** 선악의 룰이란 무엇인가? 칸트의 취지를 살려 말해 본다면 이렇게 된다. 어떤 행위가 반드시 누군가에게 선(혹은 이익)이 되고 동시에 아무에게도 악(혹은 해)이 되지 않는 그러한 행위, 그것이 보편적인 도덕의 룰이다.

칸트의 말은 일견 거의 동어반복처럼 들리기도 해서 이해하기 쉽지 않다. 그러나 이 '선의 법칙'이 의미하는 바는 지대한 것이다. 왜냐하면 칸트는 최초로 선의 근거를 '성스러운 것'의 관념으로부터도, 또 공동체의 전통적인 선의 룰로부터도 분리시켜 오직 이성에만 의거하여 인간 간의 일반적인 관계로부터 도출해 냈다고 평가할 수 있기 때문이다.

이렇듯 칸트는 스피노자의 세계 인식 가능설과 흄의 경험적인 인식 이외에는 불가능하다는 설을, 말하자면 조정하고 통합한다. 그럼으로써 그는 (신학적인) '형이상학'의 불가능성을 선언하고, 그 대신 '도덕철학'이라는 새로운 철학의 지평을 개척한 것이다.

헤겔의 두 가지 공적

다음 사상가는 근대 최대의 철학자 헤겔(1770~1831)이다. 특히 인간의 자유의 본질에 대한 그의 통찰은 매우 탁월한 것이었다. 다만 마르크스주의, 포스트모던 사상, 현대 언어(분석)철학이 전반적으로 반철학 입장에 서는 관계로, 헤겔은 근대 철학의 대표자로서 비판의 과녁이 되어 버렸고, 지금도 커다란 오해로부터 벗어나지 못하고 있다.

그건 그렇다 치고, 일단 인식론을 떠나 근대 최대의 철학자로서 헤겔의 핵심 업적이 무엇인지 소개해 보자.

첫째, 근대 철학은 근대 사회의 근본 설계도를 수립했는데(홉스, 로크, 루소, 칸트 등), 헤겔 철학은 말하자면 그런 근대 사회의 원리들을 집대성했다고 할 수 있다. 근대 국가(근대 시민 국가)의 근본을 이루는 것은 '법'과 '권리'인데, 헤겔에 따르면 '법-권리'의 본질은 '자유'(의 상호 승인)에 의해서만 근거를 부여받는다.

> 법의 지반은 모름지기 정신적인 것이어서, 법의 가장 엄밀한 장소와 개시점은 바로 의지, 그것도 자유로운 의지다. 따라서 자유야말로 법의 실체와 규정을 이룬다.(『법철학』)

> 인격성은 추상적인, 따라서 형식적인 (권리 내지는) 법의, 개념 및 그 스스로 추상적인 토대를 마련한다. 이런 점에서 (권리 내지는) 법의 명령은 이러하다. "하나의 인격이 되어라, 그리고 타인들을 인격으로서 존중하라."(『법철학』)

조금 이해하기 까다롭지만, 말의 취지는 이러하다. 우리는 법률이라는 것에 대해 통치자들이 멋대로 결정하는 것이라는 감각을 가질 수도 있다. 하지만 우리는 그에 앞서 우선 법의 바람직하고 마땅한 본질을 사고하지 않으면 안 된다.

법, 권리, 올바름(독일어로는 recht[영어로는 right]라는 단어 하나로 이 모든 뜻을 표현한다)이란 어떤 초월적인 권리나 권력에 입각한 것이 아니라, 각 사람의 자유로운 의지에 입각한 것이어야 한다. 자유로운 의지란 타인을 자유로운 인격으로서 상호 존중하고 인정하는 의지를 가리킨다. 즉, 자유의 상호 승인 의지라 할 수 있다. 이 상호 승인의 의지가 사회적 제도로 수립된 것이 법이어야만 한다. 그렇게 헤겔은 말하고 있다.

헤겔의 상호 승인과 법에 관한 이러한 사고방식은 나중에 논의할 보편적인 사회 이론의 가능성 문제에서 커다란 의미를 가질 터이니 기억해 두면 좋겠다.

헤겔의 두 번째 공적은 **인간 본질론**이다. 근대 철학자들은 모두, 근대에 이르러 비로소 자각된 자유라는 관념을 축으로 삼아 인간의 근본적인 본질이란 과연 무엇인지를 사유했다. 특히 자유 관념은 그들에게 단지 획득해야만 할 권리 이상의 것이었다.

첫째로 그것은 그때까지 봉인되어 있던 인간의 참된 본질이 화려하게 꽃필 가능성을 의미하고 있었다. 그리고 헤겔은 인간 존재의 본질로서의 자유를 가장 철저하게 통찰했다(나중에 자세히 말하겠다). 이 점에서도 헤겔의 철학은 그 진수가 아직도 인류에게 거의 수용되지 않은 그런 경우에 해당한다.

헤겔의 인식론은 칸트를 뛰어넘었는가?

원래의 주제인 헤겔의 인식론으로 돌아가 보자. 칸트의 인식론은

'물 자체'가 키워드였다. 우선, 인간은 사물 존재의 여러 측면들 중 경험 가능한 무언가를 감성과 지성을 사용하여 올바로 판단할 수 있다. 여기서 감성은 감각 인상의 수용이고, 지성은 양, 질, 관계, 양태 같은 개념적 파악의 틀(범주)을 가리킨다. 그에 반해, '세계 전체'나 '신의 존재' 같은 것, 즉 경험을 초월한 것(=세계의 본체)에 대해서는 이성의 추론 능력을 사용할 수밖에 없다. 그러나 이성의 능력에는 절대적인 한계가 있어, 인간이 '세계의 본체'*(=물 자체)에 대한 올바른 인식에 도달하기란 절대로 불가능하다.

이렇듯 인식 가능한 것과 인식 불가능한 것을 명확히 구별했다는 점에 칸트의 공적이 있다. 헤겔은 (칸트에 대해 피히테, 셸링 같은 독일 관념론 철학자들이 이미 보였던 반응과 마찬가지로) 칸트의 결론에 아무래도 납득할 수가 없었다. 헤겔의 입장에서 볼 때, 만일 세계의 본체가 인식 불가능한 것이라면, 자연에 대한 인식은 어찌 되었든 간에, 진리라 불리는 그 무엇, 혹은 진, 선, 미 같은 그 무엇의 본질 또한 결국은 불가지하다는 결론에 이르게 된다. 헤겔에게 그것은 '상대주의=회의론'에 대한 패배를 의미한다. 정말이지 세계의 보편 인식에 도달할 길은 없는 것일까? 헤겔은 과녁을 제대로 겨냥했다고 할 수 있다.

인식론적인 차원에서 헤겔의 최대 공적은 인식 과정에 시간축을 도입했다는 것이다. 즉, 칸트의 정적인static 인식론을 동적인 것으

---

* 본체(noumenon): 스콜라철학 이래 사용되는 용어로, 생성 변화하는 현상의 배후에 있는 세계의 절대적인 참 실재를 가리킨다. '물 자체'와 같은 개념이라 할 수 있다.

로 변경한 것이다. 칸트의 경우에는 감성-지성-이성이라는 인식의 세 기본 틀이 각각 자신의 역할을 수행함으로써 대상 인식이 가능해진다. 반면 헤겔에 따르면 인간의 인식 능력은 칸트처럼 미리 고정된(요컨대 선험적인) 인식틀에 의한 게 아니고, 삶을 경험해 감에 따라(시간적으로) 끊임없이 더 고도의 능력으로 진화해 간다. 이와 관련해서 가령 '사물이란 개념의 운동이다'라는 헤겔의 독창적인 표현이 있다. 이게 뭔 소린가 싶을 수도 있을 텐데, 다음과 같이 생각하면 쉽게 납득이 갈 것이다.

젖먹이에겐 사과가 단순히 빨갛고 둥근 것이지만, 좀 더 자라면 **맛있는 과일**로 인식된다. 나아가 성인이 되면 하나의 사과는 장미과에 속하는 식물이라든가 주요 양분, 산지, 종류, 가격 같은 **개념**적 내용도 알려주는 사물로 발전한다. 이렇듯 하나의 사과에 대한 인식은 경험 과정을 거치면서 다양한 개념들이 풍부하게 축적되어 가는 운동이라 할 수 있다. 이것이 바로 인식이 변증법적으로 전개되어 간다고 하는 헤겔의 변증법적 사고의 내실이다.

인식에 시간축을 도입하여 사고한다고 하는 헤겔의 아이디어는 매우 독창적인 것으로, 당시의 전통적인 인식론의 수준을 훌쩍 뛰어넘는 것이었다. 그러나 세계의 보편 인식 가능성이라는 문제와 관련해 보자면 헤겔의 세계 인식론이 칸트의 근본 아이디어를 뛰어넘었다고 하기는 곤란하다.

앞서 소개했듯이 스피노자의 세계관은 세계를 하나이자 무한하고 영원하며 완전한 **신**이라고 보는 범신론이었다. 헤겔의 세계관은 기본적으로 이 범신론에 가까운 유신론의 세계관이다.

스피노자와의 차이는 헤겔이 세계를 '절대적인 것'(절대자)이라 부르면서, 그 절대자의 내실은 자유로운 운동을 본질로 삼는 정신적인 실체라고 간주했다는 점이다.* 요컨대 스피노자가 말한 '세계는 무한하고 영원한 하나의 신'을, 헤겔이 '세계는 자유로운 운동의 본질로서의 절대 정신'이라고 고쳐 말했다고 생각해도 좋겠다.

헤겔이 말한 '자유로운 절대 정신'은 세계의 '본체'인데, 개개 인간들은 이 '자유로운 정신'의 본질을 **분유**分有하고 있다. 그리고 인간에 내재하는 이 자유로운 정신이 개인의 경험과 역사의 경험을 통해 인간의 세계 인식을 심화시켜 가고, 최종적으로는 세계의 본질(본체) 인식에 도달할 수 있다고 상정되어 있다.

헤겔은 이 아이디어로, '세계의 본체'(=물 자체)를 인식하는 것은 원리적으로 불가능하다고 본 칸트의 견해를 극복할 수 있다고 보았다. 그러나 이러한 헤겔의 세계관은 한마디로 말해서 유럽의 전통적인 유신론의 세계상이 붕괴되면서 함께 무효가 되지 않을 수 없다.

헤겔은 모든 점에서 칸트의 철학을 뛰어넘어 근대의 인간과 사회

---

* 헤겔의 '자유': 헤겔의 '자유'라는 개념은 그리 평이하지 않기 때문에 해설을 덧붙인다. 예를 들어 인간이 유아일 때는 단지 쾌와 불쾌가 있을 뿐이지만, 자라면서 서서히 자신과 타인의 관계를 알게 되고 그 과정에서 자기라는 존재를 인식하고(자기인식), 또 사회적인 관계를 인식하며 더 나아가 세계나 우주의 시간을 총체적으로 인식하고자 한다. 이렇듯 인간의 '정신'은 자신과 세계를 더 깊이, 더 보편적으로 인식해 가고자 하는 본성을 갖고 있다. 헤겔은 자기와 세계를 더 깊이 알고자 하는 이 정신의 끝없는 운동성을 정신의 자유의 본성이라 부른다. 인간의 자유로운 행위라는 것도 모두 이러한 자기 및 세계에 대한 더 깊은 인식을 토대로 한다는 점을 생각하면, 이는 '자유'의 본질에 대한 지극히 탁월한 정의라 할 수 있겠다.

에 관해 극히 탁월한 철학 원리를 제시한 근대 최대의 철학자로서, 그 통찰의 심오함에는 놀라운 면모가 있다. 그러나 인식론에 관한 한, 칸트를 포함한 다른 독일 관념론 철학자들과 마찬가지로 헤겔 역시 유럽적인 세계상, 즉 절대신의 세계상이 지배하는 인력권으로부터 이탈할 수는 없었다고 할 수 있다.

근대 철학에서 인식 문제와의 격투는 헤겔 사후, 자연과학이 더 발달하여 유럽의 유신론적인 세계상이 완전한 종언을 고했을 때, 니체의 등장과 함께 마침내 새로운 전개를 맞이한다.

니체의 '본체론 해체'

지금까지 우리는 인식 문제가 근대 철학의 중심 문제였다는 점, 그리고 칸트나 헤겔 같은 뛰어난 철학자들이 인식의 보편성을 확보하기 위해 격투했음에도 불구하고 그 과제를 충분히 수행할 수는 없었다는 점을 살펴보았다. 또한 인식 문제는 현대 철학에까지 이월되었는데, 여기서는 철학이 그 수수께끼의 해명에 좌절하고 도리어 '상대주의=회의론'에 주류의 자리를 넘겨주었다는 점도 언급하였다.

그러나 이미 시사했듯이 보편 인식에 관한 인식 문제는 니체와 후설이라는 두 철학자에 의해 해명이 되어 있다. 현대 철학에서는 그 점을 완전히 간과하고 있는 탓에 일반적으로는 잘 알려져 있지 않고, 그래서 독자들 중에는 내 말에 어리둥절할 사람도 틀림없이 있을 터이다.

하지만 다행히도 이 문제는 괴델의 불완전성 정리나 아인슈타인의 상대성 이론과는 달리, 전문적인 지식이 없는 일반 독자들도 충분히 이해할 수 있는 문제다. 나는 여기서 문제의 핵심을 명확히 제시하고, 니체와 후설이 어떠한 근본 아이디어에 의해 이 문제를 풀어냈는지를 가능한 한 간명하게 제시해 보고 싶다.

길 잃은 현대 논리학

인식의 문제는 두 가지 철학적 개념에 의해 해명된다. 첫째, 니체(1844~1900)의 '본체론 해체'(이는 내가 총괄하는 차원에서 만든 말로, 니체의 용어는 아니다). 둘째, 에드문트 후설(1859~1938)의 '현상학적 환원'. 먼저 말해 둘 것은 이 두 개념이 충분히 이해되면 **인식의 수수께끼**가 틀림없이 해명된다는 것이 누구에게라도 확연해지리라는 점이다.

우선 근본적인 문제는 고르기아스 테제에서 제시된 두 가지 불가능성, 즉 존재와 인식이 일치할 수 없음, 그리고 인식과 언어가 일치할 수 없음에 있었다. 이를 **논박**할 수 있느냐 없느냐가 문제인데, 바로 여기서 출발하기로 하자.

현대의 언어철학에 빠삭한 독자라면 프레게, 러셀, 비트겐슈타인에서 시작하여 루돌프 카르나프, 윌러드 v. O. 콰인, 알프레드 에이어, 존 오스틴, 도널드 데이비드슨, 토머스 쿤, 마이클 더밋, 힐러리 퍼트넘, 자크 데리다, 리처드 로티, 존 설, 크립키 같은 엄청난 수의 현대 철학자들이 이 문제에 대해 방대한 논의를 거듭해 왔다는 걸 알고 있으리라.

기술記述이론, 언어게임, 가족 유사성, 물리학주의, 확증의 전체론, 지시의 인과설, 고정지시자, 쌍둥이 지구, 물통 속의 뇌 등등 무수한 개념이나 이론, 그리고 그에 대한 끝없는 논의가 그로부터 산출되어 왔다.

이러한 상황에도 불구하고 나는 이렇게 말하겠다. 과도하게 부풀려진 이 얽히고설킨 언어 관련 논의들('언어 문제'라 부르자)을 해명하기 위해서는 이 논의들을 모두 내팽개쳐 버려야만 한다고. 문제의 본질은 극히 간명하다는 점, 요컨대 진짜 문제는 단 한 군데의 얽힘뿐이며, 이 핵심적인 얽힘은 원리적으로 풀어낼 수 있는 것임을 누구라도 이해할 수 있는 방식으로 제시해 보겠노라고.

왜 '언어의 수학화'는 성공적으로 수행되지 못했는가?

현대 언어철학은 프레게와 러셀이 시도한 현대 논리학과 이를 이어받은 논리 실증주의에서 시작되었다. 그들의 주된 동기는 일찍이 아리스토텔레스가 소피스트들의 논의를 극복하고자 논리학을 창시했던 것과 마찬가지로 논리학을 엄밀화함으로써 형이상학적 철학의 애매함을 극복하고자 했던 점에 있다.

논리학을 재건하고자 했던 이 시도의 핵심은 '언어의 수학화'라는 개념으로 제시할 수 있다.

후설에 의하면 근대 자연과학의 근본 방법은 '자연의 수학화'라는 말로 요약된다. 이게 무슨 말인가. 다양한 자연 대상들은 우리에게 크거나 단단하거나 무겁거나 뜨겁거나 하는 식으로, 즉 우리 감각에 대응하는 다양한 성질들의 집합으로 기술할 수 있다. 문제는 자연 사물의 이러한 성질들이 어디까지나 주관적이며 또한 상대적이라는 것이다.

어떻게 이 성질들을 객관적인 것으로 기술할 수 있을까? 방법은 하나뿐이다. 사물의 여러 성질들을 **수학화, 수량화**하는 것이다.

가령 한 그루 나무는 크기나 형태 같은 기본 성질들뿐만 아니라 무게, 경도, 온도 등 인간의 감각과 상관된 여러 성질들을 모두 수량적으로 기술할 수 있다(물론 간단한 프로세스는 아니었지만, 자연과학은 이 과제를 해결했다). 이를 통해 한 그루 나무는 **누구에게나 동일한** 나무로 규정되고, 제시된다. 세계의 온갖 사물들을 이러한 방식을 사용해 수학적으로 기술하는 것, 이 방법에 의해 자연과학은 자연을 완전히 객관적인 인식으로 만들어 낸 것이다(자연과학의 이러한 인식이 진정으로 자연의 **객관적 인식**이라 할 수 있느냐는 문제는 나중에 논하겠다).

현대 논리학은 거의 이와 동일한 발상에 서 있다. 즉, 언어를 **수학화**함으로써, 언어가 늘 누구에게나 동일한 의미로 표현되도록 하려는 시도 자체였다. 그렇게 할 수 있다면 의미(인식)와 언어의 일치가 보증될 테니 말이다.

하지만 사실 이 방법에 의해서는 고르기아스 테제의 난문이 극복되지 않는다. 현대 언어철학은 이 일치를(혹은 그 불가능성을) 보여 주기 위해 여전히 결론이 나지 않는 논의만을 계속 쌓아 가고 있을 뿐이다. 철학적인 원리를 통해 왜 이런 식으로밖에 안 되는 것인지 그 이유를 간명히 제시할 수 있다.

우선 자연의 수학화란 자연 사물의 질서, 구조, 인과성을 전부 1 대 1 대응의(=일의적인) 기호로(즉, 수로) 표현하는 것이다. 이를 통해 자연 대상은 누구에게나 완전히 일의적一義的인(동일한) 것으로 표현된다. 자연과학에서는 이 방법에 의해 '존재-인식-표현(언어)'의 일치가 성취된다. 즉, 자연과학의 영역에 한해서는 고르기아스 테제의 난문이 극복된다.

문제는 이제부터 이야기할 언어의 수학화 쪽이다. 철학에서 중요한 것은 '자연 영역'이 아니고 '사태의 영역'*이다. 즉, 인간이나 사회에 관련된 문제 영역으로 이 영역을 '본질 영역'**이라 부를 수 있다.

가령 한 그루 나무의 무게, 비중比重, 경도硬度, 온도, 성분 등을

---

* '사태'는 원문의 'ことがら=事象'을 번역한 것이다. 이 두 일본어 단어(ことがら와 事象)는 사실, 현상, 양상 등을 뜻하는 말로, 우리말로는 한마디로 번역하기가 매우 어렵다. 가장 가까운 것은 '사태(事態)'다. 이 단어는 사정이나 일의 모양 혹은 양상을 가리키는 말로서 번역어로 쓰기에 적당하다. 다만, 우리말의 경우 이 단어는 눈사태나 산사태 같은 용례에서 알 수 있듯이, 급격하게 발생한 의외의 사건이라는 함의가 강해서 번역어로는 상당히 부적당하기도 하다. 그렇지만 이 책에서는 'ことがら=事象'을 일관되게 '사태'라고 번역할 것인데, 더 좋은 번역어를 찾지 못해 불가피하게 취한 결정이다. 독자 여러분이 읽으실 때, '의외의 급격한 변화'라는 함의 없이 '사실, 현상, 양상' 등을 뜻하는 철학 용어라고 받아들여주기 바란다. – 옮긴이

** '본질 영역'은 '자연 영역'에 대응시켜 내가 사용하는 용어로, '본질학'의 전반적 영역을 가리킨다. 일반적으로는 인문과학, 사회과학 영역을 가리킨다. 후설의 경우에는 '영역적 존재론'이라는 말이 사용되는데 자연, 생명, 정신(인간)이라는 모든 영역에 대해 (실증적으로 연구하는 게 아니라) 의미나 가치의 연관을 탐구하는 것으로 상정된다. 후설이 말하는 '본질학' 영역에 해당한다.

자연과학의 방법으로 기초 단위를 잘 설정하면, 객관적으로 수학화할 수 있다. 그러나 인간의 본질이란 무엇인가 혹은 사회의 본질은 어떻게 포착할까 같은 문제일 경우에는 엄밀히 수학화할 수가 없다. 어떤 인간의 성격, 기질, 정신, 사상 신조, 인생의 목적 등에 대해서는 더 어렵다. 하물며 인간끼리의 관계, 그 의미, 또 그 변용 등을 엄밀히 수학화하는 일은 불가능하다.

또한 우리는 그러한 '사태'를 평소의 일상 언어로 표현하고 있는데, 사태나 관계를 표현하는 그런 일상 언어 또한 수식화될 수가 없다.

요컨대 자연 영역에서는 깊은 고민과 적절한 장치들에 의거하여 '존재=인식=언어'라는 도식이 가능한 반면, 본질 영역에서는 '존재≠인식≠언어'라는 고르기아스의 도식이 반박될 수가 없다. 원리적 차원에서 그 이유를 가능한 한 간명히 말해 보겠다.

우선 자연 영역에서는 존재가 고정된 것으로 가정되어 있다. 그에 반해, 본질 영역에서 존재에 해당하는 것은 의미나 가치가 **끊임없이 변화하는 그물눈** 같은 것이어서, 이를 일의적一義的으로 제시할 수는 없다. 이 점은 다른 등식, 즉 '인식=언어'에서도 마찬가지다. 좀 더 일반적으로 말하면 존재도, 인식도, 언어도 본질적으로 애매하고 아날로그적이어서 이를 완전한 디지털성으로 환원하는 것은 원리적으로 불가능한 것이다.

예를 들어 '1'이라는 단어는 숫자로도 사용할 수 있지만 개념으로도 사용할 수가 있다. '1'은 일상 용어로서는 사용 방식에 따라 전체, 최초, 조각, 통일, 개체성 등 참으로 여러 가지를 **의미할 수 있**

다. 즉, 모든 말들은 다의적인 개념을 포함하고 있다. 그것이 언어라는 기호가 갖는 독자적 성격이다.

다른 한편, 숫자로서의 '1'은 양적으로나 질적으로 한 단위, 순서 차원에서의 최초라는 의미로 완전히 **한정**된다. 의미가 이렇듯 순수하게 규정되어 사용된다는 점, 이것이 수로서의 '1'의 본질이다. 이 한정에 의해 어떤 사물의 무게 100킬로그램은 **늘 누구에게나 동일한 무게**로 제시된다.

이렇듯 논리학자들이 그토록 몽상했던 '동일 명제=동일 의미'라는 등식은, 그것을 엄밀하게 실현하려고 하면 언어의 독자적 본질이 소거되어 버려 원리적으로는 성립되지 않는다. 자연과학에서 그러했듯이 이 등식은 평범한 일상 언어를 수학적(일의적)인 기호로 사용할 경우에만 가능해진다.

바로 여기에, 본질 영역을 전부 논리로 엄밀하게 표현하고자 하는 논리학의 시도가 본질적으로 불가능하게 되는 이유가 있다. 논리학의 이상, 즉 다양한 '명제들'을 모두 수학화된 기호 표현으로 변환하려는 시도에 의해서는(비트겐슈타인의 『논리철학논고』가 그런 시도를 상징한다), 결코 사태의 본질을 표현할 수가 없다. 엄밀 논리학은 자연과학이나 IT 분야의 영역에서만 유효한 것이다.

사과 도식에서 물 자체 도식까지

나는 방금, 언어를 수학화함으로써 본질 영역에서 보편적 인식의 가능성을 찾아내고자 했던 현대 논리학의 시도는 좌절했다고 말했다. 하지만 실은 전혀 새로운 발상에 의한 인식론이 근대 철학의 막판에 나타난 니체에 의해 열리고 있었다. 나는 그 핵심적 사유를 '본체론의 해체'라는 개념으로 부른다.

완전히 새로운 이 인식론은 니체의 후기 유고집 여기저기서 산발적으로 발견된다. 그중에서도 『권력에의 의지』의 「인식으로서의 힘의지」 장에 집약적으로 편집되어 있으므로 깊이 이해하기 위해서는 이곳을 읽을 필요가 있다.

그러나 나는 이를 텍스트를 그대로 따라가며 세세히 논증하는 대신(나는 전작인 『욕망론』 17~18장에서 이 작업을 수행한 바 있다), 유럽 인식론을 거시적으로 비교하면서 그 속에서 니체 인식론의 핵심을 도식으로 제시해 보고자 한다. 근대 유럽의 인식 문제를 전체적으로 파악하려 할 때 다음과 같은 사과 도식이 유용하다(그림 2-1).

우리의 인식은 주관의 '풍선'(그림 속 풍선 표시) 속에서 발생한다. 당연한 얘기지만 이 풍선이라는 것이 각자의 주관 속에만 있는 까닭

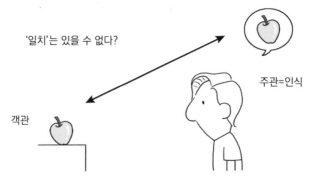

'일치'는 있을 수 없다?

주관=인식

객관

그림 2-1. 주관-객관 일치 문제 '사과 도식'

에, 그 어떤 사람의 생각도 '주관=인식'의 풍선 바깥으로 나오기란 불가능하다. 따라서 그 누구도 자신의 주관(인식)이 객관과 일치하는지 아닌지를 확증할 수가 없다. 그 결과가 바로 고르기아스 테제가 되는 것이다.

요컨대 그 누구라도 존재와 인식의 일치를 증명할 수는 없다. 그런 까닭에 모든 인식은 주관적임을 면치 못하고, 그저 상대적인 것에 머물 뿐이다.

이렇듯 사과 도식은 한 장의 그림만으로도 유럽 철학 최대의 난문을 훌륭하게 표현하고 있다. 이로부터 근대 철학자들의 격투가 비롯되는 것인데, 최초의 시도는 데카르트에 의해 이루어졌다.

데카르트의 전략은 이러하다. 신은 **선한 존재**이므로 결코 인간을 '속이지 않는다.' 그런 까닭에 우리는 인간의 인식 장치를 믿어도 좋다(『성찰』). 그러나 신의 존재에 대한 의심이 깊어짐에 따라 데카르트의 이 전략은 무효가 된다. 다음에 등장하는 것이 칸트다.

칸트 인식론의 중심축은 어떤 생물도 자신의 인식 장치를 통해서만 대상을 인식한다고 하는 생각이다. 이것을 그림으로 나타낸 것이 그림 2-2 사과 자체에 대한 인식이다.

인간은 '빨갛고 맛있어 보이는 둥그런 사과'를 인식(경험)한다. 고양이는 빨간색을 구별하지 못하고 사과를 먹지도 않기 때문에, 이 대상은 그저 '갖고 놀다 보면 굴러갈 뿐인 암녹색 둥근 물체'일 뿐이다. 한편, 잠자리에겐 사과가 굴러가고 있을 때만 '원형의 윤곽'이 감지된다. 마지막으로 아메바에게는 사과가 빨갛지도 둥그렇지도 않다.

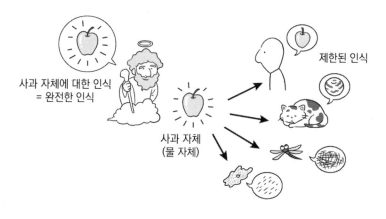

그림 2-2. 칸트의 '물 자체' 도식

칸트는 말한다. 모든 걸 다 아는 전지全知한 존재가 있다면 완전한 세계 인식을 갖고 있을 테지만, 인간(과 동물)에게는 '세계 자체', '물 자체'의 인식이 불가능하다. 이렇듯 세계 자체를 인식하는 문제에 관해서 칸트는 고르기아스가 말하는 불가능성을 인정하게 된다.

헤겔 역시 이 문제와 격투했다는 사실은 앞에서도 언급했지만, 그걸 제대로 논의하자면 이야기가 너무 복잡해지는 관계로 여기서는 건너뛰기로 한다. 자, 드디어 니체에게 갈 시간이다.

'힘 상관성' 도식으로

니체의 인식 구도는 칸트의 도식으로부터 전지한 신을 말소함으로써 성립한다(그림 2-3). 전지한 신은 존재하지 않는다고 생각해 보

자. 그러면 어떻게 될까? '완전한 인식'이라는 개념이 무효가 된다. 그리고 각각의 생물들은 저마다의 '생生의 힘'(즉, 욕망(신체)의 양상)에 따라, 그 힘과 상관적으로 **가장 적절한** 세계 인식을 갖는다.

이 구도는 존재론(세상의 모든 것들이 '존재한다'라고 하는 것은 어떠한 일인지를 탐구하는 분야)이라는 관점에서 보아도 실로 파괴적인 의미를 갖는다. 왜냐하면 이 구도가 제시하는 바는 **참으로 존재하는 것은 개개 생물마다 다른 '생의 세계들'뿐이다**, 라는 것이기 때문이다. 또한 이 구도에 따르면 우리가 객관적으로 존재하는 세계라고 간주하고 있던 것은 각각의 사람들이 자신의 '생의 세계'를 언어로 상호 교환하는 그 행위에 의해 성립하게 된 세계, 즉 **상정된**

인식론의 원환

카오스

그림 2-3. 니체의 '힘 상관성'

이 구도에서는 인간, 고양이, 잠자리, 아메바, 물고기, 외계의 존재 같은 무수한 생물들의 링크가 대상을 둘러싸고 있고, 저마다 자신의 신체(욕망)의 양상에 따라, 자기 나름으로 대상의 존재 방식을 인식하고 있다. 완전한 인식이란 없는 것이므로 '물 자체'라는 항목은 이 그림에 존재하지 않고, '물 자체'라는 항목이 있을 법한 자리에 니체는 '카오스'라는 말을 두었다.

세계에 불과하게 된다. 이를 니체는 존재로서의 세계(=객관 세계)는 존재하지 않고, 생성으로서의 세계(=생물의 생生의 세계에 나타나 일정한 모양을 형성하는 세계)만이 있다고 말한다. 요컨대 객관 존재로서의 세계는 **날조된 것**에 불과하다는 것이다.

> [이로부터] 우리는, '참된' 세계라는 것은 전변(轉變)하고 생성하는 세계가 아니라 존재하는 세계라고 날조해 버린 것이다.(『권력에의 의지』 p.313)

이 파괴적인 전환에 의해 '완전한 세계 인식'(전지)이라는 개념은 없어지고, 따라서 '물 자체' 개념도 소거되어 버린다. 전통적인 진리라는 개념도, 세계의 올바른 인식에 도달할 가능성 따위의 생각도 완전히 소거된다. 기본적으로 인식이란 바로 개개 생물들 안에서 그 **욕망-신체(=힘)**와 **상관적으로 생성되는 하나의 세계 분절**이다. 이것이 니체의 힘 상관성 도식에서 도출되는 결론이다.

힘 상관성 도식은 쉽지만은 않기 때문에, 그 도식의 철학적 의의를 항목 별로 요약해 드리겠다.

(1) 힘 상관성 도식에서는 참으로 '현실 존재'(=실제로 그 실재성을 확인할 수 있는 존재)하는 것은 동물의 '생生 세계'(그림에서는 풍선 속)뿐이다. 즉, 근원적인 의미에서의 존재란 '체험되고 있는 세계'뿐이다. 그에 반해 소위 '객관 세계'라는 것은 어떤 존재에게도 체험되지 않는다는 의미에서 **어디에도 존재하지 않으며**, 그런 까닭에 공동적으로 **상정想定된 세계**에 불과하다. 이 점은 니체의 인식론적 '전회'

가 포스트모던 사상에서 받아들여지고 있는 '상대주의적 전회'가 아니라, 지금까지의 존재 개념을 근본에서 뒤집어 버리는 '존재론적 전회'임을 의미한다.

(2) 힘 상관성 도식은 한편에 객관 세계(본체)가 있고 다른 편에 이에 맞서는 주관이 있다고 보는 '주관-객관'의 인식 구도를 완전히 뒤집어버린다. 인식의 본질이란 인식 장치에 의해 객관이 그대로 **사상寫像**된 것이 아니고, 생물의 힘(욕망-신체)에 의한 '세계 분절'이다(이 개념에 대해서는 뒤에서 기술하겠다).

(3) 이 점에서 세계 자체(=본체)의 존재와 그에 대한 인간의 인식이라는 전통적인 본체론 구도가 완전히 해체된다. 즉, 고르기아스 테제의 기본 도식 쪽이 그릇된 것으로서 폐기되는 것이다. 나아가 의미나 가치의 본체성 관념도 해체된다. 요컨대 '세계 자체', '사물 자체', '의미 자체', '가치 자체' 따위의 관념들이 모두 해체된다. '세계', '사물', '의미', '가치'는 모두 힘 상관적 개념, 즉 욕망-신체 상관적 개념이라 간주된다.

니체의 '힘 상관성' 개념의 사정권은 인식론적으로도, 또 존재론적으로도 극히 넓어 여기서 다 다룰 수는 없다. 하지만 이 개념으로부터 나오는 '세계 분절'이라는 사고(니체의 힘 상관적 인식 구도를 내가 총괄하여 명명한 깃)는 좀 더 해설을 해두자.

가령 '간장공장공장장강공장장된장공장공장장장공장장'이라는 소리들의 연쇄는 듣는 사람이 '간장공장 공장장 강 공장장, 된장공장 공장장 장 공장장'으로 토막토막 끊어야 비로소 '간장공장 공장장은 강씨 성을 가진 공장장이고, 된장공장 공장장은 장씨 성을 가진 공장장이다'라는 의미를 가진 말로 청취된다.* 이 끊어 읽기가 '분절分節하기'다. 이러한 소리의 연쇄를 처음 들은 외국인은 적절한 분절을 하지 못하므로 사전을 찾으려 해도 어떻게 찾아야 할지 난감해한다.

또 생물학자 웩스퀼(1846~1944)의 연구도 있다. 어떤 종류의 진드기는 성장하면 나무에 올라가 적당한 가지에 매달려, 나무 아래를 지나가는 포유동물이 나타날 때까지 몇 년이고 기다린다. 그러다가 뭔가가 지나갈 때 낙산酪酸 냄새가 풍겨 오면 그 뭔가의 등 위로 떨어진다. 그리고 촉각에 의지하여 털 사이를 지나 피부까지 내려가 피를 빨아먹고 알을 낳는다. 이 진드기는 이런 사이클을 되풀이한다. 이 사이클을 살아가는 진드기에게는 후각, 촉각, 온도감각이라는 세 감각밖에 없지만, 바로 그것이 진드기에게 **최적의** 인식 장치다.

이 경우 진드기의 세계는 이 세 감각에 의해 **분절된 세계**라는 걸 알 수 있다. 즉, 진드기의 인식은 세계의 양상을 객관적으로 모사한 게 아니라, 세계를 자신의 신체에 상관하여 '분절'하고 있는 것이다 (그림 2-4). 그리고 이 사정은 모든 생물에게 마찬가지라는 것도 쉽게 알 수 있다. 인식에 관한 니체의 도식은 이렇게 생각할 때 비로소 이해 가능한 것이 된다.

---

* '간장공장공장장 … '의 원문은 '庭には二羽ニワトリがいる'이며 이 문장을 일본어로 발음하면 '니와니와니니와와도리가이루'(뜰에는 닭 두 마리가 있다)가 된다. – 옮긴이

그림 2-4. 진드기의 세계 분절

웩스퀼에 따르면 진드기에게 세계는 필요한 감각에만 의거하여 분절된 것이다. 세계를 자신의 신체(에 있어서의 필요성)에 상관하여 분절하고 있는 예인데, 이 사정은 다른 모든 생물에게도 마찬가지다.

상대주의적 인식론의 해체

니체의 힘 상관성 도식은 지금까지의 인식론 구도를 근저에서 뒤집는데, 특히 주의해야 할 것은 그것이 '상대주의적 인식론'의 철저한 해체까지 의미한다는 점이다.

니체 사상은 포스트모던 사상, 특히 미셸 푸코나 질 들뢰즈에 의해 상대주의적 인식의 든든한 뒷배가 되어 왔다. 그러나 상황이 이렇게 된 것은 그들이 니체의 힘 상관성 구도를 전혀 이해하지 못했기 때문이다.

니체의 구도, 즉 모든 인식은 각각의 생물이 지닌 힘의 원근법적 관점으로부터 성립한다고 하는 구도는, 그것이 생 세계의 **생성론**(생물들에게 세계는 어떤 식으로 **나타나는가**에 대한 이론)이라는 점이 간과되면 상대주의적 관점으로서 쉽사리 받아들여진다. 상대주의는 암묵리에 '본체'를 상정한 다음, 그 본체가 다양한 관점들(원근법)로부터 다르게 보일 뿐, 완전한 관점이라는 것은 어디에도 존재하지 않는다는 견해를 취하기 때문이다.

니체는 자신의 인식론 및 존재론이 갖는 의미를 확실히 자각하고 있었고, 따라서 '상대주의=회의론'을 늘 부정하였다.

> 이들 현대의 부정자(否定者)들이나 이반자(離反者)들, 지적 청렴을 요구한다고 하는 이 일에만 전심전력하는 사람들, 우리 시대의 명예가 되는 이 가혹한, 준엄한, 억제적인, 영웅적인 정신의 소유자들, 이들 모든 창백한 무신론자들, 반(反)기독교인들, 반도덕주의자들, 니힐리스트들, 이들 회의주의자나 정신의 결핵환자들 … 그들, 이 '자유로운, 대단히 자유로운 정신'들은 자신들이 금욕주의적인 이상으로부터 최대한 해방되어 있다고 믿고 있다. 하지만 … 이 금욕주의적 이상이야말로 바로 그들의 이상이기도 하고, … 그 가장 위험하고, 미묘하며, 포착하기 지극히 어려운 유혹의 형태이기도 한 것이다.(『도덕의 계보』, 3논문의 24)

니체는 사태를 정확히 간파하고 있다. 반기독교, 니힐리스트, 회의주의자들이란 어떤 자들인가? 그들은 우선 절대적인 '본체'(신이나 진리 등)를 믿은 후, 그에 도달하는 일에 좌절하고 절망한 자들을 말한다. 니체에 따르면 이 좌절과 절망은 바로 '진리에의 의지'의 산물, 혹은 그 반동으로서 나타난 것이다.

이렇듯 니체의 힘 상관성 도식은 지금까지의 유럽 인식론의 근본 구도를 완전히 뒤집는다. 이를 통해 니체의 '본체론 해체'는 한편에서 형이상학의 독단론적 실재론*을 완전히 분쇄하고, 동시에 오래도록 이에 저항해 온 '상대주의=회의론'의 기반 역시 송두리째 뽑아 버린다. 그리고 이제 곧 보게 되겠지만, 니체의 '본체론 해체'는 유럽 철학의 인식의 수수께끼를 완전히 해명할 수 있는 문을 처음으로 열어젖히는 것이다.

---

*　실재론과 관념론은 일원론 대 다원론, 감각론 대 초감각론 등과 함께 철학에서 대표적인 이론 대립의 하나로 꼽힌다. 근대 철학에서는 인식 문제의 탐구 방법으로서 관념론이 주류가 되었는데, 실재론은 이에 반대하는 입장이다. 그러니까 세계의 실재(實在)를 확증하기 위해서는 관념에서 출발하라고 하는 입장이 관념론이고, 반면 세계의 실재는 의심할 수 없는 것이므로, 세계의 실재에서 시작하라는 것이 실재론이다.

후설의 '인식 문제의 해명'

오독된 후설

후설의 '인식의 수수께끼' 해명 역시, 니체의 '본체론 해체'와 함께 현대 철학에서는 이해되지 않은 채 감추어져 있다. 왜 이런 불행한 사태에 이르렀는지는 나중에 상세히 말하겠지만, 일단 여기서는 일단 상징적인 사례를 두 가지 들어 보겠다. 우선 포스트모던 사상의 기수 자크 데리다(1930~2004)가 후설 현상학을 '형이상학에의 야망'이라 불렀는데(『목소리와 현상』), 이것이 '탈구축' 사상(=해체 사상)이 유행하는 발단이 되었다는 점과 또 하나는 현대 분석철학의 중심 인물 리처드 로티(1931~2007)의 현상학 이해가 널리 퍼졌다는 점이다.

후설이 가한 분석의 엄밀함과 치밀함, 그리고 그 분석이 부응하고 있는 요청, 요컨대 우리가 무엇보다도 우선 첫째로 귀담아들어야만 하는 요청은, 그럼에도 불구하고 일종의 형이상학적인 전제를 감추고 있는 게 아닌가? 그것은 독단론적인 혹은 사변적인 유착을 그 안에 숨기고 있는 게 아닌가?(데리다, 『목소리와 현상』)

필당연적인(必當然的, apodiktisch) 무언가를 찾아낼 필요에 내몰려 러셀은 '논리 형식'을 발견하고, 후설은 '본질'(즉 세계의 비형식적인 측면)이 '괄호 안에 넣'어지더라도 여전히 그 괄호 바깥에 잔존하는 '순수하게 형식적인' 측면을 발견했다. 이러한 특권적 표상들의 발견에 의해 재차 진정성과 순수성과 엄밀성을 추구하는 노력이 시작되었다. 이 노력은 그 이후 40년 가까이나 계속되었다.(리처드 로티, 『철학과 자연의 거울』, 까치, p.186)

(인용문에 등장하는) 러셀은 현대 논리주의를 대표하는 철학자라는 점에 비추어 볼 때, 로티에게 후설 현상학은 러셀과 나란히 '엄밀한 객관 인식'을 추구하는 철학이라 간주되고 있다는 걸 알 수 있다. 곧장 알 수 있듯이 이 또한 심하게 전도된 이해일 뿐이다. 결국 후설 현상학은 포스트모던 사상과 분석철학(언어철학)이라는 현대 철학의 두 신영을 대표하는 두 사람으로부터 형이상학, 토대주의(객관주의)라고 비판을 받았고, 그 때문에 이런 평가가 일반적 통설이 되고 말았다.

그렇다면 현상학 진영은 어떠한가? 후설 현상학에는 인식 문제의 해명이라는 근본 동기가 있다는 점을 명료하게 이해하는 현상학자가 경이로울 정도로 적다. 현상학의 근본 동기가 이해되지 못한 탓에 끊임없이 '노에시스', '노에마', '구성' 같은 근본 술어를 둘러싼 해석 논쟁이 오래도록 이어지고 있다.

후설의 텍스트는 난해함에 있어 헤겔과 쌍벽을 이룬다. 그래서 거의 대부분의 사람들은 후설의 텍스트를 읽지 않은 채 그저 현상학자나 비판자들의 현상학 해설을 읽고 이해해 보려 하기 때문에, 현상학의 적절한 이해는 거의 확산되지 않는 악순환에 빠져 있다. 분명히 말해 두지만, 후설이 인식 문제의 해명을 목표로 했던 것은 그 해명을 통해 인문 영역*에서의 보편적 인식 탐구로 나아가기 위함이었고, 그것이 바로 후설 현상학의 근본 구상이었다.

현상학적 환원이란 무엇인가

『현상학의 이념』에서 후설은 인식 문제의 해명이라는 현상학의 근본 동기에 대해 상세히 말하고 있다(나의 책 『초해독超解讀! 입문자를 위한 후설의 현상학의 이념』에서 이 점을 상세하게 해설한 바 있다).

인식 문제는 오래도록 유럽 철학의 중심 문제였는데, 이 문제가 해명되지 않다 보니 인문 영역(본질 영역)에서 여러 학설들의 대립이 발생하였다. 이로 인해 학문의 보편성에 대한 회의가 확산되고,

---

* 앞서 나왔던 본질 영역과 거의 같은 의미다. 인문 영역은 후설의 용어로, 인간과 사회에 관한 영역 및 그에 긴밀히 관련되는 학문들을 부르는 총칭이다. 철학, 문학, 정치학, 사회학 등이 여기에 포함된다. 이 책에서는 맥락에 따라 본질 영역이라는 표현도 함께 사용하겠다.

이것이 원인이 되어 학문 세계에 회의주의가 만연하는 결과가 초래되었다.

한데 인문 영역의 학문 자체는 보편 인식의 가능성에 근거를 제공할 수가 없다. 왜냐하면 인문과학이 도입한 자연과학의 방법에는 '주관-객관'의 일치라는 구도가 암묵리에 전제되어 있기 때문이다. 나는 이 문제를 해결할 방법(원리)을 확보하고 있다. 그 핵심을 말하자면 비록 주관과 객관의 일치는 불가능한 게 사실이지만, 그럼에도 불구하고 보편 인식은 가능하다는 것, 그리고 나는 그 근거를 제시할 수 있다는 것이다.

후설은 이렇게 말한다. "지각이 어떻게 해서 초월자와 마주칠[조우할] 수 있는가"는 이해될 수 없지만, "지각이 어떻게 해서 내재자와 마주칠 수 있는가"는 이해할 수 있다(『현상학의 이념』, 필로소픽, p.92). 즉, '주관-객관'의 일치는 아무도 증명할 수 없지만, '내재와 초월'의 조우 가능성이라면 그걸 제시하는 것은 가능하다는 얘기다. 하지만 이 표현도 알기 쉽지는 않으니 해설을 보태야겠다.

우선 후설은 '주관-객관'의 구도 자체를 인정하지 않기 때문에, '주관과 객관의 일치(조우)'라는 생각 자체가 부정되고 그 대신 '내재와 초월'의 일치를 시사한다. 달리 표현하자면 우리가 지각하여 객관적 대상이라 간주하고 있는 것(=초월)은 사실 '내재' 속에서 '확신이 성립한 것'을 가리킨다.

이 말을 더 잘 이해하기 위해 후설의 인식 문제 해명을 다시 한번 도식(구도) 형태로 살펴보자.

우선 첫 번째 도식은 그림 2-5의 ① 자연적 태도다. 이는 우리가

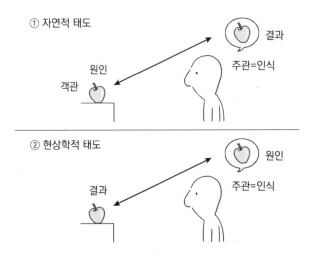

① 자연적 태도

결과

원인

객관

주관=인식

② 현상학적 태도

원인

결과

주관=인식

그림 2-5. 자연적 태도와 현상학적 태도

통상적으로 갖고 있는 자연적인 것을 보는 방식이다. 즉, '원인'으로서 객관적으로 존재하는 사과가 있고, 그 '결과'로서 내게 '빨갛고 반질반질한 둥근 사과'가 **보이고 있다**고 하는 구도다. 그러나 후설은 인식 문제를 풀어내기 위해서는 '현상학적 환원'이라는 방법이 필요하다고 한다.

즉, ①의 자연적 태도를 일단 정지시키고(=에포케하고), 이 견해를 변경(시선 변경)하여, 여기서의 원인과 결과를 역으로 생각해 본다. 이것이 ②의 현상학적 태도다.

간단히 말하자면, 지금 내게 '빨갛고 반질반질한 둥근 사과'의 상이 보이고 있고, 그 결과 나는 눈앞에 '하나의 사과'가 존재한다는 '확신'을 갖는다고 생각한다.

우선 주의해야 할 것은 ①의 자연적 태도와 ②의 현상학적 태도 중 '어느 한쪽의 관점이 옳은' 게 아니라, 어느 쪽의 관점도 다 가능하다는 점이다. 즉, 우리는 인식의 구조를 사고하기 위해 의도적으로 ②의 관점을 취하는 방법적 시선 변경을 수행하는 것이다.

그러면 무슨 일이 생기는가? 이러한 태도 변경에 의해 처음에 나왔던 주관과 객관이라는 구도가 다른 구도로 변경된다. 즉, 이 구도의 두 계기(주관, 객관)가 모두 '현상학적 주관' 속에 괄호쳐지고[판단 중지되고], 그 속에서 '지각'이라는 경험으로부터 사과라는 '객관 대상'의 존재 확신이 구성되는 새 구도로 변경되는 것이다. 그것이 현상학적 환원(현상학적 주관)의 구도(그림 2-6)다.

다시 한번 말하지만 이 구도에서는 '지금 내게 빨갛고 반질반질한 둥근 사과의 상이 보이고 있기 때문에'(원인), '나는 눈앞에 하나의 사과가 있을 거라는 확신을 갖는다'고 하는 결과가 생겨난다는 식으로 설명할 수 있게 된다.

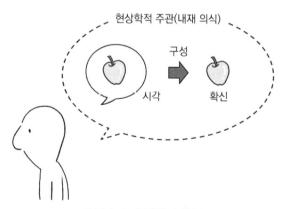

그림 2-6. 현상학적 환원

중요한 것은 다음과 같은 점이다. 이 현상학적 환원이라는 시선 변경에 의해 외측에 존재하는 '객관물'이 소거되는데, 그럼으로써 인식 문제에서 외적 '객관'과 내적 '주관'의 **일치**를 확인할 필요가 없어진다. 그 대신 현상학적 주관 속에서, 대체 내적인 지각상으로부터 어떻게 '객관'의 확신(이것이 '초월'이다)이 구성되는가를 확인하는 것이 가능해진다.

이것이 후설이 말하는 바, 즉 "지각(주관)과 초월자(객관)의 일치"는 확인될 수 없지만, "지각(내적인 지각상)으로부터 내재자(확신)가 어떻게 구성되는지는 확인된다"라는 표현의 의미다.

이제 현상학적 환원이라는 개념의 내실은 다음과 같이 요약할 수 있다. 인식 문제의 해명을 위해 의도적으로(=방법적으로) 일체의 인식을 주관 속에서 구성되는 '확신'이라 간주한다. 이 점에서 '주관-객관' 구도는 소거되고, 모든 인식을 '주관 속에서의 내재와 초월의 관계'로 생각할 수가 있다. 주관-객관의 '일치'는 아무에게도 확인될 수 없지만, '내재와 초월(확신)'의 관계의 구조는 누구에게라도 내성에 의해 반드시 확인 가능한 것이 된다.

후설에 따르면 현상학적 환원이라는 이 독자적인 방법만이 인식의 수수께끼를 해명한다. 원인과 결과를 역전시키는 이러한 시선 변경이 왜 필요한가, 다시 한번 생각해 보자.

인식의 대상이 '사과' 같은 사물이라면, 이렇게까지 에둘러 생각할 필요가 없고, 아니 심지어 비합리적이기까지 하다. 그러나 철학의 중심 주제는 인간과 사회의 문제이고, 거시적인 스케일의 세계상世界像 문제다. 이 경우에는 시선의 근본적 변경이 불가결하다.

예컨대 사람이 기독교적 세계상을 갖게 되는 것은 태어났을 때부터 부모한테서 신이 계시다는 소릴 듣고, 늘 교회에 가서 목사의 설교를 들으며, 주변 사람들로부터 신에 대한 이야기를 듣는 그러한 경험에 있다. 여기서는 명확히 주관(=경험)이 원인이고, 세계상은 그 결과다.

인식의 문제는 보편 인식의 가능성 문제, 즉 왜 다양한 세계상들이 생겨나고 의견이 서로 대립하느냐 하는 문제가 그 핵심에 포함되어 있다. 우리의 '경험 세계'(주관)로부터 다양한 '세계상'(확신)이 구성되는 것이지, 그 반대가 아니다. 왜 서로 다른 다양한 '세계' 확신들이 출현하는지 확인하기 위해서는, '경험 영역'으로부터 세계 확신이 어떻게 구성되느냐 하는 순서로 생각할 수밖에 없다. 이론이나 세계상의 인식이 문제일 경우, 소박한 자연적 태도(앞에 실렸던 그림 2-5의 ①)는 독단과 예단의 태도이고, 따라서 그런 구도로 생각하는 것은 불합리하다.

되풀이되는 얘기지만 현상학적 환원이라는 방법의 핵심은 일체의 인식을 '확신 성립'의 구조라고 봄으로써 인식 문제를 해명한다는 점에 있다. 그러나 거의 대부분의 현상학자들은, 그리고 또 거의 대부분의 현상학 비판자들은 이 점을 전혀 이해하지 못하고 있다. 이 때문에 인식 문제는 현대 철학에서 아직도 미해결 상태인 채 논의가 계속 이어지고 있는 것이다.

확신의 구조를 파악한다

이렇듯 인식 문제를 현상학적 관점에서 숙고해 보면 다음과 같은 결론이 도출된다. 무엇보다도 우선, 이상과 같은 사실로부터 인간이 형성하는 일체의 인식은 확신 구조로서는 세 종류밖에 없다는 결론이 나온다. 그것이 세 종류의 세계 확신 도식이다(표 2-1).

이 도식에 난해한 점은 없다. '모든 확신=인식'은 '자신만의 확신 =인식'(주관적-개인적 믿음)이거나, 2인 이상(즉, 복수)의 간주관적 間主觀的*-공동적 확신(공통 확신)이거나, 아니면 누구에게나 공유될 수 있는 간주관적-보편적 확신이거나, 이렇게 셋 중 하나다.

민족 종교나 세계 종교는 지극히 많은 사람들에 의해 공유되는 세계상이지만, 그럼에도 원리적으로는 누구에게나 공유되는 보편성에 이르지는 못한다. 반면 수학이나 자연과학의 인식은 민족, 문화, 언어의 차이를 뛰어넘어 공통 인식을 형성하는 인식이다. 바로이 '간주관적-보편적 확신'=보편 인식을, 우리는 '객관적 인식'이라 불러온 것이다.

오해를 피하기 위해 미리 말해 두자면, '세 종류의 세계 확신'은 후설 자신의 개념은 아니고, 현상학적 환원이라는 방법이 인식 문

---

* 간주관적(간주관성): '간주관성'은 후설의 용어다. 일반적인 차원에서라면 이를 자신과 타자가 공통의 확신을 갖고 있는 것이라 생각해도 무방하지만, 현상적으로 엄밀하게 말하자면 좀 더 복잡하다. 가령 책상 위에 사과가 보일 경우, 누구라도 거기에 '사과가 있다'고 확신하지만, 주변 사람들 모두가 진지하게 '그것은 귤이야'라고 하면, 우리는 주변 사람들이 아니라 자신이 이상한지 의심하게 된다. 이러한 사례는 대상의 존재 확신이 '간주관적 확신'(자신도, 타인도 동일한 것을 보고 있다고 하는 자신의 확신)을 주요한 요소로 삼고 있다는 점을 잘 보여 준다.

종류	주관성	특징	예
개별적 확신	주관적	개인이 만들어낸 확신이나 신념. 공유되지 않음	유령을 본 경험, 강한 믿음, 환청
공동적 확신	간주관적	공통의 확신. 2인 이상에게 공유되지만, 범위에 한계가 있다	절대적인 사랑, 선원들 사이에 전해 내려오는 이야기, 민족의 신, 세계 종교
보편적 확신	간주관적	공동적 확신 중 특정한 조건 (구조)을 갖는 것으로 누구나 공유할 수 있다	수학, 자연과학, 기초 논리학

표 2-1. 세 종류의 세계 확신 도식

제의 해명에 직접 연결되어 있다는 점을 보이기 위해, 내가 나름의 방식으로 정리한 도식이다. 학문적으로는 이것이 후설의 진의를 정확히 전하고 있는지를 둘러싸고 논의를 해야겠지만, 여기서는 그럴 필요까지는 없다. 일단 이 단계에서 필요한 것은 이 도식에 의해 인식의 수수께끼가 해명된다는 점을 독자에게 제시하는 것이기 때문이다.

어쨌든 간에 후설의 현상학적 환원이라는 사고에 의거하여 우리는 모든 인식을 **구성된 확신**이라 간주한다. 이렇게 함으로써 우리는 다양한 세계상들(세계 확신들)이 구성되는 근본 구조를 파악할 수 있는 것이다. 반복하자면 현상학적 환원 방법은 모든 세계상들을 '세계 확신'이라 간주하고 그 **확신이 어떻게 구성되는가**를 고찰한다.

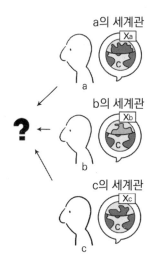

공통 인식의 두 영역

C : 공통 인식이 성립하는
'보편적 확신'의 영역
수학, 자연과학, 기초 논리학 등

X : 공통 인식이 성립하지 않는
'개인적/공동적 확신'의 영역
가치관, 감수성, 윤리관, 심미성,
종교, 인간관, 세계관 등

그림 2-7. 세계상의 구성과 공통 인식

두 번째로 제시할 도식은 '세계상의 구성과 공통 인식'이라는 구
도다(그림 2-7). 이 도식은 우선 a, b, c라는 세 사람이 서로 대립하
는 세계상들(예컨대 다른 종교적 세계관이나 정치 사상 등)을 가지
고 있다고 할 때, 그러한 여러 '세계 인식=확신'들이 어떻게 구성되
어 있는지에 대한 구조를 제시한다. 이 도식을 보면, 우리의 '세계
인식'(세계상)이라는 것이 본질적으로 상이한 두 영역으로 성립되
어 있다는 점이 금세 이해된다.

(1) C 영역: 엄밀한 공통 인식이 성립하는 영역. 즉, 간주관적-보
편적 확신의 영역. 수학, 자연과학 등의 영역

(2) X 영역: 엄밀한 공통 인식이 성립하지 않는 영역. 즉, 가치관,
감수성, 윤리관, 심미성의 영역. 구체적으로는 종교관이나 사회정

치적 이념의 영역을 가리킨다. 여기서는 엄밀한 공통 인식이 원리적으로 성립할 수 없다는 점을 이해할 수 있다.

이렇듯 인간의 세계 인식을 '세계 확신'의 구성이라 간주하자마자 결정적인 전환이 발생한다.

우선 C 영역에서조차, 우리가 객관 인식이라 부르는 것(엄밀한 공통 인식)이 성립하기 위해 '객관 자체'와의 '일치'가 전혀 필요치 않다는 점이 분명해진다[C가 a라는 사람의 세계관 안에 있음에 주목하라]. 객관 인식은 '객관 존재' 자체와 '인식'이 일치함으로써 확증되는 것이 아니며, 그런 것은 애시당초 불가능하다.

'객관 인식'은 주관과 객관의 일치에 의해서가 아니라 주관과 주관 간의 일치가 확신됨으로써 비로소 성립한다(간주관적 확신의 성립). 또 가치관, 감수성, 윤리관, 심미성의 영역에서는 엄밀한 '객관 인식'이라는 것이 성립하지 않는다는 점도 원리 차원에서 확증된다.

인식의 수수께끼 해명

지금까지 해설해 온 현상학의 세 도식(그림 2-6, 표 2-1, 그림 2-7)에 의해 독자 여러분은 확실히 인식의 수수께끼가 해명된다는 점을 이해하게 되지 않았을까 싶다. 이는 인식론의 현상학적 해명이라 부를 만한 것인데, 그 요체는 다음과 같다.

(1) 애시당초 절대적인 객관 지식이라는 것은 존재하지 않는다. X 영역에서는 절대적인 인식의 일치가 원리적으로 있을 수 없기 때

문이다. 그러나 C 영역에서는 객관적 인식=보편적 인식*은 성립하며, 지금까지도 성립해 왔다.

일반적으로 말해서 자연과학, 즉 '자연 영역'의 인식에서는 엄밀한 공통 인식, 객관적 인식이 성립 가능하다. 그러나 인문 영역(본질 영역)에서는 일정한 조건이 충족되지 않는 한, 보편적 인식은 성립하지 않는다.

단, 자연과학의 객관적 인식이 세계 자체(본체)의 인식인지 아닌지에 대해서는 아직 문제가 남는다. 니체적 인식론에서는 본체 인식이라는 사고 자체가 배리背理이기 때문이다. 그러나 이 문제는 해명 가능한 문제이므로 뒤에서 다루겠다.

(2) 인문 영역, 즉 '본질 영역'에 엄밀한 객관적 인식이 성립하지 않는 것은 이 영역이 가치관, 감수성, 심미성의 영역이기 때문이다. 이로부터 세계관의 신념 대립은 가치관의 다양성에서 유래하는 본질적인 사태임이 드러난다. 또한 '절대적으로 옳은 세계관'(유일한 진리) 같은 것이 존재하지 않는다는 점도 확실히 이해가 된다.

또한 이 해명에 의해 상대주의의 본질도 이해할 수 있다. 즉, 상대주의는 '본체'가 존재하지 않는다고 하는 게 아니라, 암묵적으로 '본체'를 상정하고, 그 전제 위에서 어떤 인식도 '본체'와 **일치할 수 없다**고 하는 주장인 것이다. 실제로는 '보편 인식'이 주객의 일치와 관계없이 간주관적인 확신의 성립에 의해 출현할 수 있다.

---

* 객관적 인식과 보편적 인식: 두 인식 모두 누구에게나 공통으로 납득 가능한 인식이지만, 이 책에서는 '객관적 인식'이란 용어를 주로 자연과학 영역에서 엄밀한 규정이 가능한 인식이라는 의미로 사용하고, '보편적 인식'은 인문 영역에서 성립하는 광범위한 공통 인식이라는 의미로 사용한다.

(3) 세계관(세계 인식)이 다양하게 존재하는 것은 가치관의 본질적 다양성으로부터 출현하는 자연스러운 현실로서, 이것이 잦은 대립(신념 대립)을 낳음으로써 다툼과 대결의 원인이 된다. 신념 대립이라는 이 문제는 무엇이 참으로 올바른 세계관이냐고 물어서는 해결되지 않는다. 그러면 이 대립을 극복할 수 있는 원리는 과연 있는 것일까? 확실히 존재한다. 그것이 '상호 승인' 원리다.

가령 기독교와 이슬람교의 신념 대립은 어떻게 해결될 수 있을까? 교의의 올바름을 증명하는 노력에 의해서는 결코 해결될 수 없다. 서로 상대의 신앙을 인정해야 한다. 더 정확히 말하자면 상대방이 상대방 자신의 신앙을 갖는 것을 **서로 허용해야 한다**. 그런 전제 위에서, 발생할 수도 있는 트러블들은 일정한 공통 룰에 의해 해결해야 한다. 이 방식만이 상이한 종교들의 공존을 가능케 하는 유일한 방법이다(공존의 필요가 없을 경우에는 물론 이런 방법은 불필요할 터이다).

예를 들어 보자. 근대 초 가톨릭과 프로테스탄트는 오래도록 무력에 의해 싸웠지만, 어느 시점에 이르러 드디어 서로의 신앙을 상호 승인하였다(예컨대 베스트팔렌 조약). 어떻게 가능했을까? 신앙은 인간의 절대적 본질이 아니라 저마다 마음 속에 품고 있는 신조에 속하는 것이라 간주하고, 그럼으로써 다르다는 이유로 싸우거나 차별하지 않고 함께 공통의 룰에 복종하기로 한 것이다.

요컨대 신앙을 초월한 시민이라는 새로운 공통 범주를 찾아냄으로써 비로소 심각한 종교 대립이 극복되었으며, 사실 이 점이야말로 근대 시민 사회 성립의 대전제가 되었던 것이다. 만일 어느 쪽

교의(신앙)가 절대로 옳다는 관념(본체 관념)이 해체되지 않았더라면, 기독교 세계로부터 근대 국가가 출현하는 일은 없었을 것이다.

이것이 니체의 '본체론 해체'와 후설의 '현상학적 환원', 즉 확신 조건을 해명(어떠한 조건에서 다양한 세계 확신들이 구성되느냐를 밝히는 일)하는 방법에 의해 인식의 수수께끼를 해명하는 기본 구도다. 이 두 가지 개념을 충분히 이해할 수 있는 독자는 주관과 객관의, 혹은 존재와 인식의 일치는 없으므로 보편 인식은 있을 수 없다고 하는 고르기아스의 난문이 하나의 수사학적인 문제에 불과하다는 점 역시 이해할 터이다.

내가 제시한 것은 인식의 수수께끼를 해명하는 기본 구도인데, 일부 독자들은 이 구도를 가지고는 아직 존재나 인식 문제에 관해 다음과 같은 의문점이 남는다고 여길 수도 있을 것이다. 이런 의문이야말로 유럽 철학에 오랫동안 이어져 온 인식의 수수께끼의, 아마도 최후의 관문일 것이다.

첫째, 이 도식에 따르면 인식이란 결국 확신에 불과한 것이며, 예컨대 과학의 인식이라는 것도 단지 과학자들의 확신의 일치를 의미하는 데 불과하게 되어 버린다. 그렇지만 과학적 인식에는 그보다 더 엄밀한 기준이 있는 것이 아닐까? 혹은 객관 인식(보편 인식)이라는 게 결국 모두의 생각이 일치하는 것이라고 한다면, 모두가 틀렸을 경우는 어떻게 되는 것인가, 라는 의문이다. 이것은 달리 말하자면 공동적인 공통 확신과 보편적인 공통 확신 간의 본질적 차이가 무엇이냐는 물음이다.

둘째, 보편적인 확신이 다수 인간들의 간주관적인 확신이라고 할 경우, 타인들이 자신과 완전히 동일한 확신을 갖고 있다는 것은 대체 어떻게 증명될 수 있는가? 결국은 여기서도 역시 자신의 확신과 타인의 확신 간의 일치라는 문제가 남는 것이 아닌가?

셋째이자 마지막으로, '본체의 해체'란 무엇을 의미하는가? 결국 세계 자체는 존재하지 않는다고 하는 얘긴가? 만일 그렇다면 너무나도 황당무계한 답이 아닌가? 기본적으로 세계 자체가 존재하지 않는다는 걸 어떻게 증명할 수 있는가? 내가 보기엔 아마도 이것이 가장 난해하고 흥미로운 문제일 것이다. 바로 '존재란 무엇인가'라는 물음(존재의 수수께끼)에 관련되기 때문이다. (내가 이 장에서 제시한) 니체와 후설에 의한 '해명'의 구도는 고르기아스의 '일치' 난문을 해체하는 것이었다. 하지만 앞에서도 말했듯이, 여기서는 아직 인식 문제에 관한 최후의 관문이 남아 있다. 나는 다음 장에서 그것을 밝혀 보려 한다. 그 전에 이 물음들을 어떻게 사유해야 할지에 대해 독자들에게 힌트가 될 수 있도록 약간의 코멘트를 해두고자 한다.

우선, 세계 인식이란 결국 확신이라는 것에 귀착되는 것일까? 옛날 사람들은 신의 부재라는 관념을 납득하는 일에 무시무시한 노력이 필요했다. 그러나 원리가 밝혀지면, 그 어떤 것도 자명한 일로 바끼어 비린다.

다음으로, 공동적인 확신과 보편적인 확신이 다르다는 건 간단명쾌하게 이해가 된다. 그것은 종교의 믿음과 자연과학의 믿음이 갖는 구조의 본질적 차이를 밝혀내면 이해될 수 있다.

또 '자신의 확신'과 '타인의 확신'의 일치 문제 역시나 흥미롭다.

그러나 현상학의 에센스는 확신 성립의 조건을 해명하는 데에 있다. 존재와 인식이 일치하는 조건은 원리적으로 제시할 수 없다. 그러나 확신과 확신 간의 일치 조건은 엄밀한 방식으로 제시할 수가 있다.

마지막으로, 세계 자체는 어디로 가느냐, 라는 물음이 있다. 이에 대해서는 다음 장을 기대하시라.

제3장

어떻게 확신에 이르는가

후설, 하이데거, 수제자들

후설이 오해받은 세 가지 이유

우리는 지금까지 니체와 후설에 의해 유럽 철학의 인식의 수수께끼
가 거의 완전히 해명된다는 것을 보았다. 그러나 현대 철학에서는
니체의 '본체론의 해체'도, 후설의 '현상학적 환원', 즉 '확신 구조
의 해명'이라는 것도 이해되지 않은 상태고 그 때문에 인식의 수수
께끼가 해명되어 있다는 것 자체가 감추어져 있다. 이 시점에서 다
수의 독자들은 왜 사정이 이리 되었는지 의아하게 여길 것이다. 나
도 한동안은 그것을 의아하게 여겼지만, 지금은 그 사정이라는 게
어떤 것인지 명확히 말할 수 있다.

우선 왜 후설 현상학의 방법은 이토록 큰 오해를 받아 왔는가? 세
가지 포인트를 들 수 있다.

첫째, 가장 유망한 제자로 간주되던 하이데거가 현상학에서 존재

론으로 **이반**해 버렸다.

둘째, 후설에게 직접 배운 제자들이 하이데거 철학에 **경도**되었다 (혹은 **전향**했다).

셋째, 제자들이 나름의 방식으로 이해한 현상학이 프랑스로 수출되고 그 뒤 포스트모던 사상이 융성하게 되었다는 사정과 관련이 있다. 이때 그들의 현상학 이해에 입각하여, 현상학을 독단론, 주관주의, 토대주의(객관주의) 등이라고 보는 현상학 비판이 전 세계로 퍼져 나갔다. 지금부터 이 세 가지 포인트를 순서대로 설명하겠다.

첫째 문제. 후설에게서 "자네와 내가 현상학일세"라는 소리까지 들었던 제자 하이데거(1889~1976)가 1927년에 『존재와 시간』을 출간하자(후설에게 헌정된다), 그에게 커다란 주목이 쏟아진다. 그러나 그 내실을 들여다보면 꽤나 미묘한 면이 있다. 하이데거는 '존재의 진리'를 묻는 자신의 새로운 존재론 철학에서 현상학이야말로 그 근본 방법이 된다고 썼다. 그러나 동시에 현상학의 참된 의미는 현상의 배후에 숨겨져 있는 것을 해석하는 것이라고 하면서, 자신의 철학을 '해석학적 현상학', '해석학적 존재론'이라고 새로 규정한다. 그리고 후설 현상학인 인식 문제의 해명으로부터 벗어나 존재의 진리(=존재의 의미) 탐구로 나아갔다.

인식 문제의 해명을 통해 보편 인식의 철학적 원리론을 재정립하고, 그럼으로써 인문 영역(본질 영역, 즉 가치적 세계)의 철학적 탐구로 나아가는 것, 이것이 후설의 근본 구상이었다. 이에 반해 하이데거는 모든 것을 죄다 의식으로 환원하는 후설의 방법으로는 인간의 존재의 의미와 가치에 대한 물음(윤리에 대한 물음)에 결코 도달할 수 없으므로 '존재의 의미'에 직접 진입하는 독자적인 방법, 즉 해석학이 필요하다고 주장한다. 이리하여 두 사람의 철학은 배반적인 관계로 변해 간다(나중에 「브리태니커 초고」를 계기로 두 사람의 이반이 명확해졌다는 것은 유명한 이야기다).

둘째, 오이겐 핑크, 루트비히 란트그레베 등 직접 배운 제자들, 또 이들에게서 이어지는 헤르트, 얀 파토츠카, 롬바흐, 토이니센, 브란트 등은 대부분 하이데거 존재론의 영향을 강하게 받은 탓에, 정작 현상학의 인식 문제로부터는 거리를 두었다(혹은 몰이해 상태였다). 여기에는 20세기 현상학 운동의 배경도 한데 얽혀 있다. 잠시 이 배경을 살펴보자.

19세기 후반, 과학의 급속한 진보를 계기로 전통적인 철학에 대한 반대 운동, 즉 오귀스트 콩트를 시조로 하는 실증주의적 사회과학 운동이 대두되기 시작했다. 이에 맞서 철학 진영으로부터는 실증주의 과학이 인간의 가치나 의미의 문제(본질 문제)에는 육박할 수 없다고 하는 대항 운동이 출현한다. 그리고 후설 현상학은 그 가능성의 하나로 간주되었다(신칸트학파의 빈델반트나 리케르트, 초기 현상학파의 셸러 등이 그 대표적인 인물들이다).

한편, 하이데거의 존재론에서 촉발된 후설의 제자들에게는 의식에 정위定位하는[의식의 입장에서 사유하는] 후설의 방법은 인간 존재의 깊이 차원에 도달할 수 없는 것처럼 보였다. 하이데거의 존재론이야말로 현상학의 참된 가능성을 밀고 나아가는 것이 아닌가 여겨졌던 것이다. 그래서 비록 현상학의 공적이 큰 건 사실이지만 후설의 방법으로는 인간의 가치나 존재 의미를 밝힐 수가 없다는 식의 비판이 출현하기 시작하였다.

셋째, 이렇게 네거티브한 현상학 이미지가 프랑스에 수입된다. 초기의 에마뉘엘 레비나스가 중심적 역할을 수행했다. 후에 하이데 거 반대자가 되는 레비나스도 이 국면에서는 하이데거 존재론에 강 하게 영향을 받고 있다(『후설 현상학의 직관 이론』, 1930). 프랑스 에서는 두 사람(사르트르와 메를로-퐁티)이 현상학파로서 독자적 인 철학을 전개했는데, 얼마 후 포스트모던 사상이 융성을 맞는다. 포스트모던 사상은 철학적 상대주의를 이론적 무기로 삼기 때문에, 인식의 보편성을 재건하고자 하는 현상학은 형이상학의 현대적 형 태라고 간주받아 가혹한 비판의 대상이 된다. 데리다나 푸코가 대 표적인 비판자들인데, 포스트모던 사상이 융성함에 따라 오해 위에 또 오해가 쌓이는 방식으로 구축된 그러한 현상학 비판이 전 세계 로 확산되어 간 것이다.

제자들의 몰이해

이처럼 현재 전 세계에 퍼져 있는 왜곡된 현상학 이해는 기본적으 로 직접 배운 수제자들이 현상학의 근본 동기를 크게 오인한 데서 발단이 되었다. 구체적인 예를 잠깐 들어 보자.

예를 들자면 우선 제1의 수제자로 알려진 오이겐 핑크의 현상학 이해를 살펴보자.

[현상학의] 이러한 자기 성찰은 존재자의 온갖 기지성(旣知性)과 선행

적 소여성(所與性)들을 모두 '괄호 안에 넣어'(판단 중지하여), 그것들을 일체 사용치 않고, 오로지 순수한 자기 성찰을 수행함으로써 세계적인-존재적인 '자기', 요컨대 인간을 벗어나고 '초월하'여 '초월론적 주관성', 즉 본래적인 자기로 힘차게 나아가는 것이다.(『후설의 현상학』)

핑크에 의하면 현상학의 본의는 자기를 벗어나고 초월하여 '본래적인 자기'='초월론적 주관성'을 향해 힘차게 나아가는 것이 된다. 이는 후설의 몇몇 용어들을 이것저것 주워 모아, 현상학의 핵심을 하이데거류의 '본래적 자기' 탐구의 학문에 있다고 설파하는, 한마디로 학자들이 펼치는 궤변의 견본이라 할 수 있다.

또 다른 제자 란트그레베의 글에도 핑크의 후설 비판과 동일한 문장이 있다.

핑크에 따르면 … 초월론적 구성[이라는 개념]의 의미가 '의미 형성과 창조 사이에서' 흔들리고 있다는 것이다. … '구성'의 의미가 이렇듯 흔들리고 있다는 건 결국, '일체를 총괄하는 전체적인 생'이라는 후설의 개념 또한 해명되지 않은 상태로 남아 있다는 이야기가 된다.(「후설의 구성론에 대한 반성」)

'구성'이란 앞서 여러 번 확인했듯이, **확신이 구성되는 것** 이외에 그 어떤 것도 의미하지 않는데, 이 간명한 개념이 전혀 이해되지 못하고 있다. 이것만 보더라도, 직계 수제자들이 후설의 근본 동기(확신 조건을 밝혀냄으로써 인식 문제를 해명한다)를 전혀 이해하지 못했다는 걸 알 수 있다.

구성 개념에 대해서는 후설 자신이 『데카르트적 성찰』의 「제3성찰 구성의 문제, 진리와 현실」에서 "구성에 대해 더 한층 정확한 개념을 준비하는 일에 착수하자"라고 쓴 바 있는데, 이게 어떤 내용인지 확인해 보자. 다음에 인용할 후설의 몇몇 문장을 읽어 갈 때, '구성'이나 '타당'이라는 말은 '확신의 구성'이라 치환하고, 또 '명증'은 '흔들리지 않는 확신의 성립'이라 치환해 읽어 보시라. 그러면 문장들의 의미가 명쾌하게 이해될 터이다.

> 세계의 존재는 이러한 방식으로 세계 자체를 부여하는 명증(明證)에 있어서조차도, 의식에게는 초월적이며, 또한 초월적인 것으로서 머물 수밖에 없다. 하지만 이 점은, 모든 초월적인 것은 의식 생명 안에서만 그 의식 생명으로부터 불가분한 것으로서 구성된다는 사실 … 을 조금도 바꾸지 못한다.(『데카르트적 성찰』)

여기서 '초월'에 대해 잠시 살펴보자. 우선 후설의 초월이라는 개념은(이 또한 핑크는 오용하고 있는데), 원래 칸트의 '초월론적 관념론' 개념에서 온 것이다. 칸트의 '물 자체' 개념은 세계 자체가 인간의 인식 능력에서 **벗어나 있음**을 함의하기 때문이다.

요컨대 여기서 세계의 존재가 '의식에게는 초월적'이라는 말은, 그 존재를 절대적인 방식으로 인식할 수는 없다는 것, 고르기아스 테제와 마찬가지로 존재와 인식의 절대적 일치는 없다는 것을 뜻한다. 그럼에도 불구하고, 라며 후설은 이렇게 주장한다. 절대적 일치는 불가능하다는 것과, 다양한 사물이나 현상들의 존재가 인간을 포함한 동물들의 의식 속에서 흔들리지 않는 **확신**으로서 "**구성된다는 사실**"(성립하고 있다는 점)은 다른 문제다.

이 주장은 다음과 같은 논리로 이어진다. 존재와 인식의 **일치**는 물론 확증되지 않는다. 그러나 우리 안에서 존재에 대한 **흔들리지 않는 존재 확신(=명증)**이 늘 성립하고 있다. 그리고 이 존재 확신이 구성되는 구조는 본질적으로 파악이 가능한 것이다. 그것이 현상학의 중심 과제다.

> 그러한 명증의 본질 구조를, 혹은 그러한 명증의 이념적인 무한 종합을 체계적으로 건설하는 무한성 차원의 본질 구조를 그 모든 내적 구조에 걸쳐 명료하게 하는 것, 이는 지극히 명확하고도 강력한 과제이며, 이것이 (구성이라는) 말의 엄밀한 의미에서의 존재하는 대상의 선험적 구성이라는 과제인 것이다.(『데카르트적 성찰』)

"존재하는 대상의 선험적 구성이라는 과제"라는 말은 결국, 현상학의 본질적인 작업이란 우리가 세계와 대상을 어떠한 방식으로 끊임없이 '내적 확신'으로 성립시키고 있는지, 그 성립의 구조를 해명하는 일이라는 것을 의미한다('선험적'transzendental은 '초월론적'과 같은 뜻). 하나 더, 후설의 '타당'이 **확신 구조**를 의미한다는 점을 잘 보여 주는 대목을 인용하자.

가장 넓은 의미에서 대상(실재적 사물, 체험, 수, 발생한 일, 법칙, 이론 등)이 우리에게 존재한다고 하는 것은 일단은 명증적인 그 어떤 것도 의미하지 않는다. 그것은 단지 그러한 대상이 우리에 대해 타당하다는 것, 바꿔 말하자면 그러한 대상이 그때마다 어떤 **신빙성 있는 정립적 양상**에 있어서 의식되고 있는 의식 대상으로서, 나의 의식에 존재한다는 것에 불과하다.(『데카르트적 성찰』. 강조는 인용자)

사물, 수, 이론 등이 객관적으로 존재한다 함은 현상학의 관점에서는, 그 존재들에 대한 '절대적 인식=확증'을 의미하지 않고, 우선은 그것들이 나의 '의식' 안에서 존재 확신으로서 성립하고 있음(=대상이 나에게 '어떤 신빙성 있는 정립적 양상에 있어서 의식되고 있음')인 것이다. 그렇게 후설이 말하고 있음은 분명할 것이다.

확신 성립의 구조

주의 깊은 독자들에게는, 현상학의 요체가 존재에 대한 '확신이 구성'되는 구조를 파악하는 데에 있다는 것, 따라서 절대적 인식에 토대를 부여하려는 시도라든가, 의식주의意識主義라는 면모 때문에 존재론으로서 불충분하다는 따위의 비판들이 얼마나 현상학의 몰이해에 입각해 있는지에 대해 더 이상 논의할 필요가 없을지도 모른다. 그러나 여기서는 현상학을 좀 더 깊이 이해하고 싶은 독자들을 위해 필요하고도 충분한, 즉 이 점만 이해하면 현상학의 핵심을 파악할 수 있다고 하는 후설의 텍스트의 중요 대목을 상세히 해설해 보고 싶다. 이때 중심 주제는 현상학의 '노에시스-노에마'라는 구조다. 따라서 현상학의 기본 과제는 이미 이해가 되었고, 그보다도 인식 문제가 앞으로 어떻게 될지 얼른 알고 싶은 독자라면 여기는 건너뛰고 다음으로 넘어가도 무방하겠다.

용어 해석의 미로

우선 일반적으로 유통되는 현상학 이해의 수준을 보여 주는 전형적인 예를 살펴보고, 그 다음에 그러한 해석을 후설 자신의 텍스트에 의거하여 음미해 보기로 하자.

2017년에 나온 『현대 현상학』(現代現象學, 植村玄輝(우에무라 겐키) 외 편저)은 일본의 젊은 현상학자들에 의한 연구서로, 최신 서적이기 때문에 현재 세계 및 일본의 현상학 연구 수준이 잘 드러나 있다.

서두는 다음과 같이 메를로-퐁티를 인용하며 시작한다. "현상학이란 무엇인가? 후설의 가장 초기 저작이 나온 지 이미 반세기나 지났는데도 여전히 이런 물음을 던져야만 한다는 건, 꽤나 기묘하게 느껴질지도 모르겠다. 그럼에도 불구하고 이 물음은 아직도 해결과는 거리가 대단히 먼 실정이다."(『지각의 현상학』, 문학과지성사, p.13)

메를로-퐁티가 이렇게 쓴 후 70년 이상이 흘렀지만, '현상학이란 무엇인가'는 지금도 학자들로부터 간단히 답을 구할 수 없는 문제다. "이러한 사정의 원인 중 하나는 후설이 창시한 이래, 현상학이 늘 확장 또는 확산을 거듭해 왔다는 점에 있을 것이다. "사태 그 자체로!"를 모토로 삼는 현상학에는 논의되는 사태와 동일한 만큼의 가능성이 있다."(『현대 현상학』)

이 문장은 현재 학계의 현상학 연구가 '현상학적 환원'이라는 개념의 간명한 본질을 이해하지 못하고 있는 탓에, 후설의 텍스트가 마치 예전의 성서해석학exegetics처럼 어떤 말도 다 주장할 수 있는 자의적인 해석 논의의 보고처럼 되었다는 점을 잘 보여 준다. "현상학에는 해석의 수만큼 '가능성'이 있다"는 말은, 어디에도 정확한 답은 없으니 어떻게 해석하든 그 나름대로 통용된다는 뜻일 것이다.

『현대 현상학』이라는 책에는 「후설의 노에마 개념」이라는 칼럼이 있다. 이 글을 보면 '노에마' 개념의 해석을 둘러싸고 다양한 견해들이 뒤범벅되어 있다고 기술되어 있다. 그 대략적인 내용은 다음과 같다.

> 후설은 『이념들』에서 '노에시스-노에마' 구도를 제시했는데, 노에마가 무엇을 의미하는지를 둘러싸고 다양한 해석이 있으며 논쟁이 계속되고 있다. 노에마의 어원은 그리스어로 '사고된 것'을 의미한다. 그래서 노에마는 '경험의 대상을 일반적으로 가리키는 것'(대상으로서의 나무 자체)이라고 보는 해석도 가능한데, 이는 지나치게 소박한 해석일 것이다. 후설은 "나무의 노에마는 불에 타버릴 수가 없다"라고 말하고 있으며, 또 노에마는 "의미"라고도 말하기 때문에, '경험의 대상'과 동일시하긴 어렵다.

> 이에 반해 노에마를 '경험의 의미'라 간주하며 경험의 대상과 구별하는 해석이 닥핀 푈레스달에 의해 1960년대 말에 제출되었고, 이것이 노에마의 '서해안West-Coast 해석'이라 불리면서 미국 서해안을 거점으로 하는 연구자들 사이에서 널리 지지받고 있다. 가령 느티나무를 본다고 하는 경험은 실제로는 환각일 수도 있다. 그렇기 때문에 노에마를 대상 자체로 보지 않고 그 '의미', 즉 '대상과는 구별되는 지향적

내용'이라 생각한다면, 그것은 '사고된 것'이지만, 동시에 '대상 자체'
는 아니라고 하는 해석도 가능한 것이다.

그러나 이 해석에도 문제가 있다. "이 해석은 후설이 지각 경험의 노
에마를 '지각된 한에서의 지각된 그 무엇'이라고 반복해서 불렀다는
사실과 충돌이 발생한다."(『현대 현상학』) 또 그런 식의 해석은 "진
정한 지각 경험 속에서 우리가 세계 내의 대상과 마주치고 있다고 하
는, 후설이 재삼 강조했던 상황을 매끄럽게 설명할 수 없는 게 아닐
까?"(같은 책)

이 칼럼의 요점을 정리해 보면 대략 이러하다. 대부분의 학자들
에게 노에마의 의미는 아직 확정되지 않은 상태다. 한편에서 노에
마는 지각 대상(나무) 자체를 의미한다고 보는 설이 있고, 다른 한
편 나무 자체가 아니라 그 의미라고 하는 의견도 있다. 하지만 후설
은 노에마를 '지각된 한에서의 지각된 그 무엇'이라 썼기 때문에,
노에마는 대상으로서의 '나무' 자체라고 하는 설도 버릴 수는 없다.

또한 노에마를 "'경험 대상 자체'의 부분"이라고 보자는 해석(아
론 구르비치)도 있고, 또 "어떤 전체에 속하는 부분이 아니라, 동일
대상이 갖는 다양한 양상의 하나"로 보자는 해석도 있다. 이는 '동
해안' 해석이라 불리고 있다. 둘 중 어느 해석도 결정적이라고는 할
수 없다. 노에마를 의미라고 보는 설에는 지각된 대상이 단순한 의
미인가, 라는 질문이 제기되고, 반면 대상 자체의 어떤 측면(양상)
이라고 보는 설에서는 대상이 실재적이지 않은 경우가 설명이 안
된다. 이렇듯 이 논의는 비록 지금은 소강 상태지만 결국은 결말이

나지 않은 상태다.

이 칼럼은 현재의 현상학 연구가 용어 해석의 미로에 갇혀 있다는 걸 여실히 보여 준다. '노에마'란 무엇인가에 대해 대립하는 해석들은 크게 네 가지로 정리해 볼 수 있다.

(1) 지각 대상 자체: 객관적인 나무
(2) 지각 대상의 의미: '나무'라는 의미(서해안 해석)
(3) 경험 대상 자체의 부분
(4) 대상의 다양한 양상 중 하나(동해안 해석)

한 가지 분명한 것은 다음과 같다. 노에마가 '대상 자체'냐, 아니면 '대상의 의미'냐 같은 불가사의한 논의는 결국 노에마가 '객관'(대상 자체)에 속하느냐, 아니면 '주관'(대상의 의미)에 속하느냐를 둘러싼 논의다. 요컨대 이런 식의 논의에서는 후설이 일단 제거해야 할 것으로 꼽았던 **주관-객관 도식**이 그대로 남아 있는 것이다.

노에마, 노에시스 구성은 현상학적 환원이라는 방법에 근본적인 축으로 작동하는 중심 개념이다. 그리고 이 개념들이 의미하는 바는, 우리가 환원이라는 것을 확신의 구성을 해명할 방법으로 받아들이는 한, 전적으로 분명하다. 즉, 구성은 의식 내에서의 확신의 구성을, 노에시스는 의식 내에서의 내실적內實的 경험을, 노에마는 그로부터 구성되는 대상 확신을 의미한다* 이제 이 점을 후설 자신

---

* '내실적'은 후설 현상학의 전문 용어다. 지향적 의식 체험의 구성 요소로 의식 체험에 직접 실제로 속함을 뜻한다. 사물 지각과 같은 지향적 체험의 내실적 구성 요소

의 말에 직접 입각하여 예증해 보자.

'노에시스-노에마'의 구조

후설의 주저 『이념들』[*] 제2편 제1장, 제2장은 현상학적 환원의 중심 개념이 모두 해설되어 있어, 후설 이해에 가장 핵심이 되는 대목이라 할 수 있다. 그런 점에서 특히 중요한 제2장에서부터 '노에시스-노에마' 구조에 초점을 맞추어 해독해 보자('노에시스-노에마'는 '코기타티오-코기타툼'이라는 용어로 불리는 경우도 있는데, 거의 같은 뜻이다).

이미 말한 바와 같이 현상학적 환원이라는 방법은 주관을 원인으로 보고, 객관을 결과로 보는 **근원적 시선 변경**에 그 핵심이 있다. 여기서 '에포케'(판단 중지)란 '객관이 무엇인가'라는 물음을 소거해(괄호에 넣어) 두는 걸 의미한다. 에포케가 필요한 이유는, 주관과 객관이라는 구도에서 생각하는 한 양자의 일치를 증명하기란 불가능해서 수수께끼가 도저히 풀리지 않기 때문이다. 따라서 문제를 주관 영역에만 한정하고 이 영역을 내성적으로 통찰하여 그 구조를 파악하는 것이다. 가령 사과를 본다고 하는 지각 체험의 경우 대상의 존재 확신이 어떤 식으로 구성되는지를 **파악**하는 것처럼 말이

에는 '감각 소여'와 감각 소여에 의미의 혼을 불어넣는 '파악 작용'이 있다(『현상학의 이념』, 필로소픽, p.19의 옮긴이 주 9에서 발췌). - 옮긴이

[*] 『순수현상학과 현상학적 철학의 이념들』이라는 제목에 총 3권으로 번역되어 있다. - 옮긴이

다. 그 구도가 그림 3-1 '노에시스-노에마 구조'다.

후설의 '현상학적 환원'을 수순에 따라 정리하자면 다음과 같다.

① 에포케 → ② '초월론적 주관'('내재 의식')의 영역을 확인한다 → ③'내재 의식'에서 대상 확신이 구성되는 구조를 파악한다.

요컨대 ① 우선 객관 항목을 소거한다. ② 이제 주관의 풍선(그림 중 내재 의식의 영역)만 남게 되는데, 이곳을 내성적 탐구의 대상으로 삼는다. 후설은 이 영역을 수많은 용어들로 부르기 때문에, 극도로 이해하기 힘들다. 초월론적 주관, 초월론적 의식, 초월론적 자아, 현상학적 의식, 순수 의식, 순수 자아, 내재적 영역, 내재적 의의 등등. 전부 다 같은 뜻이라고 생각해도 된다. ③ 이 주관의 풍선 속 기본 구조가 '노에시스-노에마' 구조다. 기본적으로는 노에시스(빨간, 둥근, 반들반들한 등의 지각상知覺像)로부터 노에마('이게 사

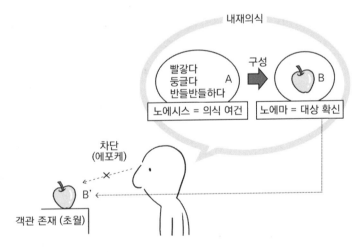

그림 3-1. 노에시스-노에마 구조

과 구나'라는 확신)가 끊임없이 구성되고 있다. 이 노에마가 구성된 **대상 확신**이다. 사실상 이것으로 설명은 끝난 것이다. 하지만 후설이 제시한 대부분의 술어들이 산출해 내는 혼란을 피하기 위해 한 걸음 더 나아가 보자.

지각 체험의 진행 – 대상 확신의 구성

우선 『이념들』의 제35절의 서두, 후설 자신이 지각 체험(한 장의 종이를 보는 체험)을 내성적으로 기술하는 대목을 보자.

> 몇 가지 예를 들어 이야기의 실마리로 삼아 보자. 나는 어둑한 상황 속에 있고 내 앞에는 이 흰 종이가 있다. 나는 그 종이를 보고, 거기에 손을 댄다. 이렇게 그 종이를 지각하는 과정에서 보기도 하고 만져 보기도 하는 것, 이것은 여기에 있는 종이에 대한 완전한 구체적 체험이며, 게다가 그 종이는 바로 이들 특정한 성질에 있어서 주어져 있는 종이이고, 그와 동시에 바로 이 특정한 상대적 불명료성에 있어서, 이 특정한 불완전 규정성에 있어서, 그리고 나에 대한 이 특정한 방위에 있어서 나타나고 있는 그러한 종이인데 – 이러한 종이를 지각하면서 보거나 만지거나 하는 것은 하나의 코기타티오, 즉 하나의 의식 체험이다. 이 종이 자체는 객관적 성질들을 갖추고 있고, 공간 속에 자신의 연장(延長)을 갖고 있다. 그와 동시에 나의 신체라 칭해지는, 그리고 내가 확신하고 있듯이 실재적으로 구성된 것인 내 신체라는 공간 사물에 대하여, 그 종이는 객관적 위치를 점하고 있는 것인데, 이러한 종이 자체

는 코기타티오가 아니라 코기타툼이다. 즉, 지각 체험이 아니라 지각되는 어떤 것이다.(『이념들』)

여기서 후설이 하고 있는 일은 종이 한 장을 보는 지각 체험을 가지고 의식 내에서 확신이 구성되는 구조를 관취觀取 혹은 포착하는 것이다. 이를 그림으로 표시할 수 있다(그림 3-2).

우선 주목할 것은, 현실적으로 의식에 나타나는 것인 코기타티오(=노에시스) 부분이다. 이에 대한 후설의 기술은 말하자면 이런 느낌이다. "뭔가 흰 빛을 띤 것이 책상 위에 있는 듯해. 이건 뭘까? 조금 다가가면 형태의 윤곽이 조금 확실해져. 그림자 진 부분도 있지

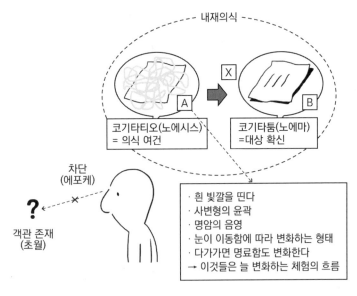

그림 3-2. 코기타티오-코기타툼에 대한 설명(종이의 예시)

만, 아무래도 전체가 한결같이 흰 거 같아. 좀 더 가까이 가니 직사각형 모양의 종이 한 장이라는 게 확연해졌어 …"

코기타티오는 동일한(=변치 않는) 상이 아니라 시시각각 변화하는 '체험 흐름', 즉 다양한 상들의 '흐름'이다. 즉 '나'가 이 흰 물건에 다가가면, 흰 빛의 그것은 서서히 형태나 전체적인 빛깔의 느낌을 명료하게 드러낸다. 이 하나하나의 흘러가는 프로세스는 의식에서 구체적인 체험들이 연속적으로 이어지는 계기들이다. 이를 노에시스라 지칭하자.

한편, 이 노에시스라는 소여所與(주어진 것)로부터 늘 '한 장의 종이'가 거기에 있다, 라는 **확신**이 발생하고 있다는 것도 알 수 있다. 이 확신을 노에마(코기타툼)라 부르자. 우리의 지각 체험은 체험 흐름으로서의 노에시스가 늘 현실적으로 주어지고 있고, 그로부터 한 장의 '종이 자체'라는 확신이 지속적으로 구성되고 있다.

요컨대 그림 3-2 중 A로부터 B가 지속적으로 구성되고 있다. 바로 이것이 대상의 존재 확신이 구성되는 구조의 기본 도식이다. 마치 단어나 문장이라는 것이, 끊임없이 흘러가는 음성(문자)으로부터 그 총괄로서 의미를 만들어 가는 것과 같다.

이 '구체적인 지각 체험의 진행 속에서, 대상의 확신(노에마)이 구성된다'라는 기본 구도가 이해되지 않으면, 현상학적 환원에 대한 후설의 설명은 하염없이 계속 웅얼거리며 이어지는 주문의 연속처럼 느껴질 뿐이다. 하지만 이 구도를 염두에 두고 있으면, 어디서도 동일한 구도가 변주되면서 되풀이되고 있을 뿐이라는 점도 이해할 수 있다.

여기서 후설의 용어를 정리해 표로 만들어 두자(표 3-1). 이 표를 머리에 넣어 두면, 파도처럼 밀려오는 후설의 번쇄한 용어들을 어렵지 않게 서핑하며 나아갈 수 있을 터이다. 내성적 통찰을 좀 더 밀고 나가 보자.

A 내재	B 초월
노에시스	노에마
코기타티오	코기타툼
체험	사물
내실적內實的	초월적(대상 확신)
지향적 체험	지향적 객관
의심할 수 없는	의심스러운

표 3-1. 후설의 용어 정리

내재적 지각과 초월적 지각(내실적인 것과 상정된 것)

후설의 구도에서 또 한 가지 중요한 것은 '내재-초월'이라는 키워드다. 다음 문장을 보자.

명증적이라는 것은 이런 것이다. 직관과 직관된 것(혹은 지각과 지각
사물), 이 양자는 확실히 그 본질에 있어서 상호 관계하고는 있지만,
그러나 원리적 필연성 차원에서는 내실적으로도 본질면에서도, 하나

로 결합되어 있는 그런 일은 없다. 바로 이런 것을 명증적이라 한다.

하나의 예에서 출발해 보자. 내가 끊임없이 이 책상을 계속 본다고 하자. 단 그 경우, 나는 그 책상 주변을 돌며 본다든가 하면서, 어쨌든 공간에서 나의 위치를 어떤 식으로든 부단히 변화시킨다고 하자. … 게다가 그 책상은 그동안 그 자신에 있어서 전적인 불변 상태로 동일하게 계속 존재하고 있다. 그런데 책상을 지각하는 방식은 끊일 새 없이 변화해 가는 지각이라는 점에서 그것은 변동하는 감각들의 하나의 연속이다. … 오직 책상만이 계속 동일한 상태다. 요컨대 새로운 지각과 원래의 지각의 상기를 결부시켜 주는 종합적 의식 속에서 그 책상만이 동일물로 의식되고 있음에 불과한 것이다.(『이념들』)

여기서 볼 수 있는 구도를 '내재-초월' 도식이라 부르자. 이 구도(그림 3-3)의 포인트는, 내재적 지각(노에시스=체험)은 **늘 유동하는 상태**이므로 동일성은 나타나지 않지만, 그러나 의식 입장에서는 실질적인 요소(현실적으로 확인 가능한 의식 여건)라는 점이다. 반면 초월적 지각(노에마=사물)은 의식의 여건(데이터)으로서는 **전혀 존재하지 않고**, 다만 의식 속에서 구성되고 있는 하나의 '대상 확신'='상정된 것'이라는 점이다.

이 그림을 보면, 우리의 의식에 실제로 주어지고 있는 것은 하나의 책상의 다양한 '보이는 방식'이고, 그 형태로서는 끊임없이 변화해 가는 왜곡된 평행사변형이나 사다리꼴이다. 이러한 지각 형상들은 '실제적으로=현실적'으로 우리의 의식에 나타나고 있다. 그러나 우리는 이 변화하는 내재적 지각(노에시스)의 프로세스를 통해 줄

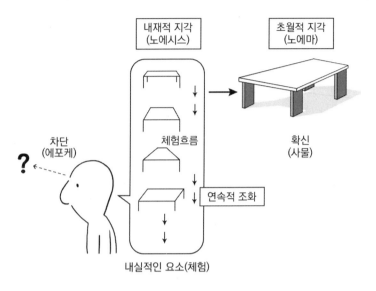

그림 3-3. '내재-초월' 도식

곧 하나의 **직사각형 책상**을 보고 있다고 생각한다(확신하고 있다). 우리가 현실적으로 '계속 지각하고 있는' 것은 다양한 형태들(즉, 직사각형이 아니다)로서 나타나는 책상이지만, '지각된 것'은 바로 '직사각형 책상'이다.

연속적 조화

현상학적 환원에 또 한 가지 중요한 개념이 있다. 그것은 '연속적 조화' 개념이다.

이 지각의 본질에는 이념적인 가능성이 속해 있다. 이 가능성에 의하면 그 지각은 일정한 질서를 갖추고 연속적으로 조화를 이루는 지각의 다양에로 이행함으로써, 이 다양은 되풀이해서 계속되어 갈 수 있다. 따라서 결코 완결되는 일은 없다. 게다가 그 의식이라는 건 과연 무엇에 대한 의식이냐고 하면, 바로 그 동일한 하나의 지각 사물에 대한 의식이다. 다만 그 지각 사물이 점점 더 완전하게, 늘 새로운 측면으로부터 점점 더 풍부한 규정들에 입각하여 출현하고 있을 뿐이다. 이 지각 사물은 조화성이 파괴되지 않는 한, 그 조화성에 자연스레 수반되어 조화로운 양식하에 지각이 진행될 것이라고 필연적으로 상정될 수 있는 한, 확실히 현존재의 양태에 있어서, 그뿐만 아니라 이후의 존재 지속의 양태에 있어서도 그 사물을 부여하는 것이고, 또 그에 준하여 그 사물의 성질적인 존재 방식의 여러 규정들을 부여하는 것이다.(『이념들』)

 이 말은 기본적으로 앞서 말했던 것과 같은 이야기다. 즉, 체험 흐름으로서의 내재적 지각(노에시스)으로부터 끊임없이 초월적 지각[(=확신(노에마))이 구성되고 있다는 말이다. 중요한 것은 체험 흐름으로부터 초월=확신(노에마)이 구성되는 프로세스를 연속적 조화 개념으로 부르고 있다는 점이다.
 우선 여기서 말하는 지각이란 '체험으로서의 지각'(노에시스)을 가리키며, '지각 사물'은 그 대상 확신(노에마)을 가리킨다. 구체적인 지각은 끊임없이 변화해 가는 다양한 지각의 연속인데, 그것은 제각각 뿔뿔이 분리되어 있는 게 아니라, 늘 하나의 조화적인 통일을 산출하고 있다. 하나의 책상을 다른 여러 각도에서 바라보다 보면 책상은 다양한 행태로 나타나는데, 그것들이 조화적으로 통합되어 '하나의 직사각형 책상'이라는 대상 확신을 지속적으로 산출한다. 이것이 '연속적 조화'다.

그러나 가까이 다가가 잘 살펴보니, 실은 책상이 아니라 탄력 있는 트램펄린식 놀이 기구였다고 해보자. 이 경우 체험적 지각의 연속적 조화는 중단되며, (책상이라는) 대상 확신은 무너지고 다른 것으로 변용되어 버린다.

요컨대 **내재적인 지각의 연속적 조화**가 지속되고 있다는 것이 바로 '하나의 사물이다'라는 대상 확신이 유지되는 본질적 조건인 것이다.

한 가지 더 짚어 둘 것이 있다. 이 체험적 지각의 연속적 조화가 줄곧 계속될 경우라 해도, 이 체험의 프로세스에서는 '이것으로 대상의 모든 것을 다 지각했다'는 식의 일은 있을 수 없다. 이 프로세스가 진행되는 속에서 '하나의 대상'에 대한 통일적인 확신의 의식이 만들어지긴 하지만, 이 대상 확신이 늘 전적으로 '동일한' 대상 확신은 아니라는 것이다.

'하나의 직사각형 책상'이라는 점에서는 동일하지만, 그럼에도 그 **대상 의식**은 서서히 '아~ 저러한 책상이구나'라는 '대상의 이러저러함'에 대한 **풍성함**이 증가되어 간다. 이렇듯 통일된 대상 확신의 연속적 조화가 지속되면 단순한 대상의 존재 확신만이 아니라, 그 존재 양태에 대한 확신이 한층 더 풍부한 조화적 통일을 형성해 가는데, 바로 이것이 연속적 조화 개념이다.

이미 분명해졌겠지만, 여기에서 말하는 의식의 통일이나 연속적 조화 개념을 대상의 '확신이 구성되는' 구조에 대한 개념으로 받아들이지 않는다면, 여기서 후설이 묘사하는 것도 도대체 무엇을 말하려고 하는 건지 알 수 없게 되어 버릴 것이다.

세계의 의심 불가능성

마지막으로 후설이 현상학적 환원을 수행할 때 가장 중요한 키워드라 할 수 있는 '의심스러움'과 '의심 불가능성' 개념을 살펴보자. 『이념들』제46절의 제목은 '내재적 지각에는 의심스러움이 없다는 점, 초월적 지각에는 의심스러움이 있다는 점'이다.

> 지금까지 말해 온 모든 것으로부터, 중요한 귀결이 도출된다. 내재적 지각은 그 어떤 것이든 간에 모두, 필연적으로 지각되는 그 대상의 현실 존재를 보증한다. 반성적인 파악 작용이 내 체험 쪽으로 향해질 때, 나는 하나의 절대적인 그것 자체를 파악한 것이며, 이 대상의 현존재는 원리적으로 부정될 수 없다. 즉, 그러한 것이 존재하지 않는다느니 하는 식의 통찰은 원리적으로 불가능한 것이다. 그렇게 내재적으로 주어지고 있는 어떤 체험이 실세로는 존재하지 않을 수도 있지 않냐고 생각한다면, 그것은 하나의 배리(背理)일 것이다.(『이념들』)

여기서 내재 지각은 "필연적으로 지각되는 그 대상의 현실 존재를 보증한다"라는 인용문의 말을 오독해 '내재 지각은 현실의 사물 대상을 보증(확신)한다'라고 읽어 버리면, 앞서 거명했던 학자들의 논의에서 보았던 '주관-객관' 도식에 빠져 버린다.

인용문을 제대로 파악해 보면 기본적으로 **내재** 지각(노에시스)이라는 개념에는 그것이 현실적으로 의식 내에 존재한다는 것을 의심할 수 없다는 의미가 담겨 있다. 반면 **초월** 지각(사물 지각=노에마)은 그 현실 존재가 보증되지 않는다'는 말을 하고 있는 것이다. 즉, '내재적 지각=노에시스=체험'에 나타나고 있는 일(즉, 빨갛다, 둥글다, 반들반들하다는 **느낌**)은 그 '현실성'을 의심할 수 없음(의심 불가능함)에 반해, '초월적 지각=노에마=사물'로서 확신되고 있는 그 무엇(하나의 사과)은 늘 의심 가능하다는 것이다(**복제물**일 수도 있으니까).

"지금 내게는 빨갛고, 둥글고, 반들반들한 것이 생생하게 보이고 있다." 이것이 의식 체험에서 발생하고 있는 일인데, 그렇게 '반성적으로 파악되고 있는 일'은 의식 입장에서 하나의 '절대적인 것'(절대적 의심 불가능성)이다. 바꿔 말하자면, '잠시 그렇게 느꼈을 뿐 실제로는 그렇지 않았다' 따위의 논리에 의해 부정당하기는 불가능하다. 그러한 일은 하나의 '배리'다, 라고 후설은 말하고 있는 것이다.

보충을 좀 해두자. 가령 내가 커피를 마시고 있고, 이것은 여느 때처럼 맛있는 커피라고 느낀다. 이때 실은 내가 마신 게 커피와 유사한 맛의 콩 음료일 가능성은 물론 **원리적으로 배제될 수 없다**. 그러나 내가 '맛있는 커피다, 라고 느낀 일' 자체가 '실은 그렇게 느낀 게 아니었다'로 바뀌어 버리는 일은 원리적으로 있을 수 없다.

이 얘길 요약하자면 '내재적 지각'의 본질적 의심 불가능성, '초월적 지각'(확신)의 본질적 의심 가능성이라고 표현해 볼 수 있다.

자, 이 시점에 이르러 독자 여러분은 이해하게 되었을까? 후설의 현상학적 환원의 방법, 즉 일체의 인식을 확신이라 간주하고, 그 다양한 확신들이 구성되는 구조의 본질을 파악한다고 하는 방법이 왜 인식 문제에 대한 해결이 되는지를 말이다.

커다란 구도에 대해서는 이미 '세계상의 구성과 공통 인식' 도식(그림 2-7 참조)에 의해 제시했으므로 되풀이하지는 않겠고, 요점만 말하자면 대략 이러하다.

우선 고르기아스 테제가 주장하듯이, 세계의 객관적 존재를 절대적인 방식으로 '인식=확증'하는 것은 절대로 불가능하다. 그러나 그것은 칸트가 생각했던 것, 즉 인간 이성의 능력이 갖는 본성적 한계 때문에 세계의 본체를 인식할 수 없다는 것과는 다른 이야기다.

오히려 세계의 존재는 인식 불가능한 게 아니라, 어디까지나 의심 가능성을 동반한다는 이유 때문에 인식론적으로 '초월'인 것이고, 그런 까닭에 애시당초 **인식의 대상**이 될 조건을 결여하고 있는 것이다. 그러나 이 말을 객관 인식이나 보편 인식 따위는 전혀 있을 수 없다는 의미라고 이해해서는 안 된다. 보편 인식은 간주관적이고 보편적인 공통 인식이 성립하는 곳에서라면 반드시 성립한다. 바로 이런 이유 때문에, 존재와 인식 간의 일치가 없으면 보편 인식은 존재하지 않는다는 판단은 하나의 거대한 착각인 것이다.

철학은 세계를 정확히 알아맞추는 '정답'을 탐구하는 게 아니라, 더 보편적인 '세계 **설명**'이라는 점을 상기하자. 존재가 어떻게 있느냐를 '알아맞춘다'고 하는 표현이 타당할 수 있는 곳은, 물리적인 세계의 영역뿐이다. 인간과 사회의 영역은 하나의 **실체적**인 사실이 아니고 의미와 가치에 의해 빚어져 나오는, 끊임없이 변화하는 '관계의 그물망'이고, 그런 까닭에 우리는 그것을 더 적절한, 더 많은 설득력을 갖춘 방식으로 '설명'할 수 있을 뿐이다.

후설의 세계 설명이 탁월할 정도로 독창적인 것은 개개의 인간(혹은 공동체)이 다양한 세계상을 가지고 살아가고 있다는 점, 그리고 절대적으로 옳은 세계상(진리)은 존재하지 않는다는 점, 따라서 문제는 신념 대립이 발생했을 경우 상호 승인과, 공통 인식을 가능케 하는 세계 설명의 창출, 이 두 가지만이 그 문제를 극복할 수 있게 해준다는 점 등을 밝혔다는 데 있다.

또 한 가지 중요한 게 있다. '본체'는 존재하지 않는다, 그러므로 **세계는 존재하지 않는다** 같은 식의 사고는 현상학으로부터 도출되지 않는다는 점이다.

세계의 존재는 엄밀한 인식 대상이 될 수는 없지만, 그러나 우리에게 세계의 존재는 **의심 불가능**한 것이다. 이 의심 불가능성은 우리의 내재적 지각에 그 근거를 갖고 있다. 세계가 우리의 내재에 있어 연속적 조화를 보유 및 유지하고 있는 동안은 우리가 세계의 존재를 믿지 않을 수 없으며, 따라서 우리는 흔들릴 수 없는 존재 확신을 갖는다는 점이 인식의 구조로부터 본질적이기 때문이다.

하지만 이 주제는 '존재의 수수께끼'에 관련되는 것이므로, 나중에 니체나 하이데거의 탐구와 아울러 다시 한번 논의해 보자.

후설의 텍스트를 스스로 읽어 보기

이런 식으로 생각하다 보면 후설 현상학이 세계의 엄밀한 객관 인식을 목표로 하는 형이상학에의 야망을 갖고 있다는 식의 주장들은 어리석은 것임이 분명해질 터이다. 도리어 후설은 회의주의로서는 도저히 불가능한 본질적인 방식으로 형이상학과 독단론을 타파한다. 또한 후설의 인식 문제 해명에 의해 고르기아스 테제 또한 타파된다. 물론 그 테제가 주장하듯이 존재, 인식, 언어의 엄밀한 일치는 증명될 수 없다. 그럼에도 불구하고 우리는 보편 인식이라 부를 수 있는 것을 창출할 수가 있다.

후설 현상학을 확신 구성의 조건의 학문으로 이해하는 한, 유럽 철학의 인식 문제는 완전히 해명된다. 그런데 바로 이러한 현상학 이해가 현대 철학과 현대 사상에는 전적으로 결여되어 있다.

무엇이 필요한지는 명백하다. 후설은 유럽의 인식 문제를 해명했는데 그게 과연 어떻게 해서 그런 것인지에 유의하면서 새로운 세대의 철학도들이 후설의 텍스트를 다시 한번 스스로 정독하는 것, 이것만이 사태를 변화시킬 것이다.

후설은 완벽히 독창적인 방식에 의해, 즉 모든 인식을 확신의 의심 불가능성이라는 본질에서 바라보는 방식에 의해 인식 문제를 확고하게 해결했다. 이 점을 잘 보여 주는 상징적인 텍스트가 있다.

세계는 각성해 있는 우리에게, 그러면서 늘 어떠한 방식으로 실천적인 관심을 품고 있는 주체인 우리에게, 우연히 한때 주어지는 그런 게 아니다. 그것은 모든 현실적 및 가능적 실천이 펼쳐지는 보편의 벌판으로서, 지평으로서 눈앞에 주어져 있다. 생이란 끊임없는 세계 확신 속에서 살아간다고 하는 것이다.(『유럽의 여러 학문의 위기와 선험적 현상학』)

제4장

'언어의 수수께끼'와 '존재의 수수께끼'

현대 언어철학의 미궁

언어의 수수께끼

인식의 수수께끼의 해명을 마친 우리에게 남겨진 '수수께끼'는 존재의 수수께끼, 언어의 수수께끼, 그리고 이들로부터 파생되는 의미의 수수께끼, 동일성의 수수께끼, 시간의 수수께끼, 가치의 수수께끼다. 이 장에서 드디어 우리는 이 수수께끼들의 해명에 진입한다.

비트겐슈타인의 저작 중에, 철학이 해내야 할 과업이란 "파리에게 파리잡이통에서 빠져나올 탈출구를 제시하는 일이다"라는 말이 있다(『철학적 탐구』). 이 비유를 빌려 말해 보자면, 여기서 우리는 현대 철학이 빠져 있는 수수께끼들의 아포리아와 패러독스의 본질을 제시하고, 그럼으로써 철학을 '파리잡이통'의 미로로부터 해방시키는 시도를 해보려는 것이다.

현대 철학에는 크게 세 가지 조류가 있다.

첫째, 프레게, 러셀, 비트겐슈타인을 기점으로 하는 현대 언어철학(분석철학)이라는 흐름(모리츠 슐릭, 카르나프 등에 의한 논리실증주의에서 시작해 머잖아 콰인 등의 상대주의적 반反논리주의로 나아간다).

둘째, 현대 사회 비판이 중심 동기인 포스트모던 사상.

셋째, 후설 현상학을 기점으로 하이데거, 메를로-퐁티, 사르트르, 한스 게오르크 가다머 등으로 이어지는 현상학-존재론적 해석학이라는 흐름.

대세로 보자면 첫째와 둘째의 반철학, '상대주의=회의론' 진영이 압도적으로 우세하다. 참고로 분석철학을 대표하는 비트겐슈타인의 철학과 현상학-존재론을 대표하는 하이데거의 철학은 서로 완전히 등을 지고 있는 관계다. 비트겐슈타인 입장에서 보자면 하이데거 철학은 난센스한 '형이상학'이고, 하이데거 입장에서 보자면 분석철학은 '존재의 망각'의 극치로, 철학으로서의 근본 조건을 상실하고 있다.

프레게와 러셀이 수학에 논리학적 토대를 부여하고자 한 시도로부터 출발한 현대 언어철학은, 로티의 '언어론적 전회'라는 말에서 알 수 있듯이 언어의 본질 탐구를 주요 영역으로 삼는다. 러셀의 『수학의 원리』는 일반적으로 논리학에 의해 수학에 토대를 제공하려는 시도라고들 부르지만, 앞서 말했듯이 오히려 '언어의 수학화' 시도라고 하는 편이 이해하기 훨씬 쉽다. 자연과학이 '자연의 수학화'라는 방법에 의해 자연에 대한 객관 인식을 이룩한 것과 마찬가지의 목표가 현대 논리학에는 있는 것이다.

언어의 수학화라는 기도가 성공적으로 수행된다면 모든 언명은 늘 동일한 의미를 표현하게 되므로, 언어로부터 애매성이 배제되어 결과적으로 인문 영역에 있어 보편 인식의 가능성으로 이어진다. 비트겐슈타인의 『논리철학논고』도 바로 그러한 시도다. 그는 가장 단순한 사태와 '요소 명제'를 대응시킨다고 하는 구상에 의해 존재-인식-언어의 일치 가능성, 즉 고르기아스 테제의 극복을 시도한 것이다.

하지만 비트겐슈타인은 후기의 『철학적 탐구』에서는 『논리철학논고』에서의 엄밀 논리학 시도를 완전히 부정한다. 요컨대 비트겐슈타인의 행보는 현대 언어철학의 엄밀 논리주의로부터 언어의 본질론으로 나아갔다. 말하자면 그는 칸트와 니체의 인식론 작업을 홀로 수행했다고 할 수 있다.

『철학적 탐구』에서의 비트겐슈타인은, 일정한 규칙을 설정함으로써 언어의 의미를 엄밀하게 규정(기술)할 수 있다고 하는 현대 논리학의 대전제를 의심한다. 그리고 이 의심은 언어 문제에 관한 수많은 난문들과 패러독스들을 산출하게 된다. 그것이 언어의 수수께끼, 특히 의미의 수수께끼의 형태를 취한다. 이와 관련하여 잘 알려져 있는 것 몇 가지를 이야기해 보자.

(1) 말이란 (아우구스티누스가 말했듯이) 개개의 대상에 기호적 지표를 부착시킨 것뿐일까? 아니, 그렇지는 않을 터이다. 그럼 말의 **의미**라는 건 어떻게 규정할 수 있는 걸까?

(2) 어린애한테 말을 가르친다는 것은 말과 그 대상의 이미지를

결합시키는 것일까? 또, 말을 '이해한다' 함은 말에 의해 그 '이미지'를 환기할 수 있게 되는 것일까? 단어를 이해하고 배워 기억하는 것의 의미는 무엇인가?

(3) 어른이 두 그루 나무를 가리켜 '2'라고 할 때, 그것이 '수'를 지시한다는 걸 아이들은 어떻게 이해하게 되는 것일까?

(4) '그것'이나 '이것'이라는 단어가 하나의 특정 대상만을 가리키는 게 아니라, 임의의 사물을 지시할 수 있다는 걸, 아이들은 어떻게 이해하게 되는 것일까?

(5) 잘 알려진 예로, 집을 짓는 석공과 조수가 재료를 지시하는 네 단어만으로 수행하는 '언어게임'이 있다. 석공의 "판석!"이라는 외침이 "가지고 와"인지, 아니면 "저쪽으로 갖고 가"인지를 조수는 어떻게 이해하게 되는 것일까? 요컨대 단어의 의미는 어떻게 해서 규정되는 것일까?

이 밖에도 얼마든지 들 수 있지만, 이 물음들이 의미하는 바는 모두 인식-언어의, 혹은 언어-의미의 일치 가능성에 대한 회의다. 즉, 현대 논리학의 전제에서 출발한 비트겐슈타인도 역시 탐구를 해가는 과정에서 고르기아스 테제에 접근해 간다. 말하자면 비트겐슈타인의 이 전회(Kehre)에 의해 현대 언어철학은 단숨에 '상대주의=회의론'으로 경도되기에 이른다.

카르나프 vs 콰인

이 사태를 상징하는 또 하나의 사례는 엄밀 논리주의의 기수 루돌프 카르나프(1891~1970)에 대해 논리상대주의자 콰인(1908~2000)이 가하는 비판이다.

카르나프는 일체의 언어를 '물리적 언어'로, 즉 엄밀하게 규정 가능한 언어로 치환할 수 있다고 주장한다(「과학의 보편 언어로서의 물리적 언어」). 무시무시하게 난해한 논문이지만, 그 알맹이는 인식(사고)과 언어의 엄밀한 일치가 **가능하다**는 걸 논증한 것이다.

그는 우선 모든 직접 경험은 언어에 의해 표현된다고 하는 전제에서 시작한다. 그 다음에는 직접 경험을 표현하는 언어를 '프로토콜 언명'이라는 '물리적 언어'의 기초 단위로 환원할 수 있다고 한다. 이를 좀 더 복잡화해 나가면, 일체의 직접 경험은 결국 엄밀한 언어로 환원되기에 이른다. 비트겐슈타인이 『논리철학논고』에서 시도한 아이디어, 즉 가장 단순한 사태를 요소 명제로 환원하고, 그 요소 명제들을 조합함으로써 언어가 복잡한 사태(=현실)에 대응한다는 걸 보여 주겠다고 하는 아이디어의 카르나프 버전이다.

물리학이 구사하는 방법의 근본은 우선 모든 물질의 기초 단위(최소 단위)를 확정하는 것, 이어서 그 기초 단위들의 구성, 구조, 변화의 원인(인과성)을 확정하여 엄밀한 기술記述 체계를 구축해 가는 것이다. 이와 마찬가지의 일이 언어에서도 성취된다면, 사태나 사고 등과 언어, 이 양자 간의 상호 엄밀한 일치를 확보할 수가 있다는 아이디어다.

카르나프의 다음과 같은 구절이 이를 상징한다. "모든 심리학적 개념은 그러한 종류의 어떤 물리적 성질을 의미한다."(「과학의 보편 언어로서의 물리적 언어」) 언어의 엄밀한 표현에 있어 가장 곤란한 것은 말할 것도 없이 마음의 양상에 대한 표현이다. 카르나프는 마음의 양상은 심리(학)적 개념들로 변환할 수 있고, 나아가 물리적 언어로까지 변환할 수 있다고 주장한다.

그러나 곧장 '상대주의=회의론'으로부터 반론이 출현한다. 바로 콰인의 「경험주의의 두 가지 도그마」라는 논문이다. 콰인의 주장은 이렇다.

일반적으로 '경험주의'라 불리는 것에는 두 가지 그릇된 도그마가 있다. 첫째, 분석적 진리와 종합적 진리를 명확히 구별할 수 있다는 도그마. 둘째, 유의미한 언명은 모두 직접 경험을 나타내는 논리적 언어로 환원 가능하다는 도그마. 콰인은 이 두 가지 도그마에 대해 반론을 가하는데, 여기서는 첫 번째 도그마에 대한 반론을 보기로 하자.

'분석적 판단'과 '종합적 판단'이라는 개념은 칸트에서 유래한 것으로서, 분석적 진리란 가령 '삼각형은 세 변을 갖는다' 같은 명제를 가리킨다. 이런 명제는 주어 안에 술어의 내용이 포함되어 있기 때문에 명백히 참이라고 할 수 있는 명제다. 종합적 진리는 '카이사르는 브루투스에게 암살당했다' 같은 문장처럼, 사실 자체에 대해 외부로부터의 검증이 필요하다.

콰인은 말한다. '분석적'이라는 개념을 상세히 분석해 들어가면, 암묵적으로 의미의 동의성同義性, 필연성, 분석 가능성 같은 개념들이 전제되어 있고, 게다가 이 개념들은 상호 의존적으로 서로 지지하고 있음이 드러난다. 결국 분석적이라고 하는 개념 자체를 자립적으로 근거 짓는 건 불가능하다. 이리하여 콰인은 카르나프가 말하는 엄밀 규정 가능성을 부정한다.

카르나프와 콰인의 대립은 언어가 사태나 사고를 엄밀하게 표현할 수 있다고 보는 입장과 표현할 수 없다고 보는 입장의 대립이며, 이는 결국 비트겐슈타인의 『논리철학논고』와 『철학적 탐구』의 대립과 같은 것이다. 그리고 이 논의의 대립은 근대 철학에서의 '주관-객관의 일치' 문제와 완전히 동형이며, 이때 일치에 대해 반대하는 학자들은 늘 귀류론을 이용하여 상대주의적으로 '불가능성'을 논증하고자 한다는 점도 이해할 수 있을 터이다.

카르나프의 엄밀 논리주의에 대해 콰인이 가하는 반대 논증 역시 그리스 이래 상대주의자들이 전형적으로 구사해 온 반대론, 즉 자명한 것의 근거를 끝까지 추적해 들어가면 그 근거의 자명성은 애매해진다는 논증을 답습하고 있다. 그러나 더 흥미로운 것은 애시당초 카르나프의 엄밀주의의 논증 자체가 역시나 **귀류론에 의거하고 있다**는 점이다.

귀류론은 상대의 논의를 논리적으로 추궁해 들어가 결국 패러독스에 빠지게 함으로써 상대의 주장이 성립되지 않음을 논증하는 것이다. 카르나프는 말한다. 세상의 많은 철학자들은 물리 현상과 마음의 현상이 질적으로 전혀 다른 현상이라고 주장한다. 그러나 한 인간의 경험적 언명은 그 자신을 빼고는 이해될 수 없는 것일까? 실제로는 누군가의 심리적 경험을 다른 인간도 이해하고 있지 않은가! 이 점은 어떤 언명도 절대적인 개별성 속에 갇혀 있지는 않다는 걸 보여 준다. 그러니 마음의 현상과 물리 현상은 언어적 표현에 있어서 어딘가에 본질적인 공통성을 갖고 있을 터이다.

요컨대 여기서는 마음의 현상과 물리 현상의 절대적 교환 불가능성이라는 상대주의적 주장이 **귀류론적으로** 반증되고, 그럼으로써 자신의 학설이 올바른 것으로 되고 있다.

철학자들은 옛날 옛적부터 귀류론에 의해 자신의 주장이 옳음을 증명하는 논법을 취해 왔다(이런 면은 불교 철학에서 특히 발달하여, 귀류논증파라는 학파까지 있을 정도다). 그러나 귀류론은 아무리 정교하게 논증되더라도, 상대가 주장하는 학설의 정당성을 '상대화'할 수 있을 뿐, 자신의 주장이 옳다는 걸 증명할 수는 없다. 왜 그러한가? 상대주의자는 늘 귀류론에 의해 존재-인식-언어의 '불일치'를 논증하고자 한다. 문제는 '자기 주장의 옳음'을 증명하기 위해서는 자기의 주장과 언어의 일치를 증명해야만 하는데, 자신이 그것을 이미 부정하고 있기 때문이다. 여기에는 원리적인 순환 구조가 있는 것이다.

고유명 논쟁

또 하나 잘 알려진 예는 프레게와 러셀에서 발단한 '고유명' 논의다. 러셀(1872~1970)의 기술 이론에 따르면 '아리스토텔레스라는 고유명의 의미는 아리스토텔레스는 이러이러한 사람이었다'(그리스의 철학자, 알렉산드로스 대왕의 교사, 플라톤의 제자, 『형이상학』의 저자 …) 등의 확정 기술(진위 판정이 가능한 기술)의 '묶음'이라 간주된다.

솔 크립키(1940~)는 『이름과 필연』에서 이를 비판하면서 '가능

세계'라는 독자적인 사고 실험(귀류론의 변형이다)을 통해 확정 기술의 묶음은 엄밀하게는 **확정될 수 없음**을 논증한다. 크립키는 확정 기술 대신, 사물이나 존재의 고유명은 최초의 '명명'과 '지시의 고정성'에 의해서만 규정된다고 주장한다('지시의 인과설'. 사람들로부터 줄곧 그렇게 불려 왔다는 것이 이름의 의미를 규정한다고 보는 학설).

무슨 얘긴가? 러셀은 고유명 '아리스토텔레스'의 의미를 그 인물을 기술하는 **정의들의 집합**으로 규정한다. 이에 반해 크립키는 고유명 '아리스토텔레스'는 '아리스토텔레스'라는 '그 사람 자체'라는 (다른 것과는) 교환 불가능한 사실 자체를 **지시하는 바로 그것**이라고 규정된다. 통상적으로 생각해 보면 크립키 쪽의 사고가 자연스럽고 상식에도 잘 부합한다고 생각되지만, 언어 문제는 상식의 관점에서 접근하면 해결되지 않는다. 존 설이나 로티 등이 크립키에 반론을 제기한다. 애시당초 '지시의 고정성'이라는 개념이 기본적으로 '확정 기술'('이건 아무개다'라는 명제의 옳음)을 암묵적으로 전제하고 있기 때문에, 이 논증 역시 순환적으로 되고 만다는 것이다.

이 고유명 문제는 논리학이 말의 의미를 엄밀하게 규정할 수 있는가, 혹은 언어는 의미를 올바로 표현할 수 있는가, 라는 언어의 수수께끼의 한 상징이며, 그 때문에 현대 언어철학 전체를 빨아들이는 일대 논쟁이 되었다(퍼트넘, 설, 데이비드슨, 데리다 등등). 그러나 어떤 결론도 나오지 않고 결국 비트겐슈타인의 최초 의문으로 되돌아가고 만다.

요컨대 논리학은 이름의 의미조차 정의할 수 없기 때문에, 언어의 '의미'를 엄밀하게 정의하는 일은 아예 불가능한 셈이다.

현대 언어철학의 근본 동기는 논리학을 재건하여 철학적인 보편 인식의 새로운 가능성을 찾아내고자 하는 것이었다. 그러나 그 시도를 계속 밀고 나가면 필연적으로 귀류론적인 상대주의가 우세해진다. 그로 인해 현대 언어 철학은 일치의 불가능성을 각양각색의 방식으로 논증하는, 말하자면 언어의 수수께끼에 대한 장대한 격투장이 된 것이다.

또 한 가지, '결정 불가능성'이라는 언어의 패러독스도 잘 알려져 있다. 1장에서 언급한 '크레타섬의 거짓말쟁이 패러독스'에서는 거짓말쟁이가 "나는 거짓말쟁이다"라고 말했을 경우, 이 언명의 진위는 결정 불가능한 것으로 되어 있다.

현대 사상에서는 이 패러독스가 '자기 언급성' 등의 이름으로 불리며 크게 유행했지만, 이 또한 언어의 의미를 일의적으로 결정할 수 없다고 하는 귀류론의 일례일 뿐이다. 이처럼 일견 어리석어 보이는 패러독스조차 그것을 **논리적으로** 반증하기란 불가능하다.

이와 같은 현대의 언어의 수수께끼들도, 인식의 수수께끼의 해명에 의해 풀린다. 그게 어떻게 가능한가? 다시 한번 말하자면, 이를 위해서는 니체와 후설의 인식 문제 해명의 근본 도식을 이해하지 않으면 안 된다. 그들의 도식은 무엇보다도 우선 '주관-객관의 일치' 구도를 해체한다. 이는 '인식과 언어의 일치'라는 구도, 즉 '현실-인식-언어'의 일치는 과연 있는 것이냐는 물음 자체를 해체한다는 것을 의미한다. 그러면 어떻게 될까?

언어게임과 말의 본질

현대 논리학의 암묵적인 전제는, 만일 언어의 의미를 일의적으로 규정하는 게 가능해지면, '인식과 언어의 일치'는 가능해진다는 것이다. 그러나 니체와 후설의 인식 문제 해명은 '세계 자체'라는 관념을 해체함으로써, '현실 자체의 올바른 인식'이라는 관념을 해체하고, 이어서 '현실-인식-언어'의 일치 가능성을 제거하고, 그 자리에 현실과 인식 사이, 인식과 언어 사이의 '확신-신빙성' 성립의 구조를 놓는다. 이를 언어 문제에 그대로 적용하면, 지금까지 살펴본 언어의 수수께끼는 해명되기에 이른다.

우선 커다란 결론에서부터 시작하자. 언어의 패러독스가 발생하는 것은 언어를 논리학적인 표현으로서, 즉 **리터럴한**literal **의미**의 표현으로서 분석하기 때문이다.

예컨대 "What's the difference?"라는 말은 "다르다는 건 무엇인가?"를 의미할 수도 있고 "아무 차이도 없어"를 의미할 수도 있다. 즉, 리터럴하게는(글자 그대로의 뜻으로는) 결정 불가능하다. '크레타섬의 거짓말쟁이 패러독스'도 마찬가지다. 또한 어떤 사람이 한때 말했던 "하늘이 파래"와 다른 사람이 다른 때 말한 "하늘이 파래"가 완전히 똑같은 의미라고는 장담할 수 없다. 이러한 문제는 논리학적으로는 결코 해결이 되질 않는다.

현상학의 관점은 언어의 본질 구조를 역시나 '확신 성립'의 구조로 포착한다. 그러면 어떻게 되는가? 여기서는 그 근본 도식을 간결히 제시해 보자(현상학적인 언어 본질론을 나는 『언어적 사고로』에

```
① 기투적(企投的) 의미              ② 인식적 의미
  화자의 '뜻'      ……  '언어'  ……   청자나 독자의 '인식'
  적합 신빙                        적합 신빙
```

그림 4-1. 언어게임으로서의 발신어-수신어 관계에서의 신빙, 인식 구조

서 상세히 분석했다). 언어 행위에 기본이 되는 '발신어(말하는 것)
- 수신어(듣는 것, 읽는 것)의 관계'를 '언어게임'으로서 다음과 같
이 제시할 수 있다(그림 4-1).

논리학자들은 화자話者의 뜻과 말의 일치 가능성 그리고 말과 청
자聽者의 인식의 일치 가능성을 논증하고자 한다. 상대주의자들은
반대로 이 일치의 성립이 불가능함을 논증한다. 그러나 양자 모두
일치가 **가능하냐, 가능하지 않냐**를 문제 삼고 있는 것이다. 현상학
의 '확신 조건' 해명은 이 전제를 완전히 뒤집는다.

언어의 신빙 구조를 내성에 의해 통찰하면 다음과 같이 된다.

그림 중 ①에서 화자는 (아직 불명확한 경우도 있지만 어쨌든) 뭔
가를 말하고 싶어 한다(이 뭔가가 곧 '뜻意'이다). 그리고 그것을 말
한다. 여기서 본질적으로 발생하는 일은 자신의 말이 '뜻'을 전하고
있다, 혹은 전하고 있지 못하다, 라는 내적 신빙이다('적합 신빙').

그림 중 ②에서 청자는 말을 수취하고 상대의 뜻은 이러이러한
것 같다고 하는 '적합 신빙'을 역시나 형성한다. 물론 잘못 알아듣
는 경우도 있다(직접 대화를 할 때는 상대방에게 물어보거나 안색
을 살피는 행위 등을 통해 그것을 확인해 볼 수 있다. 하지만 텍스

트에서는 그럴 수가 없다. 확인되지 않는 것이다).

사실 이것이 전부다. 현실의 언어 행위는 본질적으로 이러한 구조를 가지며, 이 구조 안에서 의미를 주고받는 행위가 발생한다.

데리다의 잘 알려진 '작자의 죽음' 이론을 보자. 글말(에크리튀르)의 경우에는 ① 부분이 완전히 소멸되어 있고(작자의 죽음이라 불린다), 따라서 독자는 필연적으로 언어(텍스트)로부터만, 즉 텍스트가 제시하고 있는 언어 기호의 차이들의 그물망으로부터만 의미를 수취한다. 실은 입말(파롤)의 경우에도 마찬가지다. 물론 청자는 자신이 파악한 것이 옳은지 아닌지를 말한 상대방에게 확인해 볼 수도 있지만, 인간은 거짓말도 하기 때문에 절대적으로 옳은지 아닌지는 검증할 수 없다. 따라서 기본적으로 언어 행위에서는 원리적으로 뜻과 말과 인식의 엄밀한 일치는 있을 수 없다고 데리다는 말한다.

그러나 데리다의 주장은 일치의 도식을 전제로 불가능성을 논증한 것이어서, 언어의 **의미의 본체론**에 해당한다. 니체-후설의 관점에서 볼 때 언어 행위에서 발생하는 것은 이미 보았던 신빙 구조다.

가령 어떤 건물의 문 옆에 '도쿄인학(東京人學)'이라는 입간판이 있으면 대부분 사람들은 본래는 '도쿄대학(東京大學)'인데 무슨 일이 생겨서 저리 되고 말았을 거라 인식(신빙)한다(가령, '글자가 일부 떨어져 나갔나 보네!'). 설령 작자가 누군지 모르는 경우에도 우리는 말이 있다고 인식하면, 누군가가 뭔가를 **말하려 한다**고 판단하고, 그 말에서 뜻을 **신빙-인식**한다. 요컨대 화자의 뜻 쪽으로 향하는 신빙 지향이 없는 '언어게임'은 존재하지 않는다. 이 점이 첫 번째 결론이다.

두 번째 결론은 언어라는 것의 본질이 밝혀지는 것과 관련된다. 가령 누군가가 "오늘은 하늘이 정말 푸르구나"라고 한다. 이 말은 분절된 음성 기호다. 단어 하나하나, 즉 '오늘', '하늘', '정말', '푸르다'는 저마다의 '일반 의미'(사전적 의미)를 갖고 있다. 그러나 화자의 뜻은 그런 일반 의미들을 이어 붙인 것과 동일하지 않다.

친구가 그렇게 말하는 걸 들은 어떤 청자는 "아~ 얘가 실연을 당해서 '하늘의 푸르름이 허무하게 마음에 사무치네'라고 말하고 싶은가 보네"라고 신빙-인식한다. 이 신빙은 착오인 경우도 있지만, 컨텍스트 속에서 문제 없이 확신으로서 지속한다. 한쪽은 자신의 뜻이 수취되었다고 느끼고, 다른 쪽은 상대의 뜻을 수취했다고 느낀다. 이러한 상호적 적합 신빙에 의해 간주관적인 뜻의 신빙이 성립한다.

여기서 화자와 청자는 말을 매개 삼아 상대방에게 수취되기 바라는 뜻 혹은 자신이 수취하고 싶은 뜻을 주고받고 있다. 언어게임에서 발생하는 이 의미를 '일반 의미'와 구별해서 '기투적 의미'라 부르기로 하자(여기서 기투企投는 '**내던짐/던져버림**'이라는 의미다). 요컨대 언어게임에서 성립하는 것은 일반 의미를 **매개로 한** 기투적 의미의 산주관적인 신빙-인식이다. 여기에 제시되어 있는 것이 바로 언어게임으로서 언어가 갖는 본질 구조다.

의미의 수수께끼

이 도식에 의해 현대 사상이 헤어 나오지 못하고 있는 '의미의 수수께끼'라는 아포리아도 즉각 해결된다. 우선 고유명('아리스토텔레스') 논의부터 살펴보자.

러셀에 따르면 고유명 '아리스토텔레스'는 이 인물과 관련하여 진위 판정이 가능한 모든 술어들의 묶음으로서 확정된다. 러셀의 학설이 의미하는 바는 마치 '사과'라는 말이 장미과에 속하는 과일, 형상, 색, 여러 종류가 있음, 영양소 등을 **포함하고 있는** 것처럼 고유명 '아리스토텔레스'라는 말은 이 인물을 표시하는 모든 일반 의미를 **포함하고 있다**는 것이다.

이에 대한 크립키의 반론은 다음과 같다. 가령 누군가가 "저 집에는 '아리스토텔레스'가 살고 있다"고 할 때, 청자는 '아리스토텔레스'라는 말을 그 이름이 제시할 수 있는 '일반 의미'의 **집합**으로서가 아니라 '아리스토텔레스'라는 이름의 특정 인물을 **지시하는 것**으로서 인식하고 있을 것이다.

크립키는 말의 **기투적인 의미**를 시사하고 있는 점에서는 옳다. 하지만 '지시의 고정성' 이론은 지금 본 것과 같은 **언어의 본질**을 포착하고 있는 게 아니다. '아리스토텔레스'라는 말은 실제 언어게임에서는 그때 그때의 관계적 컨텍스트에 따라 어떤 경우에는 '그리스의 철학자'로, 또 다른 때는 '아리스토텔레스 광팬'을 지칭하는 것으로, 또 '이름이 같은 일반인'으로, 그리고 기타 다양한 개념적 의미로 신빙-인식된다. 요컨대 고유명은 특정한 누군가를 지시하는 일도 있지만, 그 개념을 의미하고 있는 경우도 있다. 그리고 그 중 어느 쪽인지는 그때그때의 관계 맥락에서만 결정될 수 있는 것이다.

비트겐슈타인은 "말의 의미는 그 '사용'이다"라고 했는데, 이 말은 언어게임 속에서 언어의 의미는 다양한 '신빙'의 구조를 가질 수 있다는 의미로 수취되지 않으면 안 된다. 한데 비트겐슈타인의 이 시사를 본질적인 방식에서 이해하고 있는 언어철학자는 내가 아는 한 찾아볼 수 없다. 인식 문제의 해명이라는 발상이 존재하지 않기 때문이다.

현실의 언어 행위(언어게임)에서 화자는 언어의 '일반 의미'를 이용하여, 자신의 뜻을 전해 주고자 하며, 청자는 이 '일반 의미'로부터 상대의 뜻, 즉 '기투적企投的 의미'를 인식하고자 한다. 언어를 '일반 의미'(글자 그대로의 의미)로서 분석하는 한, 언어의 본질은 포착되지 않는다(『언어적 사고로』에서 나는 이처럼 리터럴하게 해석된 언어를 '일반 언어 표상'이라 명명했다).

'크레타섬의 거짓말쟁이' 패러독스도 마찬가지다. "'나는 거짓말쟁이다'라고 거짓말쟁이가 말했다"는 이 말을 글자 뜻 그대로, 즉 일반 의미로 취하는 한, 이 말이 거짓말이라고도 또 참말이라고도 결정짓는 건 불가능하다. 하지만 잘 생삭해 보자. 실제 언어 행위에서 우리는 누군가의 말을 **글자 뜻 그대로** 이해하는 경우가 결코 없다. 사람이 실제로 이러한 장면에 처했다 해도, 이 크레타섬 사람의 말을 이해 불가능하다고 여길 사람은 없다. "이 사람은 뭔가 마음에 들지 않는 일이 있어서 자신의 섬 사람들을 나쁘게 말하고 싶은 것임에 틀림 없어"라든가, 아니면 다른 이러저러한 컨텍스트에 부합하도록 자기 나름대로 이 말을 인식한다.

즉, 현실의 언어 행위에서 사고와 언어의 관계는, 일치 관계(이것은 의미의 본체론이다)가 아니라, 본질적으로 '신빙-인식' 관계인 것이다.

동일성의 수수께끼

현대 분석철학에서 언어의 수수께끼는 의미의 수수께끼와 함께 동일성의 수수께끼에 대한 엄청난 대논쟁들을 산출했다. 인간은 누구라도 어린이→청년→성인→노인으로 육체와 정신이 모두 변화되어 가는데, 이 경우 인간의 동일성의 근거는 무엇에서 찾으면 좋겠는가, 라는 질문을 받으면 간단히 답을 할 수가 없다. 요컨대 현대 철학에서는 의미의 동일성 문제와 함께 사물, 사태의 동일성 또한 하나의 수수께끼가 된다.

가령 비트겐슈타인은 "'사물은 그 자신과 동일하다'라는 명제는 '아름답지'만, 그러나 이토록 '무용한' 명제는 어디에도 없다."(『철학적 탐구』) 혹은 "누군가가 '빨강이야'라고 말할 때, 이 '빨강'은 다른 인간의 '빨강'과 동일한가, 아니면 그 인간만의 '빨강'인가?"(『철학적 탐구』)라고 말한다.

혹은 1장에서 다양하게 언급했던 동일성의 수수께끼들도 있다. 존 설이 해명하려 시도했던, 원래의 소재들이 모두 바뀌어 버린 '테세우스의 배'의 수수께끼. 데이비드슨이 고안한 것, 즉 번개로 사망한 사내와, 그와 교체되는 방식으로 생성된 스웜프맨은 동일 인물인가 하는 수수께끼. 차머스가 고안한 좀비의 수수께끼 등등. 철학적으로 산출된 이 논의들뿐만 아니라 어린이가 성장하여 성인이 되었을 때 양자는 동일 인물이라 할 수 있느냐 하는 문제도 있다.

현대 철학의 논의는 이러한 패러독스를 제시할 뿐 하등 결정적인 답을 제공하지 않는다. 이들 동일성의 수수께끼에 대해서는 니체의 '힘 상관성' 개념만이 올바른 이해를 제공한다. 요컨대 주체의 관점의 상관성만이 동일성을 결정짓는 것이다.

테세우스의 배는 **소유자가 누구냐,** 라는 관점에서 보면 동일하지만, **물리적 소재**의 관점에서 보자면 동일하지 않다. 스웜프맨이나 철학 좀비의 동일성은 인격이나 인간으로서의 동일성을 전제하고 있지만, 그런지 안 그런지를 결정하는 것은 오직 그와 마주하고 있는 타자의 '신빙'(확실히 같은 사람이구만!)뿐이다. '어린이-늙은이'의 동일성은 **외적**으로는 타자의 승인이라고 할 수밖에 없지만, **내적**으로는 당사자의 기억의 지속성이 최종 근거다. 전체적으로 볼 때 동일성의 수수께끼는 동일성이라는 것을 본체로 상정하고 사유하기 때문에 출현한다. 니체적으로 말하자면 동일성 자체라는 것은 존재하지 않는다. 그것은 의미 자체, 가치 자체가 존재하지 않는 것과 마찬가지다.

현대 사상의 배리(背理)

자크 데리다, 미셸 푸코, 질 들뢰즈로 대표되는 현대 포스트모던 사상은 철학이라기보다 포스트 마르크스주의로서의 사회 비판 사상이며, 그 **反철학**의 중심 취지를 고려하여 포스트모던 철학이라고는 불리지 않는다.

포스트모던 사상에는 커다란 공적이 있다. 마르크스주의의 중심 이론과 그 권위가 붕괴된 후, 현대 국가와 자본주의의 다양한 모순에 대해 비판하는 역할을 거의 유일하게 떠맡았던 것이다. 그러나 그 이론의 근본축은 철학적 상대주의이고 그렇기 때문에 이 무기에 의해 모든 권력과 지배 시스템을 비판했을 뿐, 기존 시스템을 대신할 어떤 구체적인 사회 구상도 제시할 수 없었다. 포스트모던적 상대주의를 방법적 후원자로 삼은 '사회 구성주의'도 마찬가지다.

본래부터 포스트모던 사상이 철학적 인식 문제에 관심을 가졌던 것은 아니었다. 다만, 반형이상학과 반독단론(반헤겔-반마르크스주의)의 입장에 서서, 엄밀하고 보편적인 인식 따위는 존재할 수 없다고 하는 상대주의 테제를 주장했던 것이다. 이 경향의 대표자 격인 데리다의 '탈구축' 개념은 바로 현대의 고르기아스 테제라 불릴 만하다.

데리다의 후설 비판

데리다는 후설 현상학에 대한 비판서인『목소리와 현상』을 썼고, 푸코는 마찬가지로 근대 철학의 전체 틀에 대한 상대주의적 비판서인『말과 사물』을 썼다(반면, 들뢰즈의 대표작『차이와 반복』은 세계의 근본 존재에 대해 논한, 검증 불가능한 **형이상학적** 철학이다).

데리다의 후설 비판서인『목소리와 현상』은 현상학을 가리켜, 인식에 엄밀한 토대를 부여하고자 한 시도라고, 즉 '형이상학을 향한 야망'이라고 비판한다.『목소리와 현상』을 읽는 사람은 우선 그 난해함에 당혹스러울 것이다. 그러나 그 내실은 결국 고르기아스 테제와 관련된 것으로, 특히 '인식과 언어의 일치' 불가능성을 논증한 것이다. 데리다가 논증을 복잡하게, 게다가 내실을 드러내지 않는 화법으로 전개했지만 논의의 요점은 극히 심플한 것으로 다음과 같이 정리할 수 있다.

(1) 데리다에 따르면 엄밀 인식에 근거를 부여하는 후설 이론은 '사고와 음성'의 일치에 대한 근거를 부여하는 것을 그 토대로 삼는다. 그리고 그 근본 테제는 '의미'의 본질이 '순수한 자기=촉발'로

서 '자신이 말하는 것을-들음'에 있다고 한다(데리다는 후설의 『논리학 연구』나 『내적 시간의식의 현상학』을 대상으로 논의를 전개하며, 『이념들』에 대한 언급은 없다).

(2) 후설은 '목소리와 현상'의 일치를 시간에서의 절대적인 '지금'(하나의 '점으로서의 지금')의 확정에 의해 보증해 내려 한다. 그러나 데리다에 따르면 절대적인 '지금'은 존재하지 않는다는 것을 논증할 수 있다(데리다의 이 논증은 제논의 시간 궤변론과 거의 동일하다).

(3) 사고와 목소리가 일치한다는 근거는 증명 불가능하고, 그런 까닭에 엄밀한 인식에 토대를 부여하기란 불가능하다.

이 책에서 지금까지 논의해 온 내용에 비춰 봐도 분명히 알 수 있듯이, 데리다의 비판은 이중의 오류를 범하고 있다.

첫째, 후설의 목표는 엄밀한 인식에 토대를 부여하려는 것이었다. 따라서 존재와 인식의 일치를 논증하고 있다고 보는 데리다의 전제부터가 우선 오류다. 우리가 보아 온 바와 같이, 후설의 인식의 수수께끼 해명은 일치의 증명이 아니라 대상의 존재 확신 구조를 해명하는 것이었다. 데리다는 이 점을 전혀 이해하지 못하고 있다(이 오해는 포스트모던 사상뿐만 아니라 언어철학에서도 두루 찾아볼 수 있는 문제점이다). 후설을 자력으로 해독하지 않고, 일반 통설에 따라 이해하고 있는 것이다.

둘째, '절대적 지금'은 존재하지 않는다고 하는 데리다의 비판은, (베르그송이 지적한 바 있는) '시간을 끈처럼 표상하는' 통속적 시간 표상에 의거하고 있다. 말하자면 시간이라는 끈을 지금이라는 시점에서 싹둑 자르면, 시간은 과거와 미래로 나누어지고 '지금'은 어디에도 없게 된다고 말하는 것에 불과하기 때문이다.

후설의 시간론은 대상 지각의 확신 구조에 대한 구도(그림 3-2)에서 보았듯이, 어디까지나 의식 내에서 '지금' 확신이 어떠한 조건하에서 구성되는지에 대한 통찰이지, **일치**를 논증하려는 게 전혀 아니다. 후설의 시간론에 대해서, 그리고 그에 대한 데리다의 비판에 오류가 있다는 점에 대해서 나는 『현상학 입문』이나 『욕망론』, 『언어적 사고로』 등에서 상세히 논한 바 있는데, 데리다를 옹호하는 반론은 아직 어디에도 보이지 않는다.

동일성 사유에 대한 비판

푸코(1926~1984)의 『말과 사물』은 어떤가? 푸코는 말한다. 근대 철학에서 인식의 수수께끼는 근대 이후 '인간'이라는 존재가 처음 인식 대상으로 등장하게 됨으로써 발생했다. 근대의 학문(앞의 영위)은 근대 이후 '생명', '노동', '언어', '무의식'이라는 영역들, 즉 인간을 대상으로 하는 인식 영역들을 개척했다. 그것은 어디까지나 인간을, 어떤 확정되어야 할 동일성으로 인식하고자 하는 시도였다. 그러나 이 시도에는 본질적인 불가능성이 들어 있었고, 이 불가능성이야말로 근대의 인식 문제를 부상시켰다.

근대의 사유는 결코 완성되지 않을 '차이(Différence)'의 형성 쪽으로가 아니라, 늘 완수되어야만 할 '동일자'를 해명하는 쪽으로 나아가는 사유이기 때문이다. 그런데 이러한 해명은 … 후퇴'와' 회귀, 사유'와' 사유되지 않는 것, 경험적인 것'과' 선험적인 것, 실정성(positivité, 實定性) 영역에 속하는 것'과' 그 토대를 이루는 것의 영역에 속하는 것 등에서, 그 '와[과]' 속에 있는 미미하지만 극복 불가능한 저 편차, 그러한 것 없이는 행해질 수 없을 것이다.(미셸 푸코, 『말과 사물』, 민음사, p.465)

푸코에 의하면 근대 이후의 사유는 지적인 분야에서 4대 주제를 떠오르게 했다. 시간순으로 나열해 보자면 다음과 같다.

(1) 실정적 영역(=실증주의적 영역)과 유한성에 대한 사유

(2) 경험적인 것과 선험적인 것에 대한 사유

(3) 코기토와 사유되지 않는 것에 대한 사유

(4) 기원의 후퇴와 회귀에 대한 사유

여기서 푸코가 염두에 두고 있는 것은 (1) 콩트에서 마르크스주의에 이르기까지의 실증주의적 학문, (2) 칸트의 선험적(초월론적) 철학과 후설 현상학, (3) 프로이트 이후의 심층 심리학, (4) 하이데거의 존재론이다.

『말과 사물』이 근대의 학문 전체에 대해 가히 장대한 조감도를 펼쳐보였음에 분명하지만, 푸코가 주장하는 바의 요점 역시 지금까지와 동일하다. 즉, 방금 거론된 여러 학문적 영역들이 한결같이 엄밀한 보편 인식을 지향했지만, 이 시도는 원리적으로 불가능하다고 하는 것이다. 요컨대 마르크스주의의 '절대적으로 옳은 세계관', 현상학의 '엄밀한 인식의 토대 확보', 프로이트의 심층 심리 파악, 하

이데거의 '존재'의 근원적 근거(존재의 진리) 등 절대적 인식을 탐구한 이 시도들은 모두 좌절할 운명에 있었다는 얘기다.

불가능성에 대한 푸코의 논의는 화려하기 그지없다. 우선, 가장 근원적인 것으로 거슬러 올라갈 수 없음(=소행溯行 불가능성), 그리고 '경험적인 것'과 '초월론적인 것' 사이를 연결짓는 다리를 놓을 수 없음(=가교架橋 불가능성). 또한 '보는 자'(메타 레벨)와 '보여지는 것'(오브젝트 레벨)의 인식론적 차이. 이러한 개념 설정들은 자못 현대적이지만, 그러나 논의의 핵심을 자세히 살펴보면 역시나 '존재'와 '인식'의 일치 불가능성, '인식'과 '언어'의 일치 불가능성을 새롭게 디자인하여 바꿔 말한 것일 뿐이다.

마지막으로 푸코는 근대 학문이 인간을 인식하려 했던 시도는 '동일성의 사고'이며, 그것은 근대라는 '권력적' 시스템의 암묵적인 의지라는 결론을 덧붙인다. 그러나 여기에도 또 커다란 전도가 있다. 근대 사회가 인간에 대한 거대한 지배와 선별, 배제의 시스템이라는 푸코의 '표상image'은 부분적으로는 옳지만, 역사적 관점에서 보자면 완전히 그릇된 표상이다.

왜냐하면 근대 이전의 세계에는 강대한 절대 지배 시스템만이 있었고, 자유와 인권은 어디에도 존재하지 않았기 때문이다. 근대 철학이 창출해 낸 근대 사회 구상만이 인간적 자유의 여지를 서서히 확대시켜왔다. 문제는 오히려 근대 사상 쪽이 아니라, 인식 문제를 해명하지 못하고 그로 인해 현대 자본주의의 모순을 극복하기 위한 보편적 사회 사상을 구상할 수 없는 현대 사상 쪽에 있다.

시간의 수수께끼

앞서도 말했지만 아우구스티누스의 시간의 수수께끼 문제는 다음과 같은 것이었다. 우리는 왜 '지금' 존재하지 않는 '미래'나 '과거'를 '있다'고 말하는가, 또 지나가 버리는 소리를 포착할 수 없음에도 어떻게 일정한 길이를 가진 음악을 체험할 수 있는가? 이 물음들 또한 인식의 수수께끼에 관련된다.

근대 철학에서 시간의 수수께끼를 풀려고 시도한 사람 중 일인자는 앙리 베르그송(1859~1941)이다. 그는 시간의 수수께끼란 우리가 시간을 공간적으로(비유하자면 하나의 끈처럼) 표상하는 데서 비롯된다고 한다. 그래서 그는 이 패러독스를 해결하기 위해 '순수지속'이라는 독자적 개념을 설정한다. 데리다의 비판론을 다룰 때도 언급했지만, 시간을 하나의 끈처럼 표상해서는 안 되며, 오히려 어떤 흐름의 지속(예컨대 강의 흐름 같은 어떤 것)으로서 이미지화하라는 것이다.

이는 탁월한 아이디어라고 할 수 있지만, 그러나 어디까지나 이미지 수준의 해결이라 하지 않을 수 없다. 베르그송이 시간과 공간이라는 존재의 특질이 어떻게 다른지를 멋들어지게 지적한 것은 사실이다. 하지만 시간의 수수께끼의 본질은 인간의 시간성이 실존적인 시간성과 객관적인 시간성으로 이중적이라는 데 있다(이 이중성에 대해서는 뒤에서 이야기하겠다). 베르그송이 이미지 수준의 해법에 그쳤던 것은 그가 시간의 이러한 이중성을 명확히 이해하는 데까지 이르지는 못했기 때문이다.

시간에 대한 베르그송의 고찰을 더 밀고 나간 것은 하이데거다. 하이데거는 비록 시간의 수수께끼를 아포리아라 보고 그걸 해명하고자 했던 건 아니었지만, 그가 『존재와 시간』에서 수행한 작업, 즉 실존론적 관점에서 '시간'의 본질에 대해 고찰한 것은 지극히 빼어난 것이었다.

하이데거에 의하면 통상적으로 우리는 시간을 공간과 함께 객관적인 존재라 간주하고 있지만, 사실 시간은 인간의 '실존'이라는 있음[존재]의 방식에 고유한 것으로, 인간과 동물만이 시간 속을 살아간다. 이로부터 하이데거는 실존적 시간과 객관적 시간을 본질에 있어 상이한 것으로 제시한다. 시간의 본질에 육박하기 위해서는 이 사유가 결정적으로 중요한 것이다.

이는 마치 말의 '의미'의 본질이 리터럴한[문자 그대로의] 분석을 통해서는 포착되지 않고, 인간의 기투적 행위라는 관점에서 보았을 때에야 비로소 포착되는 것과 흡사하다. 하이데거 시간론의 핵심은 시간을 실존론의 관점에서 보았다는 점에서 극히 독창적인 것이다. 다만 그는 인식 문제의 해명이라는 것에는 흥미가 없었고, 그 때문에 시간의 수수께끼의 본질이 인식의 수수께끼나 존재의 수수께끼를 해명하는 일과 연계되는 것임을 자각적으로 제시하지는 않았다.

그렇다면 인식의 수수께끼의 해명이라는 관점에서 보았을 때, 시간의 수수께끼는 어떻게 풀리는 걸까?

시간의 수수께끼는 여러 가지 형태로 변주되어 왔지만, 근본적으로는 "시간이 존재한다"라고 할 때와 "사물/사태/상황이 존재한다"라고 할 때, 그 "존재한다"는 말의 내실은 본질적으로 상이하다. 한데 우리는 이 존재 본질의 차이를 충분히 자각하지 못하기 때문에 시간의 수수께끼가 출현하게 되는 것이다(과거나 미래는 지금 존재하지 않는데도, 지금 우리는 과거나 미래가 **있다**고 말한다).

단적으로 말하면, 시간은 다양한 사물이나 사태들의 존재를 **가능케 하는 뭔가**(존재)이지, 사물적 **존재**는 아니다. 결국 사물의 존재와 시간의 존재는 그 범주가 다르다. 시간을 끈처럼 포착하는 통속적인 시간 표상도, 실은 질이 다른 두 가지(그중 하나가 시간이다)를 혼동하고 있는 것이다.

그럼, 시간이라는 존재의 본질은 어떻게 말해야 좋은 것일까? 이미 우리는 니체의 '생성으로서의 세계'라는 개념을 본 적이 있다. 요컨대 생물들이 주체로 살아가는 세계야말로 다양한 존재자들(사물, 사태)을 **가능케 하는 무엇**이다. 생성의 세계는 생물이 의식을 가지고 끊임없이 세계와 대상을 분절하고 있는 **자기장磁氣場**인 것이다. 그 끊임없는 세계의 생성이야말로 시간성이라는 것의 본질이다(실존적 시간).

이를 달리 표현하자면, 무릇 일체의 존재자들은 다만 실존적 시간 속에서만 가능해진다고 할 수 있겠다. 이렇듯 존재자의 **존재**와 시간의 **존재**는 전혀 다른 것이며, 후자는 전자의 **가능성의 조건**인 것이다.

가령 제논이나 데리다가 그러했듯이, '지금'을 **객체적인** 존재로 포착하고 그것을 특정하고자 하면, 중간이 툭! 끊어진 끈처럼 절대적인 '지금'은 존재하지 않는 것이 되어 버린다. 그러나 객체적 무엇으로서가 아니라 실존적인 자기장으로서 본다면, 절대적인 '지금'이란 지속하는 실존적 의식의 흐름 자체이고, 이 지속 속에서 다른 사물들과 함께 '과거'도, '미래'도 존재할 수 있게 된다.

하이데거, 존재의 수수께끼에 도전하다

현대 철학에서 존재의 수수께끼를 풀고자 하는 존재론 철학을 내건 사람은 다름 아닌 하이데거였다. 그는 『존재와 시간』에서 자기 철학이 처음으로 "세계는 어떻게 존재하는가"가 아니라 "기본적으로 존재란 무엇인가?"라고 묻겠노라 선언했다. 말하자면 '존재의 진리'를 궁극적으로 밝혀내겠다는 선언이다. 하지만 그의 이야기는 그리 간단하지만은 않았다.

이미 언급했듯이 하이데거는 자신의 존재론 철학의 근본 방법을 현상학이라고 말하면서도, 후설의 근본 방법으로부터 이반하여 '존재의 진리'를 묻는 독자적인 길을 열고자 했다. 하이데거가 말하는 존재의 진리란 한마디로 말하자면 존재하는 일체의 것 모두(존재자들)의 있음[존재]을 **가능하게 하고 있는 것**, 즉 '모든 존재자들의 근원적인 존재 근거'가 무엇이냐고 묻는 걸 의미한다. 그러나 이 존재의 진리 물음을 대체 어떤 방법으로 수행할 수 있느냐고 하면, 하이데거의 방법은 극도로 애매하다.

유럽 철학의 역사를 볼 때 모든 존재자들의 **근원적인 존재 근거**를 묻는다는 시도(존재론 철학)가 전혀 없었던 것은 물론 아니다. 가령 아리스토텔레스는 모든 존재의 근원적 원인(목적인)으로서 '부동不動의 동자動者', 즉 신을 상정했고, 헤겔의 경우에는 '세계 자체'가

운동하는 정신이라는 본질을 가진 실체적 존재, 즉 '절대자'가 되었다. 물론 하이데거의 경우, 유럽적인 '신' 개념을 끌고 들어오지는 않지만, 논의는 심한 우여곡절을 거치게 된다.

그는 말한다. 존재론 철학의 최종 목적은 '존재의 진리'를 움켜쥐는 것이다. 그러나 그러려면 우선 인간의 '존재의 의미'를 포착하지 않으면 안 된다. 인간만이 '존재란 무엇인가'를 물을 수 있는 존재이기 때문이다. 요컨대 존재론 철학은 첫째로 인간 존재(실존)의 본질을 파악하고, 둘째로 이를 토대로 존재의 진리에 다가가는 2단계 여정을 밟아 가야만 한다.

『존재와 시간』은 책의 내용 대부분이 첫 번째 단계인 인간 존재의 본질에 대한 물음, 즉 실존론 철학의 토대 마련에 해당하지만* 여기서 하이데거가 보여 주는 통찰은 독창적이면서도 철학적 원리에 충만해 있다. 우선 그는 인간의 '실존'의 본질을, 현상학적인 '본질 관취觀取'의 방법을 구사하여 물어 나아간다. 인간의 실존은 여기서 ① 심정성,** ② 인식, ③ 말하기라는 세 가지 본질적 계기에 있어 포착된다.

우선, 단순한 사물과 생물(동물)의 **존재 방식**의 가장 큰 차이는 생물이 욕망이나 감정이라는 '기분' 속을 살아간다는 점에 있다(이것이 심정성이라 불리는 것이다). 그런데 생물 중에서도 동물과 인간

---

* 이는 『존재와 시간』이 실질적으로 미완에 그친 까닭에, 본래 설정했던 목표에까지 충분히 나아가지 못했기 때문이다. - 옮긴이

** Befindlichkeit, 현존재가 기분이라는 '심정적 상황'으로 있다는 것. 현재 어떤 '기분'이라는 것을 존재론적으로 규정한 것. 정상성情狀性, 처해 있음 등으로도 번역된다. - 옮긴이

사이에는 큰 차이가 있다. 즉, 인간은 자신의 존재의 양상을 끊임없이 자각적으로 인식하고, 자기의 존재에 대해 마음 쓰면서(자기의 존재를 배려하면서) 살아가는 존재인 것이다(인식). 나아가 인간은 말에 의해 늘 자신을 인식하면서 그 인식을 타인들과 교환하며 살아간다(말하기).

하이데거의 인간 존재 철학은 근대 철학사에서도 헤겔의 인간 철학 이래의 큰 성취라 할 수 있다. 하이데거는 물론 자신의 인간 분석을 '본질 관취'라 부르지 않고 '현존재 분석'이라 불렀다. 그럼에도 불구하고 형이상학적 가설에 의거하지 않고 본질적인 내성을 통해 인간의 '실존'의 본질을 끄집어내는 방법은 현상학의 '본질 관취' 방법과 완전히 포개어진다. 다만 『존재와 시간』은 이러한 인간 존재의 본질에 대한 통찰에서 미완에 그치고, 그 후 하이데거는 '인간 존재의 본질'이 아니라 '존재의 진리' 탐구로 나아간다(이것이 소위 하이데거의 '전회轉回, Kehre'라 불리는 것이다).

후기 하이데거가 '존재' 물음을, "도대체 왜 존재자가 있고, 무無가 있지 않은 것인가?"(『형이상학 입문』)라는 물음으로 변환하고, 이를 철학에서 가장 근원적인 물음이라 주장한 것은 잘 알려진 사실이다. 한데 이러한 하이데거 존재론의 여정은 철학적으로 커다란 문제를 떠안게 된다.

'전회' 이후 하이데거가 수행한 존재의 진리 탐구는 누구에게도 이해 불가능하고 심원하며, 난해한 비교적祕敎的 텍스트가 되어 버리고, 후기 하이데거 철학에 대한 적절한 해설도 거의 찾아볼 수 없는 상태다. 존재의 진리에 대한 수수께끼 같은 예언적 텍스트만이 끝도 없이 쌓여 가기 때문이다.

내 생각을 말하자면 '인간 존재의 본질 통찰'로부터 '존재의 진리 탐구'로 향한다고 하는 비전 중, 전자에서는 대단히 커다란 성과를 올렸지만, 후자의 주제에 대해서는 하이데거가 거기로 다가가기 위한 근본 방법을 찾아낼 수 없었다. 그렇게 된 이유도 한마디로 말할 수 있다. 존재의 수수께끼에 도달하기 위해서는 인식의 수수께끼가 반드시 해명되어야만 하는데, 하이데거는 이 모티프를 후설로부터 수취하지 않았다. 그 때문에 하이데거조차 '누구도 존재를 논증할 수 없다'고 하는 고르기아스의 난문을 극복하지 못하게 되고, 그 결과 '존재'의 탐구 시도는 '본체로서의 존재 탐구'가 되어 버렸기 때문이다.

하이데거의 존재 사상은 하이데거 자신이 시사하고 있듯이, 그리스 철학에서의 존재의 수수께끼 탐구, 즉 아낙시만드로스나 헤라클레이토스, 파르메니데스, 아리스토텔레스 등이 수행한 탐구의 현대 버전이다. 한데 후기 하이데거의 텍스트에는 모든 존재의 궁극적 근거에 어떠한 방법으로 접근할 수 있는가에 대한 방법론이 어디에도 쓰여 있지 않다.

여기서 '존재'는 '말할 수 없는 것', 인식이나 언어화도 불가능한 것으로 간주되고, 이제 사람들은 다만 '존재'의 음성을 듣고 따를 수 있을 뿐이다. 결국 후기 하이데거의 존재 사상은 '존재'의 신비 사상(형이상학)*이 되어 있는 것이다.

----

* '존재'의 신비 사상(형이상학): 하이데거의 존재 사상에는 '존재'를 선으로, '무(無)'를 악으로 보는 중세 기독교 사상과의 공명(共鳴)이 확실히 인지된다. 아타나시오

철학에서 '존재의 수수께끼'는 미해결인 채, 하이데거를 거치고도 살아남았다. 나아가 이 사태는 포스트모던 사상 이후의 뉴 에이지 철학인 '신新실재론'에까지 그대로 인계되고 있다.

신(新)실재론 ① 메이야수의 논박

현대 철학은 근년에 존재의 수수께끼와 관련된 새로운 철학을 낳았다. 바로 유럽 철학의 최신 조류인 '신실재론' 철학(사변적 실재론이나 새로운 실재론 등이라고도 불리는데, 이 책에서는 이들을 총칭해 신실재론이라 부르겠다)인데, 캉탱 메이야수, 마르쿠스 가브리엘, 그레이엄 하먼, 레이 브라시에, 이언 해밀턴 그랜트 같은 신세대 철학자들이 주도하고 있다.

이 새로운 철학 조류가 흥미로운 것은 현대 철학의 상대주의가 모든 인식을 상대주의적인 것이라 간주한 이래로, 다시 한번 새롭게 '세계'의 존재 자체를 어떻게 사고하면 좋을까를 둘러싸고 벌어지는 새로운 사변적 격투를 볼 수 있기 때문이다. 여기서 존재의 수수께끼는 과연 어떠한 형태를 취하고 있을까?

우선 메이야수(1967~)의 주장을 보자. 신실재론파는 기본적으

스가 「말(로고스)의 수육(受肉)」에서 쓰고 있는 다음과 같은 대목을 보라.

"실로 존재하지 않는 일[=무(無)]은 악이고, 존재하는 일은 선이다. [존재하는 자는] 존재하시는 분인 신에 의해 이루어진 자이기 때문이다. … 실제로 인간은 본성상 죽을 수밖에 없는 존재다. 존재하지 않는 것들을 [재료로] 구성되었기 때문이다."(上智大學中世思想硏究所 (飜譯), 『中世思想原典集成 精選 1 ギリシア教父 ビザンティン 思想』, 平凡社, 2018, p.257)

로 반'상대주의=회의론'의 입장에 선다는 공통점이 있다. 다만 메이야수는 '상대주의'가 아니라 '상관주의'라는 말을 쓴다. 이 책에서 논의해 온 상대주의와 거의 같지만, 우리의 맥락에서는 상대주의와 상관주의는 다른 의미를 갖기 때문에, 혼란을 피하기 위해 무엇이 다른지 분명히 해두어야겠다.

칸트, 니체, 후설, 하이데거의 경우는 인식론상의 상관주의다. 즉, 감성-지성 상관성, 힘 상관성, 의식 상관성, 마음 씀(=배려, Besorgen) 상관성이다. 각각에 있어 세계는 인식 장치, 욕망(힘), 의식, 마음 씀에 **상응하여** 분절적으로 나타난다. 그리고 중요한 것은 이 상관성들이 하나같이 **보편 인식을 위한 방법**으로 수립된 상관주의여서, 고르기아스 테제로 상징되는 (보편 인식의 불가능성을 주장하는) 상대주의와는 본질적으로 대립한다는 점이다.

그러나 메이야수의 경우에는 이 구별이 명확하질 않다. 그래서 우리는 이 말을 구별해서 사용할 것인데, 메이야수를 인용할 경우에는 따옴표를 쳐 '상관주의'라고 표기하겠다.

메이야수의 주저로 간주되는 『유한성 이후』는 유럽 철학에 오래도록 이어져 온 철학적 상대주의에 대한 반박이 중심 동기다. 메이야수는 말한다. 유럽 철학에서는 상대주의가 칸트의 '물 자체' 개념에서 비롯하여 관념론 철학의 토대를 이루고, 니체를 경유하여 현대 철학(포스트모던 사상이나 하이데거)에까지 이어지고 있다. 한데 철학에서 상대주의의 만연은 보편 인식의 가능성을 부인하고, 그럼으로써 결국 '임의의 신앙주의'에까지 다다르고 만다.

그의 주장을 가장 잘 제시하는 것은 '임의의 신앙주의'라는 키워드다. 철학에서 '상관주의'는 일찍이 기독교적 형이상학에 맞서는 대항 사상으로서 강한 힘을 발휘했는데, 그것이 현재에 와서는 역설적인 방식으로 '임의의 신앙주의'라고 할 그런 것이 되었다. '상관주의'는 사태의 절대적인 근거라는 것을 부인함으로써, 모든 주의나 주장의 근거를 등가물로 만들어 버리기 때문이다.

이렇듯 사유가 종교적으로 되는 것 - 그런데 이는 역설적이게도 근본적으로 회의론적인 논의에 의해 초래되는 것이다 - 을 우리는 이성의 종교화(enreligement)라 부르고자 한다. … 오늘날 철학은 외적인 신앙의 압력하에 있지도 않고 또 신학의 시녀도 아닌 것으로서, 다만 자율적으로 사유하고 있기라도 한 듯 보이지만, 그러나 이제 철학은 임의의 신학 및 무신학의 리버럴한 시녀가 되려 하고 있다. 절대자는 형이상학의 영역에서 떨어져 나간 결과 무수한 파편들로 흩어져 버린 까닭에, 앎의 관점에서 뭐든지 정당화될 수 있는 갖가지 다양한 신앙들이 되어 버린 게 아닌가 싶다.(『유한성 이후』)

이 주장은 바로 얼마 전까지 융성을 과시하던 포스트모던 사상에 전반적으로 깔려 있는 상대주의에 대한 대항임에 분명하다. 포스트모던 사회 사상은 현행의 모든 제도나 권위에 근본적인 근거가 없다고 보기 때문에, 예컨대 원리주의적으로 주장되는 다른 종류의 사회 비판들과 자신이 수행하는 사회 비판을 명확히 구별할 근거를 가질 수 없다. 자신들의 비판 역시 정당한 근거를 제시할 수 없는 상황에서는, 어떤 비판도 저마다의 '신앙'(신념)으로서 동등하고 따라서 우열을 가릴 기준이 없기 때문이다.

메이야수의 새로운 '사변적 실재론'의 핵심은 철학적 상대주의가 배제한 '세계의 실재성'(즉, 본체성)을 사변적으로 옹호하고자 하는 시도에 있다. 그 논의는 상당히 복잡하지만, 핵심적인 부분을 추려 내서 요약해 보자.

가령 메이야수는 '사후 세계는 존재하는가, 존재하지 않는가'라는 가상적 물음을 설정하고, 이에 대해 가능한 철학적 답변을 모두 열거한 다음 상세히 검토한다. 크게 세 가지 답변을 생각해 볼 수 있다.

사후 세계가 어떠한가에 대해 우선 세 가지 독단적 추론이 가능하다. ① 혼의 영속(고대적 영혼 불멸론), ② '무'(유물론), ③ 정신(관념)만이 현실 존재하고, 세계의 객관 존재는 없다(독단적 관념론).

여기에 '상관주의자'(상대주의자)가 등장하여, 세 가지 추론 모두 **등가**이고, 그런 까닭에 옳은 답은 없다고 한다(이는 칸트의 안티노미(이율배반)에서의 논의, 즉 대립하는 근본 추론들은 서로 등가라고 하는 논의와 거의 같다). 일견 상대주의자의 주장에 논리상의 우위가 있는 듯 보이지만, 메이야수에 따르면 그렇지 않다.

왜냐하면 상대주의자가 세 가지 독단론을 반박할 수 있는 것은 세계의 존재가 어떤 가능성도 다 가질 수 있다고 하는 전제일 경우뿐이다. 즉, 상대주의자가 일체의 추론들이 모두 상대적이어서 등가라고 주장할 때, 그는 암묵적으로 세계가 절대적으로 '다른 모습일 가능성'을, 즉 세 추론 중 어느 것도 다 있을 수 있다고 하는 가능성을 전제하고 있다. 바꿔 말하자면 세계의 존재가 **절대적으로 우연**임을 암암리에 인정하고 있다는 것이다. 그렇다면 상대주의자라고 해도 세계의 모든 우연성들이 저마다 '절대적 필연성'을 가진다는 점을 인정하는 셈이 된다.

메이야수의 이 논의는 회의주의를 극한까지 밀어붙임으로써 결코 회의할 수 없는 것을 도출해 낸 데카르트의 논법과 닮았다고 할 수 있을지도 모르겠다. 이 사변적 실재론에 의해 메이야수는 말하자면 '상대주의'의 논리를 끝까지 추적하여 세계의 존재에 대한 어떤 '필연성'을 도출해 내고 있기 때문이다. 그런데 메이야수에 의한 상대주의 논박은 과연 타당할까?

앞서 언급했듯이 상대주의에 대한 논박은 이미 다양한 방식으로 존재한다. 칸트의 안티노미가 그러하고 또 헤겔에게도 본질적인 '스켑시스주의'(회의주의) 비판이 있다. 현대 철학에서 대표적인 것은 바로 비트겐슈타인의 논박이다.

> 회의론은 논박 불가능한 게 아니다. 더 정확히 말하자면 묻는 것이 불가능한 지점에 의심이나 의문을 꽂으려 하기 때문에, 그것은 이론의 여지없는 난센스인 것이다. 왜냐하면 의심이 성립할 수 있는 것은 물음이 성립할 때에 한해서이고, 물음이 성립하는 것은 답이 성립할 수 있을 때에 한해서이며, 답이 성립하는 것은 무슨 일인가를 말할 수 있을 때에 한해서니까.(『논리철학논고』)

상대주의를 반박하는 비트겐슈타인의 이 논법은 다른 철학자들에 의해서도 누차 사용된 바 있다. 휴버트 드레이퍼스는 『컴퓨터가 할 수 없는 것』에서, 칼 오토 아펠은 「지식의 근본적 토대」라는 논문에서 거의 동일한 논지의 비판을 행하였다.

> 철학적인 언어게임을 포함한 모든 언어게임과 관련해서, 다음과 같이 말할 수 있으리라. 의심 불가능한 범형적 명증성(範型的 明證性)에 호소함으로써 더 충분한 토대가 부여될 수 있음이 전제되어 있지 않으면, 언어게임이라는 틀 속에서 회의나 비판은 유의미할 수가 없다.(「지식의 근본적 토대」)

상대주의자는 그 어떤 주장도 보편적인 근거를 가질 수 없다고 주장한다. 하지만 기본적으로 언어로 뭔가를 주장하는 경우 거기에는 적어도 뭔가가 확실하다고 하는 전제가 있는 법이다. 그런데 이는 자신의 주장과 모순이 되고, 따라서 무효인 것이다. 이렇게 보면 실재론을 '세계의 우연성과 필연성'에 대한 사변론에 의해 옹호하고자 하는 메이야수의 논의는 형식은 새롭지만 상대주의에 내재하는 배리를 지적하는 논증이라는 점에서 전혀 새로운 논증이라고 할 수 없음이 분명해진다.

다만 세계의 실재적인 '본체'에 대해서는 실질적으로 어떤 상대주의자라도 암묵적으로 인정하고 있다고 보는 메이야수의 직관은, 니체나 후설의 인식 문제 해명의 관점에서 보아도 중요한 원리를 포함하고 있다고 할 수 있다. 그 점은 뒤에 분명해질 것이다.

신실재론 ② 가브리엘의 전략

'새로운 실재론'을 주장하는 마르쿠스 가브리엘(1980~)에 대해서도 한마디 해두자. 그도 역시 상대주의 비판이라는 점에서는 메이야수와 공통점이 있다. 예컨대 가브리엘의 텍스트를 읽다 보면 포스트모던적 상대주의를 비판의 무기로 삼는 '사회구축주의'에 대한 비판 의식이 강하게 배어 나온다.

하지만 논의의 초점은 메이야수처럼 상대주의를 사변적으로 논박하여 실재론을 옹호하려는 게 아니고, 오히려 '존재'에 대한 새로운 개념을 제시함으로써, 철학적 상대주의와 철학적 독단론 쌍방을 비판하는 데에 역점이 있다. 가브리엘의 '존재' 개념을 '의미의 장'의 존재론이라 부를 수 있다.

> 무엇인가가 의미의 장에 나타나 있다고 하는 상태, 그것이 바로 존재한다고 하는 것이다.(『왜 세계는 존재하지 않는가』)

> 의미의 장의 존재론은 이렇게 주장한다. 무릇 무언가가 현상하고 있는 의미의 장이 존재하는 한, 아무것도 존재하지 않는 일은 없고, 거기에 현상하고 있는 바로 그 뭔가가 존재하고 있다.(같은 책)

'존재'를 물리적인 실재성으로서도, 또한 주관 내의 '현상'이라고도 보지 않고, 다만 '의미'의 **존재성**으로서 정립[설정]한다. 그러면 상대주의와 독단론 쌍방으로부터 모두 거리를 둘 수 있다는 전략이다. 가브리엘은 철학 분야에서 상대주의와 독단론의 대립이 오래도록 계속 이어져 왔다는 점에 대해, 그리고 이 막다른 골목에서 빠져나갈 필요가 있다는 점에 대해서는 자각하고 있다. 그러나 그가 제시한 '존재론'을 인식론 혹은 존재론상의 관점에서 니체와 후설에 의해 제시된 '원리'와 비교하면, 도저히 새로운 '원리'를 제시하고 있다고는 할 수 없다.

우선 여기서는 인식 문제가 전혀 해명되지 않고 있다. 인식의 수수께끼의 해명, 즉 본체론의 해체 없이 새로운 존재론을 수립하고자 하면, 지금까지 보아 왔듯이 상대주의적인 반형이상학의 주장이 되든가, 사변적인 형이상학이 되든가 둘 중 하나의 길밖에 없는 것이다. 가브리엘은 한편으로 상대주의에 대항하여 사회구축주의(=사회구성주의)를 비판하고, 다른 한편으로는 메이야수적 실재론 그리고 현대의 심뇌心惱일원론적인 실재론을 비판한다. 이를 위해 그가 독자적인 개념으로 제시하는 것이 바로 '의미의 장'의 존재론인데, 이는 명료한 철학 원리라고는 할 수 없고, 그저 양쪽 길을 피하기 위한 하나의 아이디어 차원을 벗어나지 못한다.

'의미의 장'의 존재론이라는 개념을 제출하고자 한 것이었다면, 가브리엘은 하이데거나 비트겐슈타인의 개념을 한 단계 넘어선 자신의 원리를 제시해야 했다(가령 하이데거는 다양한 존재자들(대상들)은 인간의 '마음 씀'에 응하여 그 **존재 의미**로서 열어 밝혀져開示 온다고 하는 실존 개념을 제시했다. 한편 비트겐슈타인은 말의 **의미**는 인간의 기투적인 언어 행위 속에서 비로소 **생성**한다고 하는 '언어게임' 개념을 제시한 바 있다).

그러나 의미의 장이라는 존재론 개념은 하이데거와 비트겐슈타인이 제시한 개념들을 '절충'적으로 엮어 낸 이미지밖에 제시하지 못한 채, 양자의 원리로부터 도리어 후퇴하고 있다. '존재란 의미다'라고 단언하는 것도 아니고 '의미'의 본질을 통찰력 있게 도출해 내는 것도 아니다. 그저 **"의미도 존재다"**라는 표현을 사용함으로써, 상대주의에도 또 실재론에도 완전히는 속하지 않는다, 라는 입장을 선택하고 있는 것이다.

존재의 수수께끼의 해명

현대 철학은 오래도록 계속된 상대주의적 주장을 비판하고, 드디어 '존재'의 문제를 다시 한번 새롭게 근본적으로 사색하고자 하고 있는 듯 보인다. 그러나 이미 보았듯이 신실재론은 인식의 수수께끼의 해명을 포함하고 있지 않은지라, 이 문제에 접근 및 도달하기 위한 본질적인 원리를 아직 찾아내지 못하고 있다.

자, 이제 이 대목에서 2장의 마지막에 던졌던 철학의 수수께끼의 마지막 물음, 즉 존재의 수수께끼 해명이라는 주제로 뛰어들기로 하자.

문제를 다시 한번 정리하자면 이렇다. 철학이 그 장구한 역사 속에서 제시해 온 존재의 수수께끼, 즉 세계는 기본적으로 어떠한 존재인가, 라는 물음에는 몇 가지 중심이 있다.

아리스토텔레스는 그리스 철학에서 사유된 모든 '존재' 물음들을 총괄하여 '4인四因'* 개념에 담았다. 목적인, 질료인, 형상인, 동인動因** 이 바로 그 4인이다. 여기서 존재 물음은 사물의 기초 단위와 형식성(구조)에 관한 물음(질료인과 형상인), 생성 변화(사물을 움직이게 하는 것)의 근거에 대한 물음(동인), 그리고 세계는 무엇 때문에 존재하는가, 라는 세계의 존재 이유에 관한 물음(목적인)으로 집약된다(덧붙인다면 세계 전체에 대한 물음도 있다).

이렇게 보면 하이데거가 철학의 가장 근본적인 물음이라 불렀던 것, 즉 "대체 왜 존재자는 있는 건가, 그리고 무無는 왜 있지 않은 건가?"라는 물음은 이 물음들 전체를 총괄하여 하나의 물음으로 집약한 것이라 할 수 있다. "기본적으로 왜 존재가 있는 건가?"라는 물음은 네 '원인'을 모두 포함하는 '모든 존재의 존재 근거'를 묻는 물음이기 때문이다.

하지만 문제는 이러한 근원적 물음에 철학은 어떠한 방법으로 접근 및 도달할 수 있느냐는 것이다. 아니면 고르기아스가 말하듯이, 혹시 이 물음에는 원리적으로 아예 답할 방법이 없는 것일까?

실제로 철학은 동서를 불문하고 이 '존재' 물음에 대해 전통적으로 '형이상학'(이야기=신화)의 방법을 사용해 왔다. 종교의 세계 창성創成 신화는 그 원형에 해당하고, 아리스토텔레스의 '부동의 동자'나 헤겔의 '절대 정신'도 이 형이상학에 속한다. 메이야수나 가

---

* 흔히 '4원인' 혹은 '4원인설'이라 불리는 용어 대신 저자는 '4인'이라는 말을 사용하는데, 나름의 의미가 있다고 보여 그대로 번역한다. – 옮긴이

** 역시나 '작용인' 혹은 '동력인' 등으로 불리는 것을 저자는 '동인'이라 표현하였다. – 옮긴이

브리엘의 철학은 존재론을 포함하지만, 사변에 의해 세계의 존재 양상을 사색한다는 점에서 역시나 존재에 대한 사변적 형이상학이라 할 수 있다(현대 분석철학에도 그 유파가 있다).

나는 여기서 니체의 본체론 해체와 후설의 인식론 해명이 존재의 수수께끼에 대해, 형이상학적이지 않은 어떠한 답을 제공할 수 있는지를 독자에게 제시해 보이고자 한다.

니체는 유럽의 전통적인 본체론, 즉 세계 자체의 존재라는 관념을 해체했다. 그저 "세계는 존재하지 않는다"*라고 주장한 게 아니다. 이 주장은 니체의 '힘 상관성' 구도로부터 필연적으로 출현한 것으로, 그 구도가 의미하는 바는 첫째, '세계'란 근원적으로(즉, 객관적인 존재이기 이전에) 개개 생물들에 의해 체험되고 있는 '생성의 세계'(생 세계)라고 하는 것이다. 다시 한번 니체 인식론의 근본 구도인 '힘 상관성'(욕망-신체 상관적) 도식을 보아주시기 바란다(그림 4-2).

이 '힘(=생물의 욕망-신체) 상관성' 도식은 인식론적인 중요성뿐만 아니라, 극히 중요한 **존재론적** 의미 또한 포함하고 있다. 여기서 생물들은 저마다 자신의 욕망-신체에 상관하여 저마다의 '세계'를 분절하고, 그 세계 속을 살아간다. 전지한 존재자는 없으므로, 세계의 본체에 대한 완전한 인식이라는 개념은 소멸한다. 나아가 세계는 저마다의 생 세계로서만 존재하고, '물 자체'로서의 세계는 어떤 자에 의해서도 경험되지 않는, 누구도 그 안에서 살아가지 않는 세계여서, 그러한 세계는 **현실적으로 존재하는 세계**라고 할 수 없다.

---

* 이것은 마르쿠스 가브리엘의 책 제목이기도 하다. – 옮긴이

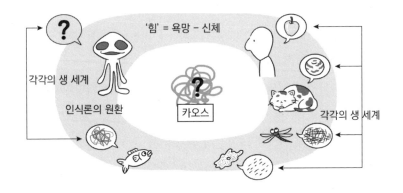

그림 4-2. 니체의 욕망-신체 상관적 세계 도식

그런 까닭에 세계 자체라는 개념 또한 소거된다. 이것이 본체론의 해체다(가브리엘의 "세계는 존재하지 않는다"는 '존재' 개념을 변형시켰을 뿐, 니체처럼 인식론적 본질로부터 논의되고 있지 않다).

니체의 '힘 상관성' 도식은 세계의 존재의 명증성(흔들릴 수 없는 확신)이라는 게 단지 각 생물들의 '생 세계'에 있어서만 있다는 걸 고지한다. 한편 후설의 간주관적인 공동적 확신이라는 관점에서 보자면, 인간에게는 타자들이 있고, 말에 의해 서로 자신의 '생 세계'(실존 세계)를 교환한다. 그리고 바로 이 점이 우리가 '객관 세계'의 존재에 대해 의심할 수 없는 신빙(세계 확신)을 갖게 되는 근거인 것이다.

요컨대 니체와 후설의 관점에서 보자면 '세계의 존재'는 간주관적인 신빙으로서만 구성되는 하나의 '상정된 것'으로서 그 본질을 드러낸다.

그러나 이러한 사유를 거침으로써 세계 자체의 존재가 완전히 **소거되어** 버리는 걸까? 니체와 후설의 인식론적인 '전회'는 세계를 **존재하지 않는 것**으로 증명하는 것일까? 물론 그렇지는 않다.

존재의 수수께끼와 관련하여, 본체론을 해체하는 니체와 세계 신빙 구조를 사유하는 후설로부터 귀결되는 것은 도리어 다음과 같은 것이다. 첫째, 본체론의 해체는 세계의 근본적 기원과 근거에 대한 일체의 형이상학을 해체한다. 이 세계의 존재 자체는 결코 인식의 대상이 아니고, 본질적으로 다만 상상(상정)의 대상인 것이다. 둘째, 그럼에도 불구하고 각 생물들의 '생성'의 세계만이 존재한다고 하는 사유로부터는 다음과 같은 역설이 출현한다.

우리는 존재와 무에 대한 하이데거의 물음을 다음과 같이 변환할 수 있다. 각 생물들은 자신의 고유한 세계를 **실존**한다. 그러나 이 실존이 있는 한, **무가 아니라 생성의 세계를 가능케 하는 '무언가'**가 존재하지 않으면 안 된다. 존재의 수수께끼의 최후 단계가 출현하는 곳은 필시 이 대목일 것이다.

이 최후의 존재의 수수께끼는 후설의 '인식 문제의 해명'에 의해 비로소 풀린다.

우선, 니체의 말부터 보자. 참으로 존재하는 것은 '생성'으로서의 생 세계뿐이며, 본체로서의 세계는 어디에도 '존재할 수 없다.' 그러나 이는 '세계는 존재하지 않는다'라는 고르기아스 테제에 귀착되지 않는다. 현상학의 관점에서 보자면 니체의 말은 세계의 존재는 **인식되지 않는다**고 말하는 것에 불과하다. 그러나 우리에게 세계의 현실 존재는 본질적으로 '의심 불가능'한 것이다.

고르기아스가 말하듯이 세계의 존재는 증명도 되지 않고, 그런 까닭에 인식될 수 없다. 그런데 그 이유는 그것이 **인식의 대상**이 아니라 상정으로서의 대상이기 때문이다. 그러나 동시에 우리는 생의 세계를 **가능케 하고 있는** '**원존재原存在**'로서의 세계를 결코 **의심할 수가 없다**. 그리고 이 세계 존재의 의심 불가능성은 만인에게 보편적인 신빙 구조여서, 어떤 '상대주의=회의론'도 논박할 수가 없다. 설령 아무리 완고한 회의론자라 해도, 실제로는 세계의 존재를 믿고 있으며, 이 믿음은 임의의 믿음이 아니라 의심 불가능한 구조로서의 믿음이다. 후설은 그것을 이렇게 표현한다.

현상학적 관념론의 유일한 과제 및 작업은 이 세계의 의미를 해명함에 있다. 이를 정확히 말하자면 이 세계가 만인에게 현실적으로 존재하는 것으로서 타당함과 동시에 현실적인 권리를 갖고 타당하게 되는, 다름 아닌 그 의미를 해명함에 있는 것이다. 세계가 존재한다고 하는 것, 세계가 끊임없이 전반적인 합치 쪽으로 합류해 가는 연속적인 경험에 있어서 존재하는 전체 우주로서 주어지고 있다는 것, 이 점은 의심을 전적으로 용납하지 않는다. 하지만 생과 실증적 학문을 받쳐 주는 이 의심 불가능성을 이해하고, 그 의심 불가능성의 정당한 근거를 해명하는 것, 그것은 또 그것대로 전혀 다른 종류의 일이리라.(『이념들』)

마지막으로 한 가지 꼭 덧붙여야 할 것이 있다. 세계에 모종의 '원존재'가 존재한다는 것은 우리의 생 세계의 근거로서 절대적인 의심 불가능성을 갖는다. 요컨대 자연 세계의 실재는 인간에게 완전히 의심 불가능한 것이다. 이렇듯 우리가 생 세계를 살아가고 있다는 현실 자체가 필연적으로 요청하는, 세계의 존재에 대한 근본적인 상정-신빙을 나는 '원존재 신빙'이라 부른다.

우리는 지금까지 철학에 있어 존재의 수수께끼, 즉 세계 전체는 어떻게 되어 있는가, 세계의 존재 이유가 무엇인가, 세계의 궁극적 목적이 무엇인가, 또 기본적으로 왜 세계가 존재하는가 등의 물음에 대해 논해 왔다. 그 결과, 세계의 본체는 애시당초 인식의 대상이 아니라는 것, 그러나 존재의 수수께끼를 둘러싼 수많은 물음들은, 세계의 현실 존재가 우리에게 의심 불가능한 것이라는 원존재 신빙 개념에 의해 모두 종언을 맞이해야 한다는 결론에 이르렀다. 철학이 물어야 할 것은 세계의 본체가 아니라, 이 관념을 필연적으로 산출하는 인간의 생 세계의 본질이란 무엇이냐고 하는 물음이라는 것이 분명해지기 때문이다.

그런데 마지막으로 중요한 게 한 가지 더 남아 있다. 그것은 이 원존재 신빙이 성립하는 것은 단지 자연 세계에 있어서만이고, 그렇기 때문에 본질 영역의 세계에서는 본체가 완전히 해체되어야만 한다고 하는 점이다.

본질-의미-가치와 관련된 세계의 **본체**는 어디에도 **실재**하지 않는다. 그것은 우리 인간의 세계에 있어서만 창출되는 관계적인 의미-가치의 세계이기 때문이다. 바로 이 영역에 있어 니체의 '본체론 해체'와 후설의 '확신 형성의 구조'에 대한 사유 방식이 결정적인 의의를 갖는다.

이상으로 세 번째 수수께끼인 존재의 수수께끼가 풀렸는데, 독자께서는 이해를 하셨을까? 다음 장에서는 방금 '본질 영역'에서는 "본체가 해체되어야 한다"고 말한 것과 관련하여, 그 '본질 영역'에서 과연 어떻게 보편적 인식이 가능해지는가를 생각해 보자.

제5장

누구나 동의할 수 있는 생각은 가능한가

본질 관취와 언어게임

유럽 철학의 고질병이라 할 아포리아, 즉 인식의 수수께끼에 이어 언어의 수수께끼와 존재의 수수께끼도 해명되었다. 한데 이러한 해명은 어떤 귀결을 초래하는 것일까? 우선 그것은 현대 철학에서 '독단론-형이상학'과 '상대주의=회의론' 사이에서 벌어지는 비생산적인 대립을 끝장낸다. 하지만 이것으로써 철학의 문제가 모두 해소되는 것은 아니다. 이 대립의 배후에 있던 것은 철학에서 던져 온 보편 인식의 가능성 문제였고, 따라서 인식의 수수께끼의 해명은 이 문제에 새로운 길을 여는 것이어야만 한다.

인식의 수수께끼의 해명이 제시한 것은 세계의 본체라는 게 존재하지 않고 따라서 세계는 존재하지 않는다는 식의 사변적 역설이 아니다. 도리어 이 해명으로부터 우리가 도출해야 할 것은 철학의 보편 인식 문제에 있어서는 '사물의 영역'(혹은 사실의 영역)과 의미-가치를 담당하는 '본질의 영역'을 확실히 구분해야 한다고 하는 근본 원칙이다. 그리고 철학이라는 탐구의 본의는 분명히 이 본질 영역, 즉 인문 영역에 있어서 보편 인식을 탐구하는 데에 있다.

본질학 선언

후설은 『유럽 학문의 위기와 선험적 현상학』에서 이 문제에 대해 중요한 선언manifesto을 행한 바 있다.

현상학의 근본 과제는 주관-객관 일치의 불가능성이라는 난문을 푸는 것이었는데, 애시당초 이 문제를 해명하려던 목적은 보편 인식이라는 철학의 이념을 회복하는 데 있었다. 이 이념은 철학 본래의 것이며, 근대에 이르러 갈릴레오가 토대를 쌓은 자연의 수학화라는 방법에 의해 자연과학의 방법이 확립됨으로써 커다란 가능성을 제공받았다. 자연 세계 분야에서 객관 인식이 확립되자, 인문 영역에서도 보편 인식이 가능하다는 기대감이 커졌기 때문이다. 그러나 근대 철학은 인식의 문제를 충분히 해명할 수 없었기 때문에, 인문 영역에서 보편 인식을 획득하는 방법에 굳건한 토대를 부여하려는 시도는 성공하지 못했다.

그러던 중 19세기 후빈에 오귀스트 콩트의 실증주의 선언이 출현한다. 인문 영역에 있어 학문의 보편성은 자연과학의 객관 인식 방법을 적용함으로써 수립된다는 얘기였다. 요컨대 세계의 보편 인식에 대한 새로운 실증주의적 신앙이 출현한 것이다.

하지만 이 시도 역시 좌절의 길을 밟아 갔다. 후설은 말한다. 실증주의는 인문 영역에서 사실학(인간 사회를 **객관적인 사실**로서 인식하고자 하는 학문 태도)을 철저하게 반영한다는 것을 의미한다. 그러나 이 과학적 세계관은 인간의 의미 탐구라는 철학 본래의 과제를 불가능한 것이라고 본다. "단순한 사실학事實學은 단순한 사실인事實人을 만든다."(『유럽 학문의 위기와 선험적 현상학』) 머잖아 생의 의미를 가르칠 수 없는 실증적 '학'에 대한 불만이 특히, 1차 세계 대전 후 젊은이들 사이에서 확산되었다. "인간의 생존 전체에 의미가 있는가 없는가"라는 절실한 물음에, 실증주의 방법을 토대로 하는 '인문과학'은 답할 수 없었기 때문이다.

후설은 또 이렇게 말한다. 만일 학문이 객관적으로 확정할 수 있는 것만을 '진리'로 인정하고, 역사와 사회의 토대가 될 인간의 이상이나 규범은 한낱 상대적인 것으로서 시대 속에서 순간의 파도처럼 사라져 가는 것이라면, 인간이 행하는 이성의 노력, 철학의 영위는 애시당초 무의미한 것이 아닐까?

> 이성은 늘 비이성으로 돌변하고, 선행은 재앙이 된다고 하는 그런 것을 가르치는 데 불과한 것이라면, 세계와 그 세계에서 살아가는 인간의 존재는 참으로 의미를 가질 수 있겠는가? 우리는 이러한 것으로 만족할 수 있겠는가? 역사적 사건이라는 것이, 환상에 불과한 고양(高揚)과 괴로운 환멸의 끊임없는 연속 이외에 그 어떤 것도 아닌 그러한 세계에서 우리는 살아갈 수 있을까?(『유럽 학문의 위기와 선험적 현상학』)

여기에는 나치스 지배하의 비이성 시대를 살았던 후설의 고통스러운 철학 체험이 담겨 있음을 잊어서는 안 된다(말년의 후설은 유대인이라는 이유로 학문 활동을 금지당한다). 철학은 단순한 사실학일 수 없다. 즉, 그것은 인간과 사회의 선악이나 올바름의 보편적인 공준으로 향해 가는 본질학이 아니면 안 된다. 하지만 그것은 어떻게 가능할까?

이러한 전제에 선 후설은 『유럽 학문의 위기와 선험적 현상학』을 통해 인간과 사회라는 영역에서 보편적인 본질학의 구상을 선언한다.

자연과학에서 수립된 객관 인식의 방법을 인문과학(및 사회과학)에 적용한다고 하는 발상은 인식 문제를 간과하는 바람에 철학의 이념이 공동화되는 사태를 야기하고 말았다. 요컨대 '의미의 본질'의 전도라고 하는 사태, '생활 세계'와 '이념 세계'(학문적 세계)에서 의미의 근원적인 전도라 부를 수 있는 사태가 발생했다. 즉, 생활 세계는 주관적이고 상대적인 관점의 영역에 불과하고, 학문 세계야말로 객관적이고도 참된 세계를 포착하는 영역이라고 간주되었다.

그러나 실은 생활 세계야말로 인간이 살아가는 근원 영역, 즉 인간적인 의미의 관계가 형성되는 장이며, 모든 학문은 본래 여기에 학문적 인식의 타당성이 토대를 깊고 있다. 현대의 실증주의적 학문은 이 점을 완전히 망각하고, 철학 역시 보편 인식의 가능성에 좌절하고 있다. 상황이 이러하므로 철학의 '근원적 건설'이 필요하며, 현상학은 생활 세계 영역의 보편적인 본질학에서 출발하여 그것을 전개함으로써 인간과 사회라는 영역의 보편적인 학문으로 향해 가지 않으면 안 된다.

후설의 '본질학' 이념은, 학문이라는 것을 보편적인 인식이라 간주하는 한, 현대의 인문과학자들에 의해 심각하게 받아들여져야만 하는 것이었다. 이 선언은 현대의 인문과학이 보편적이고 객관적인 인식의 방법적 토대를 상실하고 있다는 후설의 고발이었기 때문이다. 그러나 후설의 이 제언이 인문과학자들에게 받아들여졌다는 흔적은 찾아볼 수 없다.

참고로 말하자면 후설의 생활세계 개념은 위르겐 하버마스나 현상학적 사회학을 표방하는 알프레드 슈츠, 또 니클라스 루만 등에 의해 원용되고 있다. 그러나 여기서도 후설이 말하는 본질학 개념이 올바로 이해되고 있다고는 할 수 없으며, 결국 인문 영역에서의 보편적인 본질학이라는 후설의 구상은 계승되고 있지 못한 실정이다.

거기에는 몇 가지 이유가 있다. 첫째, 앞서 보았듯이 기본적으로 현상학이 철학의 보편 인식 문제를 해명하는 학문이라는 이해가 유럽에서는 거의 존재하지 않았다는 점. 나아가 철학의 주류가 분석철학, 포스트모던 사상이라는 상대주의로 옮겨가면서 보편 인식이나 객관 인식을 재건한다고 하는 생각이 경원시되고 기피되었다는 점이다.

한편에서 인문과학의 아카데미즘은 상대주의적 주장에 반론을 가하는 일도 없고, 실증적 연구야말로 과학이라 불릴 가치가 있다고 보면서 저마다 상이한 주장을 펼치고 있는 상황인데, 그 속에서 여러 이론들이 서로 대립하거나 난립하고 있다. 놀랍게도 상황이 이렇게 된 근본적 이유가 과연 무엇인지는 질문되지 않은 채 그저 완전히 방치되고 있는 형국이다.

상황은 그렇게 되었다 치고, 문제는 과연 우리가 니체와 후설이 달성한 인식의 수수께끼 해명을 발판으로 철학의 중심 주제(즉, 인간과 사회 영역에서의 보편적인 본질학으로서의 철학)를 전개할 수 있겠느냐는 것이다. 그에 대해 나는 전개할 수 있다고 말하겠다.

'본질 관취'란 무엇인가?

인간, 문화, 사회를 포함하는 영역, 즉 인문 영역에서 보편 인식을 시도한다는 건 과연 가능한가? 이 물음에 대해 세 가지 종류의 답이 가능하다.

첫째, 이 영역에서도 과학의 실증주의적인 방법만이 보편 인식을 가능케 한다. 이것은 말하자면 소박한 실증주의 신앙이다.

둘째, 이 영역에서는 기본적으로 보편 인식 따위는 불가능하고, 그런 인식을 추구하는 것은 도리어 위험하다. 이는 현대의 상대주의다.

셋째이자 마지막 답은 후설의 본질학에서 시도되는 보편 인식 방법이다.

이 세 가지 중 어째서 오직 본질학만이 인문 영역에서의 보편 인식 방법이 될 수 있는지에 대해, 우선 커다란 윤곽을 제시해 두자.

자연과학의 방법이 자연 세계에 대한 객관 인식을 가능하게 했던 이유에 대해서는 이미 말한 바 있다. 자연의 수학화가 그 해답이다. 자연의 질서를 수학적으로 기술하는 것, 이를 통해 자연의 질서는 모든 사람들에게 동일한 질서로 공유된다.

그럼 인문 영역의 질서는 무엇에 의해 모든 사람이 공유할 수 있는 것, 즉 보편 인식이 되는가? 어떤 사람들은 엄밀한 논리학에 의해 가능하다고 생각했다. 그것이 현대의 논리학주의였는데(프레게, 러셀 등), 이 역시 좌절했다. 논리학의 본질은 언어의 수학화에 있는데, 사물의 질서는 수학화할 수 있어도 의미와 가치(=본질)의 질서는 엄밀한 수학화가 불가능하기 때문이다.

그럼 의미와 가치의 질서는 무엇에 의해 공유 가능한 것으로 자리 잡을 수 있는가? 후설에 의하면 그 근본 방법이 바로 '본질 관취'다.

본질 관취는 기본적으로 인식 문제의 해명과 관련된 방법이다. 즉, 이 방법은 내재적 의식에서 사태의 확신이 형성되는 구조를 알아차리기 위한 (내적 통찰의) 방법인 것이다. 따라서 현상학을 '확신이 성립되는 조건을 해명하는 작업'으로 이해하지 못한다면, 요컨대 구성이나 노에마 같은 개념을 올바로 이해하지 못한다면, 본질학이라는 이념도 적절히 이해될 수 없다.

후설에게는 본질 관취 방법이 인문 영역에서 보편 인식의 가능성을 제공해 주는 것인데, 왜 그렇게 말할 수 있는 것일까? 후설이 본질 관취를 수행했던 구체적인 사례를 보면서, 이 가능성에 대해 숙고해 보자.

『이념들』에서 '지각'의 본질 관취를 수행하는 과정은 다음과 같이 개괄할 수 있다. 우선 우리가 지각(상)이라 부르는 것의 특질은 다음과 같은데, 이는 특히 기억(상)이나 상상과의 비교 과정에서 관취된다.

(1) 상像의 현재성懸在性: 어떤 상이 내 앞에 생생하게 나타나 보

인다는 것. 지각에 비해 상기나 상상에 의한 상은 흐릿하다.

(2) 상의 도래성到來性: 지각상은 눈을 감든가 시선을 바꾸든가 하지 않는 한, 소실되지 않고 계속 내게 도래한다는[주어진다는] 것(도래성이란 용어는 후설에게 적당한 용어가 없어서 내가 고안한 것이다).

(3) 형태圖와 배경地이라는 구도: '형태와 배경'은 메를로-퐁티의 표현으로, 이해하기에 그리 어렵지 않은 말이다. 후설의 경우에는 현재적顯在的인 중심과 비非현재적인 배경이라는 표현이 그에 상응한다고 할 수 있다.

(4) 지평성: 늘 '나'를 중심으로 시각야視覺野가 펼쳐져 있고, 또 지평에는 반드시 한계가 있다는 것.

여기서 무엇보다 중요한 것은 지금 거론된 지각의 특질들이 단지 의식 내에서 발생하는 일의 묘사가 아니라, 대상에 대한 **확신이 형성되는 본질적 구조**라는 점이다. 바꿔 말하자면 대상의 상이 이러한 조건 및 구조하에서 의식에 주어진다면, 우리는 그것을 지각(시각)상이라고 간주한다는 점, 나아가 지각상이 주어지면 우리는 그 대상을 현실 존재하는 대상으로 확신하지 않을 수 없다는 점. 그리고 이 확신의 구조는 누구에게나 타당할 것이라는 점이다.

우리는 지금, 지각이란 무엇인가(어떠한 내재적 체험을 우리는 지각이라 부르는가)라는 물음을 둘러싸고 수행된 본질 관취의 예를 살펴보았다. 여기서 관취된 지각 체험의 특질은 (구체적인 표현 방식은 일단 차치한다면) 거의 대립의 여지없이 누구나 납득할 수 있는 것이라는 점이 이해되었을 것이다. 바꿔 말하자면, 본질 관취는 일단 지각이나 기억 같은 심적 표상에 대한 광범위한 공통 인식을 언어화하는 방법인 것이다.

한데 만일 본질 관취의 대상을 더 복잡한 사태로 옮겨 보면 어떻게 될까? 가령 불안을 포함한 인간의 여러 감응(정동情動)들에 대해서도 본질 관취는 성립할까?

하이데거에 의한 '불안'의 본질 관취

하이데거가 『존재와 시간』에서 인간 실존에 대해 탁월한 본질 관취를 행하고, 그것을 세 가지 계기(심정성, 인식, 말하기)로 추려 낸 점은 이미 언급한 바 있다(단, 하이데거는 본질 관취라는 단어를 사용하지 않고 대신 현존재 분석이라고 불렀다). 거기서는 심정성, 즉 '기분을 갖는 것'이 현존재(=인간)의 제1본질이라고 되어 있었는데, 더 나아가 하이데거는 불안 기분을 인간의 '근본 심정성'이라 부르며 그것의 본질을 관취하고 있다.

하이데거에 의한 고찰은 거의 다음과 같은 내용이다. 두려움Furcht에는 예컨대 강도나 질병, 태풍 등의 대상이 있지만 불안에는 두려움과 달리 명확한 대상이 없다. 불안의 대상은 말하자면 '세계 자체'다. 불안의 주체는 인간 자신이고, 불안의 내실은 우리의 실존 가능성(더 잘 살 수 있는 것)에 대한 불안이다.

또한 불안 기분의 본질은 '섬뜩한 불안Unheimlich, uncanny'의 기분, 친숙하고 안심스러운 세계에서 분리된다는 정서情動에 있다. 이런 견지에서 불안을 끝까지 파고들어 보면 그 가장 밑바닥에는 '죽음 불안'이 있다는 걸 알 수 있다. '이 세계'에서의 존재 가능성 자체를 빼앗길지 모른다는 두려움, 그것이 불안 기분의 가장 깊은 곳에 숨어 있다.

하이데거는 여기서 더 나아가 죽음 불안에 초점을 맞춘다. 죽음 불안이 닥칠 때 인간은 일상적인 세상사로부터 분리되어 단독으로 남게 된다. 이리하여 불안은 우리를 평균적인 아늑함의 세계로부터 떼어 내며 인간의 존재 근저에 있는 '기댈 곳 없음'을 드러내게 된다.

하이데거가 수행한 불안의 본질 관취는 탁월한 범례의 하나인데, 이것이 본질 관취라 할 수 있는 이유는 다음과 같다.

첫째, 여기서 불안의 본질은 외적인 지식이나 정보에 의거하지 않고, 다만 자신의 내적 경험에의 내성으로부터만 통찰 및 관취되고 있다는 점. 둘째, 다른 정서인 두려움과 대조하면서 그 특질을 추려 내고 있다는 점. 이로써 무엇을 불안의 본질이라 할 수 있는가에 대해 누구에게나 납득될 수 있는 형태로 기술되어 있다는 점. 셋째, 그 누구든 자신의 내성에 의해 하이데거의 내성에 의한 통찰을 그대로 따라가 **검증할 수 있다**는 점.

마지막이자 특히 중요한 점은 하이데거의 통찰이 불안의 본질에 대한 최후의 본질이 아니라, 누구나 자신의 내성에 의해 불안의 더 깊은 특질을 덧붙여 갈 수 있다는 점이다.

반복되는 얘기지만 이 마지막 사항은 보편 인식의 방법으로서의 본질 관취 개념을 이해하기 위해 특히 중요하다. 이 점을 약간 다른 각도에서 파악해 보자.

본질 관취와 언어게임

본질 관취는 기본적으로 인식의 수수께끼를 해명하기 위해, 대상의 확신 구성 구조를 관취하는 방법이다. 그러나 이것은 원래 철학의 기본 방법, 즉 철학이라는 '언어게임'을 수행하는 방법을 **원리화**한 것이라 생각할 수 있다.

언어게임은 비트겐슈타인의 『철학적 탐구』에 등장하는 개념인데, 주된 문제 의식은 언어의 의미라는 것이 언어에 내재하는 게 아니라 인간들끼리 말을 주고받는 과정에서 서로에 대한 관계적 인식으로서 **생성**된다는 점에 있다. 그리고 이미 나는 이 개념을 철학이 구사하는 방법의 '원형'을 제시하는 것으로서 원용한 바 있다. 이를 그림으로 제시하면 다음과 같다(그림 5-1).

철학 테이블에서는 우선 '탐구되어야 할 물음', 예를 들자면 '세계란 무엇인가' 같은 물음이 제시된다. 이 '…란 무엇인가'라는 물음은 '어떤 사태의 본질을 누구나 납득할 수 있는 언어에 의해 설명하라'는 것을 의미한다. 철학자는 어떤 키워드(원리)를 상정하고 이를 바탕으로 어떤 사태의 본질을 제시하려 시도한다. 요컨대 철학의 원리란 어떠한 말이 사태의 본질을 가장 잘 **설명**할 수 있느냐를 탐구하는 것이지, 무엇이 **진리**인지를 제시하는 것이 아니다.

이렇게 보면 철학 테이블이 어떻게 해서 과학 테이블이 되었는지에 대해서도 간결하게 말할 수 있다.

상징적으로 말하면 과학 테이블은 우선 철학 테이블에서 제시된 '물'이나 '불' 등의 원리를 하나의 가설로서 다룬다. 그리고 이를 실

그림 5-1. 철학 테이블에서 진행되는 열린 언어게임

제로 자연 사물들 속에서 작동시켜 봄으로써 검증하는 것이다. 요컨대 과학 테이블에는 자연을 대상으로 하는 관찰, 실험, 기술, 측정 장치가 존재한다. 이러한 관찰 및 측정 기술들을 진보시켜 가는 것이 과학이 구사하는 방법의 특질이자 생명이다.

바로 여기에 철학과 과학의 방법에 큰 차이가 있다. 철학에서는 자신의 경험이 중심적인 소재이며, 철학자는 이를 내성하여 사태의 본질을 통찰한다. 반면 과학은 이 통찰(가설)에서 출발하여 그 가설을 관찰, 실험, 측정에 의해 자연 속에서 작동시켜 봄으로써 **시험**하는 것이다. 지당한 얘기지만 이 관찰 및 측정은 누구나 납득할 수 있는 결과를 도출해 내는 기술技術이어야만 한다.

그러나 과학이 지금까지 발전해 오면서 밝혀진 것은 과학의 관찰 및 측정 방법이 사실(사물) 영역에서는 대단히 우수한 객관 인식을 산출하지만, 이를 인문 영역에 그대로 적용할 수는 없다는 것이다.

가령 인식의 수수께끼를 풀기 위해서는 우리 자신의 내재 의식에서 어떤 식으로 확신 형성이 구성되는지, 그 구조를 파악해야만 한다. 이때 이 구조는 실험 장치에 의해 포착될 수가 없다. 각 사람의 내성에 의한 내적인 통찰을 말로 치환하고, 이를 사람들 사이에서 (간주관적으로) 음미하며, 그 결과 어떠한 말이 누구에게나 납득할 수 있는 것이 되는지를 확증하는 수밖에 없다. 정서나 불안의 본질도 마찬가지다.

혹은 '사랑'이나 '미적인 것', '선'이나 '악' 등의 본질은 과연 무엇인가 같은 주제들 또한 그러하다. 이러한 본질 영역의 탐구에서는 자연과학의 실증적 방법이 도움이 안 되고, 따라서 우리는 (각 사람의 경험을 내성적으로 통찰하는 방법을 사용하는) 철학 테이블로 돌아갈 수밖에 없다.

하이데거가 불안(혹은 죽음 불안)의 본질을 관취하여 얻은 것은, 바로 그러한 방식으로 철학 테이블 위에 제시된 본질, 즉 '자기의 존재 가능성을 상실할지 모른다는 두려움', '단독화', '1회성의 자각'(뒤에 더 이야기하겠다) 등의 키워드다. 이 키워드들은 실증주의적인 탐구 방법으로는 파악할 수 없는 것으로, 우리가 현실적으로 겪고 있는 불안의 본질에 정통으로 **적중**한 것이다.

가령 프로이트 심리학의 경우에 불안이란, 자신의 심신에 발생할 수 있는 데미지(외상)를 사전에 알아차려 방어하기 위해 자아가 발동하는 방어 기제다. 나아가 인간이 품는 불안의 원천은 본래 오이디푸스 콤플렉스에 발생하는 거세 불안이라고 되어 있다. 심오한 시사점이 있는 것은 사실이지만, 이런 사고는 불안의 정서를 자아라는 시스템의 한 기능(메커니즘)이라 설명한다는 점에서 어디까지나 하나의 가설이고, 그래서 확증될 수가 없다. 다른 가설들과의 대립을 피할 길이 없는 것이다.

반면 본질 관취라는 방법은, 예컨대 불안이라는 내적인 체험의 핵을 표현할 때 과연 어떠한 말이 누구나 납득할 수 있는 방식인지를 간주관적으로 찾아내는 언어게임이라는 점이 충분히 이해가 갈 것이다. 반복되는 얘기지만, 철학 테이블은 열린 언어게임이며, 그런 까닭에 모종의 최종적인 진리가 제시되지는 않는다. 그렇기 때문에 하이데거에 의해 제시된 중요한 키워드(원리)를 우리가 더욱더 진전시켜 갈 수가 있는 것이다. 단, 보편적인 납득을 창출하는 한에서 말이다. 지금 바로 그것을 시도해 보자.

불안의 '본질 관취'를 전개한다

하이데거에게는 불안 저 밑바닥에 죽음 불안이 잠재되어 있다. 이는 참으로 깊은 공감을 자아내는 것이지만, 그럼에도 다음과 같이 생각해 보는 것 역시 가능하다. 신체에 관련된 불안은 물론 죽음 불안과 이어져 있다. 히지만 시험에 떨어질지 모른다는 불안이나 혹은 내가 정말로 사랑받고 있는지 아닌지에 대한 불안은 직접 죽음 불안으로 이어지는 것이 아니다. 그보다는 자신의 더 나은 실존 가능성을 위협하는 그러한 불안이라 보는 것이 더 적절할 것이다. 이 점을 고려하여 다시 생각해 본다면, 불안은 죽음으로 이어지는 '존재 불안'과 실존 가능성에 관련되는 '자아 불안'으로 구분할 수가 있다.

상당한 고령자가 아니라면 통상 죽음은 먼 것이므로, 도리어 자아 불안 쪽이 중심적이라고도 할 수 있다. 자아 불안은 자기의 실존 조건이 더 부정적인 상태로 바뀌어 버리는 것에 대한 두려움이라 할 수 있다. 또 한 가지, 자아 해체의 불안(정신 장애 등)도 있지만, 이는 드문 케이스다.

하이데거의 경우 불안은 죽음 불안으로 이어지고, 죽음 불안은 인간을 일상적인 심려로부터 분리시켜 실존의 일회성을 자각하게 해주는 계기가 된다. 죽음 불안의 경우에는 확실히 그렇다고 말할 수 있다. 그러나 우리를 다양한 일상적 우려나 관심사에 마음 쓰도록 촉구하는 것은 바로 일반적인 불안 쪽이다.

예를 들자면 학생이 숙제를 해오는 것은 선생과의 약속보다는 주변에서 어떻게들 볼지를 의식한 일종의 '불안한 기분'에 밀려서일 것이다. 만약 그러한 불안 정동情動이 생겨나지 않는다면, 대부분의 학생들은 숙제를 해오지 않을 것이다. 또한 돈을 빌리고도 불안감이 생겨나지 않는다면, 아무도 갚겠다는 생각을 하지 않을지도 모른다.

이제 우리는 다음과 같이 말할 수 있다. 일반적으로 우리가 일상생활에서 여러 가지 일들에 마음을 쓰면서 행위를 하기도 하고 하지 않기도 하는 그 근본 동기는, 한편으로는 에로스적 가능성*(에로

---

* 에로스적 가능성: 여기서 '에로스'라는 말은 생물들이 품는 것으로 대상에 끌리는 '힘' 혹은 대상이 생물들을 끌어당기는 '힘' 일반을 가리킨다. 플라톤의 경우에는 성적인 것만이 아니라 미나 선에 대한 인간의 희구도 '에로스'라 불린다.

스적 예상)이고, 다른 한편으로는 불안이라는 정동이다. 희망과 불안이라는 두 정동은 인간의 생활 세계에 있어 실존 가능성 일반의 근본 계기인 것이다.

지금 나는 하이데거가 수행한 불안의 본질 관취를 바탕으로 그것을 더 진전시켜 보았다. 그리고 불안은 반드시 죽음 불안으로 이어지는 게 아니라 자아의 불안이라는 또 하나의 중요한 계기를 갖는다는 점, 나아가 그로부터 불안은 에로스적 가능성(희망)과 나란히 인간의 일상적인 자기 배려의 근본 동기를 이루는 정동성이라는 점을 발견했다.

여기서 주의해야 할 것은 이런 식으로 전개된 불안의 새로운 본질 관취는 하이데거에 의한 불안의 본질 관취와 대립하고, 그것을 부정하는 게 아니라는 점이다. 도리어 그것을 포괄하여 더 보편적인 본질(그것을 나타내는 말, 키워드)로 발전해 갈 때, 그 본질 관취는 타당성을 갖는다고 할 수 있다.

예컨대 프로이트와 융의 심층심리학 가설, 또 심층심리학과 실증적심리학의 전체 가설은 완전히 **대립적**이어서 필연적으로 신념 대립적인 구도가 산출된다. 종교적인 교리나 형이상학적인 학설들도 마찬가지다. 이들은 이야기적인 방법을 토대로 삼기 때문에 대립이 불가피하고, 그로 인해 더 이상 앞으로 나아가는 게 불가능하다. 철학의 방법은 그러한 대립을 피하고, 사유를 더 보편적인 것으로 상승시켜 가기 위한 방법이며, 그 때문에 이야기를 사용하는 대신 원리(키워드)를 전개시켜 가는 언어게임인 것이다. 그리고 본질 관취 방법은 이러한 철학의 방법을 그 원형으로 삼고 있는 것이다.

다양한 사례들

그리움의 본질 관취

본질 관취 방법을 더 쉽게 이해하기 위해 실례를 들어 보겠다. 여기서 들 예는 20년도 더 전에 내가 진행하던 세미나의 졸업 논문으로 제출된 「그리움의 본질 관취」라는 논문이다(제출자는 후카야 게이타로(深谷敬太郎), 1994년도 메이지학원 대학 국제학부 졸업논문). 본질 관취 방법이 누구나 이해할 수 있다는 점을 대단히 탁월하게 보여 준 모델이기 때문에, 그 요점을 잘 간추려 설명해 보겠다.

처음에는 그리움의 대상에 대해 생각해 본다. 그리움을 환기시키는 대상은 주로 과거의 기억과 결부된 사건이나 대상, 즉 장소, 어떤 시기, 사람, 사물, 말, 감각(냄새나 미각) 등이다. 다음으로 그리움에는 일반적으로 기억들이 다층적으로 겹침으로써 발생하는 전체성이 있다. 예를 들자면 '친구와 놀았다/즐거웠다'라는 기억의 경우, 한편에서는 함께 놀았던 이런저런 장소들이 포개어지고, 다른 한편에서는 즐거웠던 감정들이 포개어진다. 이 때문에 그 기억은 명확한 어떤 장면이나 어떤 감정의 기억이라기보다는, 그것들이 서로 얽힌 하나의 총체적인 기억상으로 존재한다.

또 사건 기억은 반드시 흐릿해져 가는데, 이를 '기억 풍화(風化)'와 '질적 풍화'로 구분할 수 있다. 기억 풍화는 기억의 세부 사항들이 소실되는 것이다. 비유하자면 사진의 특정 부분이 조금씩 찢어지며 없어지듯이 세부 사항들이 지워져 가는데, 그럼에도 사건의 핵은 상실되지 않은 채 남는다. 질적 풍화란 마치 사진이 시간의 흐름에 따라 흐릿하게 변색되어 가듯이 기억의 선명도가 낮아져 가는 것, 즉 생생한 느낌의 소실을 말한다.

그럼 생생한 느낌이란 뭔가? 가령 싫어하는 것을 먹을 때, 그 맛없음은 떠올리기 싫더라도 멈춰 주지 않는다. 역으로 좋아하는 걸 먹을 때, 그 맛있음은 가속해 주지 않는다. 요컨대 외적인 감각이 내 마음대로 컨트롤되지 않고, **감각 쪽에서 일방적으로 다가와 버리는 것**, 이것이 생생한 느낌의 내실이라 할 수 있다.

또한 그리움에는 모종의 비일상성이 늘 따라붙는다. 그 이유를 생각해 보자. 기억이 질적으로 풍화되면 생생한 느낌은 소실된다. 그러나 그 장면에 대한 긍정적인 느낌은 거기에 복잡하게 배어 있는 감정을 증폭시킨다. 이 긍정적인 감정의 증폭에 의해 우리는 "옛날 일을 생생하게 상기한다"고 말하는 것인데, 이 생생함은 지각적인 상의 생생함과는 다르다. 나아가 한편으로는 이 감정의 증폭에 의한 생생함이 있고, 그러나 다른 한편으로는 기억 풍화와 질적 풍화로 인해 이 기억에는 '이제는 경험할 수 없어'라는 상실감이 동반된다. 이 상실감과 회복 불가능의 감각이 그리운 기억의 비일상성을 초래한다. 이러한 비일상성 감각은 그 기억에 대해 매우 애석한 감정을 증폭시키는 듯하다.

또한 그리움의 감정에는 강약, 즉 강도가 있다. 그것은 환기하는 대상의 내실 이상으로 느끼는 사람의 현재 마음 상태에도 관련된다. 요컨대 신호보다 수신기가 문제인 것이다. 현재 나의 생활이 생생하고 충실할 때, 그리움은 감쇄하는 경향이 있다. 역으로 자신의 생활에 부족함이나 결핍감 혹은 결여감이 있으면, 어떤 대상에 대한 그리움의 감정은 강도가 더 증폭되는 듯하다.

그리움의 의미(본질)는 무엇일까? 크게 보자면, 어떤 애석한 감정을 품고 자신이 겪은 삶의 시간의 경과 자체를 **느끼는** 일이 아닐까? 과거에 느꼈던 감정의 생생한 양상이 지금은 소실되어 결코 회복될 수 없으리라는 감정을 동반하고, 이것이 자신의 생의 시간이 지나가 버렸다는 것, 지나가 버린 시간성을 강하게 느끼게 해준다. 긍정적인 것으로 존재하던 자신의 생의 한 국면이 지나가 버려 더 이상은 돌아갈 수 없다고 하는 것, 그것이 생의 시간의 경과를 강하게 실감케 한다. 이러한 시간에 대한 긍정적인 애석한 감각이 그리움의 본질이 아닐까?

이 논문을 보면 본질 관취 방법의 중요한 원칙을 빼어나게 완비하고 있다는 걸 알 수 있다. 어떤 외적인 데이터나 정보에도 의거하지 않고, 자신의 감정적(내적) 경험의 내성만을 가지고 출발하여 그리움의 핵심을 기술해 나갔고, 또한 그 통찰이 극히 적절하게 **개념화**되어 있다. 특히 기억 풍화와 질적 풍화 개념, 생생한 느낌, 사건과 감정의 다층성, 긍정감의 상실 등에 대한 분석은 탁월하며, 마지막에 나오는 그리움의 의미에 관한 통찰도 매우 설득력이 있다.

이 논문의 필자는 마지막에 다음과 같은 맺음말을 놓았는데, 본질 관취 방법의 에센스를 상징하는 듯한 문장이다.

> 어쨌든 내 머릿속에 있는 느낌에만 기대어 그리움을 말로 기술해 보려 했는데, 처음엔 '이 대목은 아주 잘 표현되었네!' 싶었지만, 그 다음 대목을 써 나가는 중에 '아니야, 잠깐! 아까 거기, 뭔가 모자라' 등의 느낌이 오곤 했고, 그래서 다시 쓰면서 동시에 그 이후 대목을 쓰는 그런 일이 여러 차례 있었다. 그러나 그런 식으로 앞으로 갔다 뒤로 갔다를 되풀이하면서, 마지막에는 어느 정도 납득이 가는 글을 쓸 수 있었던 것 같다. 특히 가장 고생했던 「'그리움'과 비일상성」 부분을 다 썼을 때는 머릿속에 정리되지 않은 채 남아 있던 것들이 깔끔하게 말로 표현된 듯하여 대단히 기분이 좋았다. 그리고 이번에는 그리움을 대상으로 했지만, 어떠한 것이라도 머릿속에는 그 '답이' 들어 있구나, 라는 걸 실감했다.

의료의 본질학

일본에서는 후설의 본질학 및 확신 형성의 방법으로서의 본질 관취 개념을 인문 영역에 자각적으로 도입한 선구적인 학문 연구들이 서서히 출현하고 있다. 일본의 구급의학을 임상의학의 한 분야로 확립한 개척자이기도 한 유키오카 데쓰오의 저작 『의료란 무엇인가』는 이 방면의 탁월한 모범적 사례다. 이 책의 제3장은 「의료를 철학한다 - 현상학과 언어게임을 단서로」라는 제목이 붙어 있다.

유키오카는 지금까지의 사실학적(실증주의적) 체계만이 아니라, 왜 의학의 사유로서 현상학의 본질학적 방법이 불가결한가에 대해 이렇게 말한다.

> 당연하다면 당연한 것이지만, 현재의 의학체계는 실증주의적 본성으로 말미암아 데카르트 이래의 주관-객관 인식 도식을 강고한 전제로 갖고 있다. 따라서 올바른 판단(=올바른 진단, 올바른 치료법 선택)이 사전에 존재하며, 의료인의 일이란 어떻게 이 올바른 판단에 도달할 수 있는지를 찾아내는 것이라는 사고방식이 지배적이다. 그러나 실제 의료 실천의 현장에서는 주관-객관 도식이 극히 불합리할 뿐만 아니라 위험하기도 하다. "20세기 의료의 최대 문제는 사회도 그렇지만 의료계 또한 데카르트적 진리관에 입각한 '올바른 판단'을 의료 현장에서 … 계속 사용해 온 데 있다."(p.98) 왜 그러한가?
>
> 의료는 크게 증상 → 진단 → 최적의 치료법 판단 및 선택 → 치료 실행 → 결과라는 프로세스를 밟는다. 일반적으로는 의사가 증상이나 검사 결과로부터 올바른 진단, 최적의 치료를 선택하고, 이를 실행하여 질병을 치료한다고 간주되고 있다. 그러나 실제로는 복잡한 증상의 경우 진단과 검사로부터 일의적으로 '올바른 판단'을 도출해낼 수 있는 경우는 드물다. 이때 의사들 개개인이 하는 행동은 증상 → 올바른 판

단이 아니라 증상 → 올바르다고 확신하는 판단, 즉 지금까지의 경험과 데이터에 비추어 이렇게 판단하는 것이 가장 타당하고 적절하다고 하는 확신의 형성이다.

또한 고도의 수술 등의 경우에는 의료팀이 구성되는데, 그때는 주치의가 독단으로 올바른 판단을 내리는 게 아니라, 팀의 멤버들이 서로 의견들을 내면서 이것이 가장 타당하고 적절하다고 하는, 말하자면 간주관적인 확신을 구성해 나가는 작업을 수행한다. 이러한 의료 실천의 현장에서는 주관-객관 도식에 입각한 사고방식, 즉 이러이러한 증상의 경우에는 이러이러한 질병이고 이러이러한 치료가 올바르다는 사고방식은 타당하다고 할 수 없고, 도리어 언어게임을 통한 공통 확신의 형성이라는 현상학적 구도가 불가결하다.*

올바른 판단이 사전에 존재하고 의료인은 그것을 올바로 찾아내지 않으면 안 된다는 사고, 즉 의료의 주관-객관 도식은 여러 가지 점에서 불합리를 산출한다. 요컨대 이러한 사고는 진단이나 치료의 올바름, 적절함을 늘 치료의 결과(성과)로 환원한다(결과를 기준으로 판정한다). 그러나 실제로 사전 판단이라는 것은 그 시점에서 의료인이 갖고 있는 경험과 데이터라는 조건에 비추어, 그때그때 최선으로 여겨지는 판단의 공통 확신을 구성해 내는 일이 아닐 수 없다. 실제 치료에서는(특히 구급 상황이나 긴급 수술의 경우에는) 올

---

* 일본에서 현상학은 단지 철학 분야에서의 연구에 그치지 않는다. 실제 의료 현장에서, 특히 정신 의학이나 중증 신체 장애 분야에서 진단, 치료, 케어와 관련하여 현상학적 관점과 방법이 활발하게 구사되고 있으며, 또 그 성과들이 다시 현상학의 진전 및 인간에 대한 더 깊고 풍부한 이해에 기여를 하고 있다. - 옮긴이

바르다고 확신하는 판단의 형성이야말로 행해지고 있는 일인데, 그럼에도 불구하고 의료 이론은 아직 주관-객관 도식 말고는 그런 상황에 토대가 될 수 있는 기초 이론을 갖고 있지 못하다.

올바른 판단이라는 강박관념에 사로잡힌 의료를 해방시켜, '올바르다는 확신이 드는 판단'을 바탕으로 룰을 정비하고, 이를 더 나은 것으로 발전시키고 가다듬어 쇄신해 갈 필요가 있습니다. 이 책에서는 의료의 패러다임 전환이라는 큰 틀을 이렇게 파악하고 있기 때문에, 현상학과 언어게임이 필요해집니다.

의료 패러다임을 전환할 필요성이 강하게 제기된 것은 20세기의 마지막 20여 년에 해당하는 시기인데, 희망을 이어 갈 새로운 패러다임의 싹이 의료 현장에 출현한 것도 이 시기입니다.(『의료란 무엇인가』)

유키오카가 제창하는 의료 실천의 새로운 사유(=올바르다는 확신이 드는 판단을 형성하는 언어게임으로서의 의료 실천)는 팀 단위의 의료뿐만 아니라 의료 전체, 환자, 가족, 치료자, 간호사 등의 당사자들이 최선을 지향하는 본질적인 언어게임에 적용될 수 있다. 또한 유키오카가 말하는 본질학적인 언어게임 개념은 의료 분야 이외에도 다양한 사회적 실천 영역으로 적용될 가능성을 보여 준다는 점에서 매우 커다란 의의가 있다.

다양한 실천 영역들이란 의료, 간호, 복지 실천 등 소위 질적 연구라 불리는 영역, 나아가 교육이나 법조 등을 들 수 있다(법정에서 심리가 진행되는 경우, 사전에 절대적인 정답이 존재하는 것이 아니라, 가장 타당한 판단의 조건이 문제가 된다). 나아가 끊임없는 개선과 합리성을 목표로 하는 일체의 공공적인 실천 영역에 있어 본질학적인 언어게임적 사유야말로 그 이론적 토대가 되어야 할 것이다.

에로티시즘의 본질

우리는 본질 관취라는 방법의 대략적인 윤곽을 확인해 왔다. 우선 본질 관취는 이야기를 사용하지 않는다. 대신 사태의 본질을 키워드(원리)로 제시하고 개방적인 과정 속에서 (사람들의 납득에 의해) 테스트하는 철학의 방법을 원천으로 삼아, 그것을 원리화한 것이었다. 이는 훌륭한 철학들의 경우, 잘 살펴보면 거의 예외없이 탁월한 본질 관취 방법이 발견된다는 말이기도 하다. 우리는 이미 불안에 대한 하이데거의 본질 관취를 살펴본 바 있다. 이번에는 다른 예를 들어 보기로 하자.

여기서 들고 싶은 예는 조르주 바타유(1897~1962)에 의한 '에로티시즘'의 본질에 대한 통찰이다.

바타유에 의하면 인간의(혹은 남성의) 성적 욕망은 동물의 그것과는 크게 다르다. 동물의 성욕은 결국 성 충동에 지나지 않지만, 인간의 성욕은 이성에의 성 충동이 미적인 것을 향한 욕망이라는 형식을 취한다(남성의 경우). 게다가 단순히 미적 대상에의 욕망이 아니다. 남성에게 미적인 대상으로서의 이성은 암암리에 **금지된 존재**이며, 또 어떤 의미에서는 성화聖化되어 있는 존재이기도 하다.

에로티시즘이란 이 금지된 미적 존재를 (일시적으로) 침범하는 일의 에로스, 즉 인간 특유의 환상적 에로스다(『에로티즘』).

또한 바타유는 이를 실존의 고독(불연속성)에 갇힌 인간이 필연적으로 품는 '연속성에의 향수'라고 부르기도 하는데, 이는 문학적인 비유다.

바로 이 바타유에 의한 인간(남성)의 에로티시즘의 본질은 거의 모든 남성을 '듣고 보니 정말 그러네'라고 납득시키는 힘을 갖고 있다. 단, 당연한 얘기지만 여성에게는 그대로 적용되지 않는다. 남성과 여성의 에로티시즘의 본질에는 큰 차이가 있기 때문이다. 본질 관취는 원칙적으로 자신의 내적 경험의 내성에 입각한 것이니까, 바타유 쪽에서 이것은 **남성**의 에로티시즘의 본질이라고 한정했더라면 좋았을 터이다.

덧붙이자면 바타유는 다음과 같이 흥미로운 발생론적 고찰도 하고 있다. 왜 인간의 성은 에로티시즘이라는 인간 특유의 환상적 에로스가 되었는가? 인간은 역사상 어느 시점에서 죽음 관념을 가졌다. 이 관념은 인간 생활에 있어 노동의 시간과 성(에로스)의 시간 간에 명확한 경계선을 그었다. 혹은 성적 에로스 행위를 일정한 틀 안에 한정했다. 성적인 것(특히 여성의 에로스성)은 금지항이 되고, 성이라는 영위는 근친상간 금지와 함께 밤의 영위로 한정된다. 성의 이러한 금지는 현재에 이르기까지 모든 문화에서 중심적 금지항을 이루고 있다. 이리하여 인간의 성은 수치스러운(부끄러운) 성의 욕망, 금지를 일시적으로 침범하는 에로스(기쁨)가 되었다.

이러한 에로티시즘의 발생론적 가설은 실증 가능성이라는 측면에서는 난점이 있지만, 우리의 내적 경험과 공명하는 면도 있고, 역시나 지금으로서는 이보다 더 설득력 있는 가설을 누구도 제시하고 있지는 못한 것 같다.

바타유 외에도 철학자들이 수행한 뛰어난 본질 관취 사례들이 많이 있다. 헤겔의 자아(『정신현상학』), 플라톤의 연애(에로스)(『향연』, 『파이드로스』), 니체의 르상티망(『도덕의 계보』) 등은 대표적인 사례들이며, 이 밖에도 흄, 애덤 스미스, J. S. 밀 등에게서도 뛰어난 본질 관취의 사례를 볼 수 있다.

본질 관취란 무엇인가에 대해 대체적인 요약을 해두고자 한다.

(1) 본질 관취는 직접적으로는 인식 문제의 해명을 위한 방법, 즉 내재적 인식에서 확신이 구성되는 구조 및 조건을 통찰하는 현상학적 환원 방법의 **기본형**이다.

(2) 본질 관취는 확신 형성의 구조를 통찰한 것일 뿐만 아니라 일반적인 개념이나 사태, 그리고 형성된 인식-신념의 본질 구조를 통찰하는 방법이 된다(후설은 이를 특히 '형상적 환원'이라 부른다).

(3) 본질 관취 방법은 문제가 되고 있는 사태의 핵심을 간주관적이고 보편적인 공통 인식으로 이끌어 주는 방법이라는 점에서 개념, 원리, 재再시발을 원칙으로 하는 철학의 사고법을 원리화한 것으로 간주할 수 있다.

(4) 이 방법적 원칙에 의해 본질 관취는 인문 영역에서 보편 인식을 목표로 하는 본질학의 근본 방법이 된다.

마음, 윤리, 사회

콩트의 실증주의 선언으로부터 출현한 19세기 이후의 인문과학은 철학을 대신하는 새로운 탐구 방법으로서 다양한 인문과학의 여러 학과들을 산출했다. 즉, 사회학, 정치학, 심리학, 역사학, 경제학, 언어학, 예술학 등등이다. 한데 인문 영역의 학문들은 가치나 의미 문제를 포함한 본질 영역이라서, 처음부터 커다란 곤란을 안고 있었다. 여기서 우리는 인문 영역을 크게 '마음', '윤리', '사회'라는 세 기초 영역으로 구분하고, 인문과학의 등장 이후 여러 이론들이 겪어 온 곤란을 개괄하면서, 이 영역에서 본질학은 가능한가에 대해 생각해 보자.

마음(심적인 것)

철학 대신 마음 영역을 맡은 인문과학은 물론 심리학이다. 실증주의로서의 심리학은 인간의 마음을 **사실**로서 정확히 파악, 인식하고 자 한다. 그 기초가 되는 방법은 예를 들자면 쥐에게 어떤 자극을 주고 그 반응을 관찰하는 방법, 즉 자극-반응 인과성을 기술한다는 점에 있다.

근대의 실증주의 심리학은 구스타프 페히너, 빌헬름 분트의 실험 심리학에서 비롯되었고, 미국의 구성심리학에서부터 존 왓슨의 행 동주의, 그리고 게슈탈트 심리학으로 나아갔다. 다른 한편 프로이 트를 창시자로 하는 심층심리학의 기나긴 계보가 출현한다. 그러나 앞에서도 본 것처럼 프로이트 심리학은 우선 융파, 아들러파 등으 로 분열되고, 그 후 프로이트파 자체도 다양한 분파들로 나뉘어 간 다(자아심리학, 대상관계론, 자기심리학 등). 그리고 심층심리학과 실증주의 심리학도 서로 첨예한 대립 관계를 보이게 된다.

특히 미국에서는 임상 데이터의 축적에 의한 실험적인 심리 요 법(내방자(방문자) 중심 요법이나 인지행동 요법 등)이 중심이 되면 서, 심층심리학의 가설들은 거의 부인되기에 이른다. 또한 실증주 의 심리학만 보더라도 대부분의 학설은 거의 이론적인 일치를 보지 못한 채 현저한 난립 및 대립 양상을 보인다.

여기서는 프로이트 심리학의 이론 구성을 현상학적인 관점에서 재검증해 보자.

프로이트 심리학

프로이트 심리학(정신분석)은 본래 신경증 치료라고 하는 확실한 목적을 갖고 출발했다. 실증주의의 원칙에서 보자면 이 목적을 위해 다양한 치료 방법의 가설들과 그 치유 과정의 데이터를 수집하고, 이를 바탕으로 가장 효율적인 치료 방법을 확정해 가면 된다. 이 과정에서 비효율적인 가설은 자연스레 도태되어 가기 때문이다. 한데 프로이트 이론은 치료라는 목적에서 서서히 이탈하여 마음의 **실체적 존재론**으로 방향이 크게 변화되는 특징을 갖게 되었다.

그 중심 이론은 오이디푸스 콤플렉스 가설에 있다. 인간은 유아기 때부터 이미 성욕을 가지며(리비도설), 그 때문에 '나-엄마-아빠'라는 삼각형 속에서 복잡한 대상 선택 관계를 갖는다. 프로이트에 따르면 이 시기에 유아(남자아이가 모델로 되어 있다)는 잠재적으로 엄마와 섹스하고 싶다는 바람을 갖는데, 머잖아 유아의 이러한 욕망에 대해 아빠에 의한 위협과 금지가 나타난다. 이것은 '거세 콤플렉스'라 불린다. 이 콤플렉스에 의해 엄마를 향한 성적 욕구를 단념하게 되고 오이디푸스 콤플렉스의 상태가 극복되어 아이는 정상적인 섹슈얼리티 발달 과정을 밟아 간다. 그러나 만일 이 극복 과정에 실패한다면 트라우마를 겪고, 그것이 훗날 신경증을 유발하는 원인이 된다고 한다.

잘 알려진 프로이트의 '초자아-자아-에스'라는 구도는 이 가설에서 도출된 것이며, 사상적 **직관**으로서는 극히 탁월한 것이라 하지 않을 수 없다. 그러나 정통적인 실증주의 심리학에서 보자면 프로이트의 유아 성욕설, 오이디푸스 콤플렉스설, 거세 콤플렉스설은 전혀 검증되지 않는 이야기적 성격의 가설일 수밖에 없다.

실제로 이 유아기 가설은 프로이트의 뒤를 잇는 심층심리학 계보

속에서 잇달아 다른 가설들로 치환되어 가면서 이론적 일치(보편 인식)에 도달하지 못하게 된다. 그러나 실증주의 심리학 쪽도 사정은 크게 다르지 않아, 극도로 많은 이론들이 난립하고 있다.

프로이트 심리학을 사례로 들어 살펴봤는데, 인문과학으로서의 심리학에 깔려 있는 근본 발상은 말하자면 인간의 마음을 하나의 실체로 보고, 그 인과적 구조를 실증적 데이터의 집적에 의해 연구한다고 하는 점에 있다. 그것이 자연과학의 기본 방법이니 당연한 것이라 할 수 있다. 그러나 이 방법은 마음 같은 대상에 대해서는 결정적인 약점을 갖고 있다.

가령 우리는 인간의 마음을 심적 장애의 치료 대상으로 **대상화**할 수가 있다. 심리요법이라는 게 사실 그러한 분야다. 또 상품 판매의 마케팅 대상으로서 마음을 연구할 수도 있다. 여기서는 약이나 치료법의 효과, 또 선전 방법이 데이터로서 집적되고, 어떠한 방법이 치유의 효율을 높일까, 판매를 촉진할까 같은 것이 연구 목적이 된다.

그러나 만일 '마음의 본질이란 무엇인가'라는 물음을 제기하면, 사정은 달라진다. 여기서는 마음이 다양한 목적에서 대상화되는 것이 아니라, 도리어 다양한 사물들을 **대상화하는 것** 또 다양한 목적들을 창출하는 것이 된다. 물음이 이런 차원에서 제기되면 '대상화되는 것'으로서의 마음에 대한 탐구를 아무리 누적시켜 가더라도 '대상화하는 것'으로서의 마음의 본질에는 다다를 수가 없다. 도리어 후자가 전자의 토대를 이룬다는 점이 쉽게 이해될 것이다.

그러나 프로이트는 치유 대상으로서의 마음을 탐구하면 마음의 본질 탐구에 가까이 갈 수 있다고 보았다. 요컨대 실증적 탐구를 수행함으로써 사태의 본질 탐구에 도달할 수 있다고 보았던 것이다.
그러나 여기에는 커다란 함정이 있다.

만일 프로이트 심리학이 제시하는 실증주의적 인간 탐구의 양상
을 현상학적으로, 본질학적 관점에서 음미해 보면 어떻게 될까?

마음의 본질과 비가시 지대

예를 들어서 '마음이란 무엇인가'라는 물음을 본질 관취 방법으로
통찰해 보자.

우선 우리가 어떠한 것을 사물이라 부르고, 또 어떠한 것을 마음
(심적 존재)이라 부르는지 물어보자. 여러 가지 방식으로 답변이 가
능하겠지만, 일단 현상의 인과 연관을 어디까지나 **사실적으로 더듬
어 갈 수 있는 것**을 사물이라 부르기로 한다면, 우리는 그것을 다음
과 같은 그림으로 제시해 볼 수 있다(그림 5-2).

한편, 우리가 어떠한 현상을 사물적인 것이 아니라 심적인 현상
이라 간주하는지 물어보자. 현상학적으로는 다음과 같이 말할 수
있다. 현상*의 인과 계열 속에서 결코 연쇄적인 인과 관계로는 파악
될 수 없는 블랙박스가 발견될 때, 우리는 이를 심적인 존재라 간주
한다.

현상적 인과를 확정할 수 없는 X 영역을 발견하게 될 때, 이를 우

---

* 원문에는 사상事象이라 되어 있지만 일반 독자들의 이해를 고려하여 '현상'으
  로 번역한다. 현상학에 조예가 깊은 독자들이라면 일반적인 의미의 현상과 현
  상학에서 특별히 구별하는 현상을, 맥락에 비추어 판단할 수 있을 것이다. -
  옮긴이

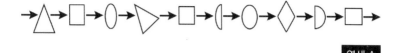

연쇄 A

그림 5-2. 사물 세계에서 볼 수 있는 물리과학적 인과성

리는 부득이하게 심적인 존재라 간주하게 된다. 그것이 확신 구성
의 일반 조건이다. 이 X항은 우리가 선택이나 판단 혹은 결정 등,
소위 '자유'에 속하는 것들의 본질이기도 하다. 그런 까닭에 X의 내
부를 일의적인 인과성으로서 기술하기는 **원리적으로** 불가능하다.
즉, 이 X항은 사물적 인과의 도상에 출현하는 하나의 절대적인 블
랙박스 혹은 '비가시 지대'인 것이다. 이를 다음과 같이 그림으로
제시할 수 있겠다(그림 5-3).

우리는 현상의 인과 계열 속에서 사물적인 연쇄로 환원할 수 없
는 항 X를 발견하게 되고, 이 X가 후속하는 현상의 **원인**을 이루고
있다고 확신할 때, 거기서 심적 존재를 직관한다.

심적인 존재에 대한 이러한 확신 구성의 구조로부터 우리는 다음
과 같이 말할 수 있게 된다.

첫째, 무릇 우리의 인식이라는 것은 의식에 도래한 여건(데이터)
으로부터 **구성**되는 확신의 여러 양태들이다(이는 현상학에 있어 인
식론의 근본 구도에 해당한다).

둘째, 일반적으로 프로이트 이후의 심층심리학이 행하고 있는 것
은 이 X **영역 내** 현상들의 인과성에 대한 **가설화**다.

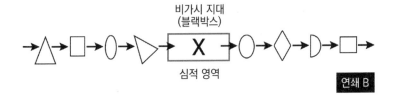

비가시 지대
(블랙박스)

심적 영역

연쇄 B

그림 5-3. 심적 세계에서 볼 수 있는 심적 인과성

우리는 이로부터 심층심리학설의 전체 구도를 전망할 수 있다.

어떤 선행적 사태와 신경증의 발증이라고 하는 입력 데이터와 출력 데이터가 존재하고, 그 내적인 인과성은 비가시적인 X 영역(마음의 영역)으로서 감추어져 있다. 프로이트 심리학은 이 X에 오이디푸스 콤플렉스라는 **가설**을 설정하고, 그럼으로써 모든 것을 인과성의 계열로서 완성하고자 한다는 점을 알 수 있다. 그리고 이 비가시 지대를 **가설적인 인과성**에 의해 설명하고자 하는 시도는 융이나 아들러의 설에서도, 또 수많은 실증주의적 심리학에서도 동일하다.

한데 심리 요법에서 더 흥미로운 것은 거기에 존재하는 인과설적 가설들이 많든 적든 매우 큰 차이를 보임에도 불구하고, 어떤 심리 요법도 **일정한 치유 효과**를 갖는다고 하는 사실이다.

레비-스트로스는 미개 사회의 샤먼적 주술에 의한 심리 치료에 대해 다음과 같은 뛰어난 고찰을 한 바 있다.

샤먼의 신화가 객관적 현실에 조응하지 않는다는 점은 그리 큰 문제가 아니다. 환자는 그 신화를 믿고 있으며 또한 그걸 믿는 사회의 일원이다. 수호령과 악령, 초자연적인 괴물과 마술적 동물들은 원주민의 우주관에 토대로 깔려 있는 긴밀한 체계의 일부를 이루고 있다. 환자는 그것들을 받아들인다. … 세균과 질병의 관계는 환자의 정신 바깥에 있다. 그것은 원인과 결과의 관계다. 그에 반해 괴물과 환자의 관계는 의식적이냐 무의식적이냐를 불문하고, 이 동일한 정신의 내부에 있다. 이는 상징과 (그 상징에 의해) 상징되는 것의 관계, 혹은 언어학자의 말을 사용하자면 의미하는 것과 의미되는 것의 관계다. 샤먼이 하는 일은, 그 환자에게는 언표되지도 않고, 또 달리 언표될 수도 없는 여러 상태들을 곧장 표현할 수 있는 말을 환자에게 제공하는 것이다.(『구조 인류학』)

샤먼적 주술 요법은 일정한 효과를 발휘하는데, 이는 실제로 그렇다는 사실을 의심할 수 없을 정도로 수많은 보고서들이 있기 때문이다. 병의 원인에 대해 샤먼이 제공하는 이야기(허구)는 물론 현대의 합리적 설명에는 부합되지 않지만, 사실 프로이트의 정신 분석이나 기타 수많은 요법적 가설들도 병의 참된 원인에 도달하지 못한다는 점에서는 마찬가지다. 여기서 레비-스트로스가 시사하는 것은 다음과 같은 점이다.

샤먼적 요법에 효과가 있다는 것은 분명하지만, 그것의 바탕이 되는 중요한 요인은 아마도 환자, 치료자, 가족, 부족의 사람들 사이에서 공유되는 질병이나 흉사의 원인에 대한 공동적 신빙이다. 샤먼이 들려 주는 이야기와 그가 펼치는 시술 행위에 의해 병의 원인은 말하자면 **상징적**으로 제거된다. 그럼으로써 원인은 제거되었다고 하는 강한 공동적 확신이 심신 상관적 효과를 산출한다.

이 치료 효과는 현대의 심리학이나 의학이 제시하는 합리적 인과론으로는 설명할 수가 없다. 레비-스트로스는 말한다. 여기서의 사실을 설명하는 것은 미개인의 공동적 신빙이 형성하는 상징 기능의 구조라고 할 수밖에 없다. 여기에는 상징과 상징되는 것의 관계가 존재하고, 그것은 아마도 심층심리학이나 그 밖의 많은 심리 요법들의 경우에도 찾아볼 수 있는 본질적인 구조일 것이다.

레비-스트로스의 고찰에는 극히 본질적인 통찰이 포함되어 있는데, 이를 현상학적 관점에서 달리 파악해 보자면 다음과 같다.

현대의 심리학설과 샤먼적 치료에 공통되는 점은 우선 저 비가시 지대 X에 모종의 인과 가설을 설정해 넣는다는 점이다. 이 인과 가설은 비록 참된 원인에 도달하는 일은 결코 없지만, 그럼에도 불구하고 그 가설이 치료자, 환자, 가족 등에게 강한 공동적 확신이 될 때, 그것이 환자의 내적인 자기 인식을 변용시켜 커다란 심신 상관적 효과(여기서는 병으로부터의 회복)를 산출하는 것이다.

이런 사태는 심적인 영역을 다루는 현대의 인문 과학에 중요한 시사를 던져 준다.

일반적인 사물 인식의 기본 구조는 그림 5-2에 제시되어 있다. 심적 현상을 포함한 여러 현상들에 대한 인식의 기본 구도는 그림 5-3에 제시되어 있다.

요컨대 자연과학은 그림 5-2에서 제시했듯이 어디까지나 현상의 인과 관계 계열을 실증적으로 탐구한다. 그러나 인문과학에서는 현상의 인과성에 대한 여건(데이터)뿐만 아니라 X 영역이 반드시 존재한다. 가령 심층심리학은 사전과 사후의 실증적 데이터를 여건으로 하여, 이로부터 X 내부의 인과를 **가설적으로 탐구**한다. 이 X는 본질적으로 비가시 지대라서, 어느 가설이라도 참된 인과에 도달하는 경우는 없다. 그럼에도 불구하고 어떤 가설에 입각해 치료하더라도 일정한 효과를 갖는다는 점은 대체 어떻게 생각해야 할까?

레비-스트로스의 고찰은 이 문제에 선명한 빛을 던져 준다. 즉, X에 대한 가설이 어떠하든 간에, 우리는 이 A와 B 간에 존재하는 상징적인 구조를 관취(=통찰)할 수가 있다. 즉, 한편에서 (샤먼적 요법을 포함해) 다양한 요법에 있어서 원인의 가설화와 그에 입각한 시술, 치료 행위라는 인풋이 있고, 다른 한편 병이 일정하게 경감된다고 하는 아웃풋이 있다. 이 점은 누구에게나 확인 가능하다. 이로부터 도출되는 치유의 **본질**은 치료자가 병의 원인을 하나의 가설로 정식화한 것, 치료자와 이 가설적 원인에 대한 신뢰, 또한 치료 행위가 원인을 제거하고 있다고 하는 것에 대한 공동적 신빙 등이다.

병의 원인에 대한 샤먼의 설명(가설)이나 오이디푸스 콤플렉스 등의 가설은 비가시 지대의 내부 인과에 대한 가설이어서, 결코 확증이 되지는 않는다. 그러나 레비-스트로스가 시사한 이 치유의 본질(상징 기능)은 누구에게나 대단한 설득력을 발휘한다.

게다가 만일 어떤 사람이 이보다 더 설득력 있는 치유의 본질을 통찰할 수 있다면, 그것을 제시할 수가 있다. 이 본질(구조적 공통성)의 관취는 비가시 지대 내에 대한 독단적인 해석이 아니라, 간주관적인 확신의 형성으로서 시행되는 것이기 때문이다. 거기에 본질 관취라는 방법의 원칙이 있다(그림 5-4).

비가시 지대
(블랙박스)

A 상징기능 - 구조 B

그림 5-4. 심적 인과성에서의 상징기능-구조

이제 우리는 드디어 현재의 인문과학이 왜 여러 설들의 난립과 대립 상태 속에 처해 있을 뿐 보편적인 본질학에 이를 수는 없는지, 그 이유를 확실히 지적할 수가 있다.

일반적으로 인문과학은 실증적인 사실학을 방법의 원칙으로 삼지만, 다루는 대상은 인간과 사회에 있어 의미나 가치와 관련되는 영역이다. 그렇기 때문에 여기서는 사실적인 데이터만으로는 확증이 되지 않는 비가시 지대가 출현한다.

나중에 자세히 보겠지만, 예컨대 사회학이나 정치학의 경우에는 사회적인 '정의, 부정의'의 근거 같은 게 중요한 테마가 된다. 사회의 차원에서 무엇이 올바른가는 사회적 사실들을 아무리 많이 데이터로 수집하더라도 포착이 불가능하다. 그러나 인문과학에서는 각 학설들이 특정한 가설을 세우고, 이 가설을 실증하기 위해 수많은 사실적 데이터들을 수집하는 방법을 자주 취한다. 그러나 이 방법으로는, 대립하는 학파도 동일한 방법을 취하기 때문에, 학설들 간의 대립이 끝내 극복되지 않는 것이다.

양적 연구와 질적 연구의 본질 연관

현재, 양적 연구/질적 연구라는 구분이 임상심리학, 교육학, 간호학, 개호학介護學[간병, 요양 등을 포함한 돌봄에 관한 학문] 등의 영역에서 행해지고 있다. 양적 연구는 실증주의에 입각한 데이터 evidence를 토대로 한 연구를 의미하고, 이에 반해 질적 연구는 데이터로는 포착되지 않는 인간적 측면을 커버하는 방법이라고 되어 있다. 그리고 여기서는 현상학의 응용이라는 것이 자주 이야기되고 있다.

이 구분은 인문 영역이라는 것이 사실학적 실증주의만으로는 포착할 수 없는 측면을 갖고 있다는 점을 더 깊이 자각하게 된 결과라 할 수 있다. 다만 질적 연구에 있어 현상학의 응용이라는 점에서는 기본적으로 현상학 이해가 충분하다고는 할 수 없고(일반적으로는 본체론의 해체, 인식론의 해명, 본질 관취 등등 현상학의 근본 방법은 거의 이해되지 않은 상태다), 그 때문에 질적 연구를 위한 다양한 방법들이 제안되고는 있지만, 기본적으로 **주관적인 해석 이론**의 영역을 벗어나지 못하고 있는 듯하다.

여기서 우리가 구체적인 연구 영역으로 들어가진 않겠지만, 질적 연구가 현상학의 방법을 어떻게 응용해야 하는가와 관련하여 기본적인 구도를 제시해 두고자 한다(그림 5-5).

이미 보았듯이 현상학이 제시하는 인식의 본질적 구도는 노에시스-노에마 구도이며, 이 구도는 우리의 모든 인식의 양상에 적용된다.

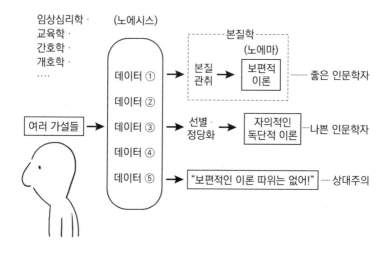

그림 5-5. 인문 영역의 여러 학문에서 본질학이 성립할 가능성

예컨대 철학자라면 자신의 머릿속에서 (플라톤이 그렇게 했듯이) '자유란 무엇인가', '사랑이란 무엇인가', '미란 무엇인가'라는 물음을 제기하고, 그 본질에 대한 이념을 구축한다. 이에 반해 실증주의적 인문과학자는 우선 데이터를 수집한다. 이 다양한 데이터가 인문학자들에게 노에시스(경험적 소재)가 되고, 이 데이터로부터 가설이 이론으로서 도출되는데, 이것이 노에마에 해당한다.

여기서 '좋은 인문학자'는 처음 세웠던 가설에 사로잡히지 않고, 자신이 수집한 데이터를 잘 들여다보면서, 그로부터 사태의 본질을 통찰하려고 노력할 것이다. 그러나 만일 처음 세웠던 가설(신념)을 고집하면서 자신의 가설에 적합한 데이터만을 모으고, 그것을 가설의 정당성을 뒷받침하는 증거로 삼는 학자가 있다면 그것은 '나쁜 인문학자'라 하지 않을 수 없다.

즉, 여기서의 요점은 학문이 탁월한 보편적 이론을 산출하기 위해서는 적절한 데이터(노에시스)와 탁월한 본질 관취라는 두 요소가 필요하다고 하는 것이다. 혹은 이렇게 표현할 수도 있겠다. 독단적 이론은 처음부터 자신의 '가설=신념'을 정당화하기 위해서만 데이터를 관찰하고, 상대주의자는 본질 관취에 좌절한 나머지 그 어떤 이론도 보편적일 수 없다고 하는 결론에 다다르게 된다.

이렇듯 현상학적 관점에서 보자면, 양적 연구(사실의 실증적 측면)와 질적 연구(본질을 탐구하는 측면)를 대립시키는 게 무익하다는 점을 알 수 있다. 요컨대 질적 연구가 본질 관취라는 방법을 적절히 응용할 수 없다면, 양적 연구와 질적 연구라는 의미 있는 구분은 결국 전통적인 독단론 대 상대주의의 대립이라는 구도로 끝나고 말 것이다.*

---

* 질적 연구와 관련해서 해석학과 본질학 사이에 존재하는 차이: 질적 연구에서 실천적인 의미의 영역을 다룰 때 현상학의 방법이 유용하다는 이야기들이 있는데, 현 상황에서는 거의 대부분의 경우 보편적인 이론을 도출하기 위한 본질 관취 방법이 이해되지 못한 채, 하이데거나 가다머의 해석학적 방법이 채용되고 있는 실정이다. 하지만 이미 보았듯이 후설의 본질학은 보편 인식의 가능성을 향한 방법임에 반해, 하이데거의 해석학은 기본적으로 그의 독자적인 존재론에 바탕을 둔 형이상학적 탐구라는 점에 그 본질이 있다. 하이데거의 해석학에는 그렇게 수행되는 탐구가 주관적인 해석이 아님을 보증해 주는 원리가 포함되어 있지 않다. 그 때문에 지금처럼 해석학적으로 수행되는 질적 연구는 실증주의로부터의 비판(결국 주관적인 해석들을 계속 누적시켜 가는 과정이 아닌가)에 충분히 답할 수가 없는 것이다.

윤리

생명윤리학이나 환경윤리학 같은 형태로 존재하는 현재의 인문과
학으로서의 윤리학은 의료나 환경 문제에 대해 어떠한 일반적인 룰
이나 규칙이 필요한가를 주제로 삼는 영역이다. 그리고 이쪽 역시
나 다른 인문과학과 동일한 구조에 기인한 학설 및 이론 간의 대립
이 발생하고 있다. 단, 이 경우의 학설과 이론들은 그 근거로서 명
시적이거나 암묵적으로 거물 철학자들의 설에 의거하고 있는 경우
가 많다. 그러나 문제는 많은 학자들이 채용하는 철학자들의 설 자
체에 이미 커다란 대립이 존재한다는 점이다. 상징적이라 할 수 있
는 두 가지 대립을 살펴보자.

칸트 vs 헤겔

우선 칸트 대 헤겔의 대립이 있다. 칸트는 근대 도덕철학의 창시자
라 해도 과언이 아닐 정도로 그의 업적은 지대하다. 그의 중심적인
주장은 이러하다. 자연 세계에 법칙이 있듯이(자연 법칙) 인간 마
음의 세계, 즉 자유의 세계에도 법칙이 있다. 단, 여기서의 '자유'는
일반적인 의미와는 상당히 달라서 욕망이나 감정에 저항하여 선을
이루고자 하는 '의지의 자유'를 의미한다.

앞서도 말한 바 있지만 칸트의 도덕철학을 한 번 더 확인해 두자.
"그대의 의지의 격률格律이 늘 동시에 보편적 입법의 원리로서 타당
하도록 행위하라." 이 법칙의 요점은 선이라는 게 주관적인 게 아니

라 반드시 객관적인 선, 즉 누구에게나 좋다고 할 수 있는 것이어야만 한다는 것이었다. 그리고 일견 동어 반복처럼 보이는 이 정식이 큰 의미를 갖는 것은 칸트가 이 표현에 의해 선의 근거를, 그때까지의 종교적인 것, 성스러운 것으로부터 떼어내 근대적인 인간관계(시민끼리의 관계)의 윤리로 새로이 만들어 냈기 때문이다.

이때 설정된 선악의 근거는 종교적, 습관적 도덕률에서 전혀 유래하지 않는다. 오직 인간 일반의 좋음(복지=행복)의 보편성에 대한 이성적 추론으로부터만 유도되고 있는 것이다. 그리고 다음과 같은 주장도 그 안에 포함되어 있다. "젊은이들은 청년기에 그 어떤 전통적, 관습적 선악의 규범으로부터도 일단 벗어나, 이성에만 의거하여 창출되는 선악의 룰을 자신 안에 수립하라!" 칸트의 도덕철학이 근대 사회에서 인간 윤리의 본질을 논하는 철학일 수 있는 것은 바로 이 명법命法에 의해서라고 할 수 있다.

하지만 칸트의 도덕철학에 대해서도 헤겔의 냉엄한 비판이 있다(『정신 현상학』, 『법철학』).

무엇보다도 인간의 이성은 모든 앎을 갖지 못하는지라(=인간은 **전지**한 존재가 아니므로), 다양한 상황들에 처할 때마다 무엇이 선이냐를 이성에 의해 절대적으로 판단하기란 불가능하다. 근대 사회에서는 생활 양식이 본질적으로 다양해지고, 또한 인간은 복수의 조직(공동체)에 속해 살아간다. 그로 인해 개개인에게 선(과 행복)은 역시나 필연적으로 다양화되어, 일의적으로 결정되지 않기 때문이다.

근대 사회에서 인간은 타인의 자유를 침해하지 않는 한 자신의 선과 행복을 자유로이 추구하는 것이 인정된다(상호 승인). 이로 말미암아 근대 사회에서는 무엇이 선인지, 또 무엇이 정의인지에 대해 의견 대립이 필연적으로 발생하는데(신념 대립), 칸트의 도덕적 올바름에는 선이나 정의와 관련된 신념의 대립을 극복할 원리가 포함되어 있지 않다.

헤겔은 말한다. 칸트의 도덕철학은 근대의 일대 성취라 할 수 있다. 하지만 도덕은 근대 사회가 잉태하는 **가치 대립**을 뛰어넘을 수가 없다. 도리어 자신의 내적인 올바름을 최대한 사람들의 판정(승인)에 열어 놓는 의지를 갖는 양심 개념이 중요하다.

윤리의 본질에 대한 칸트와 헤겔의 이러한 대립은 현대의 윤리사상에 본질적으로 깔려 있는 대립을 상징하고 있으며, 극히 흥미로운 문제를 포함하고 있다.

하이데거 vs 레비나스

하나 더, 이번에는 현대 철학에서 윤리사상의 대표적인 대립을 보기로 하자. 우선 하이데거. 그의 윤리철학의 키워드는 양심이다(이는 헤겔의 양심과는 상당히 다르다). 『존재와 시간』에서 하이데거는 '양심이란 무엇인가'에 대한 본질 관취를 수행한다. 양심이란 무엇인가? 그것은 각양각색의 행위나 선택들이 이뤄지는 현장에서 자기 내부로부터 들려오는 호소, 즉 '그것으로 좋은 것인가'라는 목소리다. 요컨대 그것은 더 선하게 살아가자고, 혹은 **본래적으로** 살아가자고 외치는 목소리다. 그리고 이 목소리의 본질을 더 탐구해 들어가면 우리는 인간의 생에 고유한 죽음 불안에 막다른다.

이미 불안을 본질 관취하는 대목에서 보았지만, 하이데거가 논하는 불안은 인간의 근본 기분이어서, 다양한 생활 감정들의 저 깊숙한 내면에는 죽음 불안이 숨어 있다. 그래서 우리는 끊임없이 죽음 관념을 은폐하고 또 이를 나름대로 길들이면서 일상을 살아간다. 하지만 인간은 죽음에 가까이 가게 되는 상황에 처하면, 삶의 **일회성과 교환 불가능성**을 강하게 의식하고, 그로부터 **본래적으로** 살아가자고 하는 실존적인 자각에 눈 뜰 가능성을 얻게 된다. 이때 우리는 양심이라는 것의 본질을 안다. 요컨대 인간 양심의 본질은 본래적으로 살아가자고 하는 자기 자신에 대한 존재 배려로서, 죽음 불안으로부터 오는 실존의 불안과 깊이 이어져 있다.

하이데거의 윤리철학은 누구나 갖는 **양심이라는 현상**의 본질 관취에서 출발하고 있다는 점에 탁월한 특징이 있다. 본래성 개념도 그것이 삶의 일회성에 대한 자각에서 출현한다고 하는 주장에는 강한 설득력이 있다. 다만 그 본래적 삶의 방식의 내용이 충분히 명료하다고는 하기 힘들다. 하이데거가 시사하는 바는 자신이 속하는 민족이나 공동체의 '선'을 목표로 살아가는 것으로 향해져 있는데 *이 사고는 나치즘 이념과의 접근을 초래한 요인이라고도 할 수 있

---

* 하이데거에게 공동체의 의미: 다음 인용문을 보면, 공동체의 선을 목표로 삼는 삶의 방식이 운명의 언어로 제시되어 있다. "숙명적인 현존재는 세계-내-존재로서 본질상 타자와 함께하는 공(共)존재에 있어서 실존하는 한, 그러한 현존재의 생기(生起)는 공(共)생기이고, 운명으로서 규정되어 있다. 이 운명이라는 말로 우리가 표시하는 것은 공동체의 생기(生起), 민족의 생기인 것이다."(『존재와 시간』)

어, 비판의 여지를 낳고 있다.

현대 윤리철학을 대표하는 또 한 명의 철학자는 에마뉘엘 레비나스(1906~1995)다. 레비나스는 바로 지금 말한 이유로 하이데거 철학을 전체성의 철학이라 비판한다. 하이데거의 윤리학이 죽음 관념을 근본적인 축으로 삼는 데 반해, 레비나스는 타자 관념을 근거로 삼는다. 그는 말한다. 유럽 철학은 전체적으로 '타他'를 자기화하는 '동同'의 철학이었는데, 현대 윤리학은 오히려 타자의 존재를 절대적인 것으로 존중하는 타자의 형이상학으로 수립되어야 한다. 초월적인 타자 관념만이 인간의 본래적인 자기 중심성을 비판할 수 있기 때문이다.

레비나스는 인간에게 타자가 어떠한 본질을 갖는가에 대해 실존론적 분석을 행하였고, 특히 유소년기의 타자 관계에 대한 본질 통찰(=본질 관취)에는 큰 설득력이 있다. 그러나 어느 시점부턴가 레비나스의 타자는 인간의 자기 중심성을 **심판하는** 일종의 초월항처럼 바뀐다. 초월항이란, 그로부터 모든 것이 규정을 받는 절대항이다. 레비나스의 윤리에 근거로 자리 잡고 있는 타자 개념을 철학적으로 성찰해 보면, 거기에는 유럽 특유의 초월항인 '신' 관념(절대적인 심판자)이 타자로 치환되었다고도 볼 수 있는 의미가 담겨 있다.

그렇게 보면 레비나스의 타자는 하이데거의 존재 형이상학과 극히 커다란 유사점을 갖는다고 할 수 있다. 하이데거에게도 이 세상 모든 것들은 존재로부터 증여되는 것이니 말이다. 두 철학자가 공통으로 직면한 것은 유럽에 있어서 신이라는 초월항이 상실되었다고 하는 사태이고, 이 상실이 한편에서는 인간의 본래적인 실존을 인도하는 존재라는, 다른 한편에서는 인간의 자기중심성을 심판하는 '타자'라는 **절대적인 윤리 관념**을 불러들이고 있다는 느낌이 든다.

이상 이념의 대립

유럽 철학에는 윤리철학의 오랜 전통이 있는데, 앞서 거론한 예는 그중에서도 대표적인 철학자들이다. 본질학으로서의 윤리학이라는 관점에서, 나는 이들을 다음과 같이 총괄하고 싶다.

"혼을 배려하라"(소크라테스), "윤리적인 덕을 함양하라"(아리스토텔레스), "보편적인 선을 의지意志하라"(칸트), "본래적으로 실존하라"(하이데거), "타자를 절대적으로 존중하라"(레비나스) 등등. 내가 보기에 이처럼 철학자들의 윤리학이 하나의 윤리적인 **당위**로 제시되는 한, 즉 모종의 **이상理想 이념**으로 제시되는 한, 거기에는 가치의 다양성이라는 곤란이 잠재해 있고, 필연적으로 유화宥和 불가능한 대립을 산출하게 된다. 이 점에 주목할 때 우리는 본질학으로서의 윤리학이 처하게 되는 가장 중심적인 곤란을 이해할 수 있다.

공동체가 안정적으로 성립되어 있을 때에는 선악의 기준이 자연스레 정해진다(무엇이 선이고 무엇이 악이냐에 대한 암묵적인 공통 인식이 성립한다). 아리스토텔레스의 윤리학은 그 전형으로, 거기서 통용되던 선의 기준(탁월성=아레테)에는 그리스적인(혹은 민주정 체제인 아테네의 전통적인) 인간의 **덕성**이 암묵적 토대로 깔려 있다. 그러나 근대 사회에서는 가치의 다양화가 필연적이어서, 특정한 윤리적 이상 이념은 결코 보편성을 가질 수 없다(참고로 아리스토텔레스의 도덕적 탁월성(아레테) 관념은 미적이고 자족적인 관상적觀想的 생활을 윤리의 한 모델로 삼고 있다. 따라서 그 관념에는 다양한 사회 모순들을 어떻게 판단해야 옳을까 같은 문제는 거의 포함되지 않는다).

특히 하이데거의 존재론 철학은 문제적이다. 여기서는 인간 실존의 본질에 대한 해명을 일상적인 인간의 존재 이해로부터 시작해야 한다고 되어 있건만, 최종적으로는 인간 실존의 본질보다 **그 어떤 '실존 이념'**이 선행되어야 한다는 주장이 나타난다.

이러한 사고방식으로부터는 하이데거의 '본래성', 레비나스의 '절대적 타자', 칸트의 '최고선' 등등 저마다의 실존 이념들(이상 이념들)이 모두 정당화되기에 이르는데, 그렇게 되면 이 상이한 윤리적 이념들 간의 대립은 극복하기 힘들어진다. 서양 철학의 윤리학도 역시나 가치의 다양성에 의해 발생하는 윤리사상의 필연적 대립을 충분히 해결하지는 못하고 있는 것이다.

헤겔을 빌어 말하자면 근대 사회란 각 사람이 저마다의 선과 복지(행복)의 추구를 상호 승인하는 사회이며, 따라서 가치의 다양화는 필연적이다. 바로 이 이유로 인해 특정한 혹은 암묵적인 이상 이념에서 출발하는 윤리학은 보편적인 본질학으로서의 윤리학의 토대가 될 수 없는 것이다. 임의의 이상 이념이 절대적인 것으로 상정되자마자 그것은 초월항이 되며, 그것이 개인에 대해 강제력을 가짐에 따라 내적인 자유를 생명으로 하는 인간 윤리의 본질을 파괴하기 때문이다.

과연 본질학으로서의 윤리학은 가능한 것일까? 이 물음에 대해 정리를 좀 해두기로 하자.

윤리학의 근본은 인간 세계에서만 볼 수 있는 선악이라는 가치 심급의 본질에 대한 탐구에 있다. 여기서 두 가지 영역이 출현한다. 하나는 개인 내면의 선악 규범에 대한 물음으로, 왜 인간에게 선악이라는 가치가 존재하며, 그것은 어떠한 방식으로 한 명 한 명의 인간 속에서 살아가는가 라는 물음이다. 이것이 통상 우리가 윤리학이라 부르는 것의 중심 주제다. 또 하나는 사회적인 선악에 대한 물음으로, 정의와 불의의 공준公準을 어떻게 정할 수 있는가, 라는 물음이다(이는 뒤에서 살펴보겠다).

현대 윤리학이 직면하고 있는 곤란을 요약하자면 다음과 같다. 현대 윤리학은 대부분, 인간에게는 바로 이것이야말로 가장 탁월한 덕(혹은 선)의 모습이라고 하는 **특정한** 윤리적 이념에서 출발하여, 그것을 사람들에게 **요청**하는 구조를 취하고 있다. 그 때문에 필연적으로 가치 대립에 빠지게 되고 그 결과 윤리에 대한 보편적인 본질학이란 있을 수 없게 된다. 윤리학이 선이나 도덕의 이상적인 이념으로부터 요청되는 그러한 것이 아니기 위해서는 무엇이 필요할까?

나는 이전에 『욕망론』이라는 책을 2권까지 출간한 적이 있는데, 조만간 그 속편을 쓸 계획이다. 그리고 그 책의 중심 주제는 바로 이 물음이 될 것이다. 그러므로 여기서는 그 기본 원칙만을 언급해두기로 하겠다.

윤리의 본질학은 무엇보다도 우선 선악의 본질 관취에서 출발하지 않으면 안 된다. 여기에는 두 가지 과제가 있는데 하나는 우리가 일상 세계에서 어떠한 상황(경험)을 '선한 것' 혹은 '선한 일'이라 부르는지를 깊이 숙고하는 것으로, 이는 언어에 입각한 본질 관취에 해당한다. 또 하나는 선악이라고 하는 인간 고유의 가치에 대한 발생적 본질론이다(『욕망론』 제2권 참조).

발생적 본질론은 인간의 선악, 미추, 진위라는 가치의 질서(가치심급)가 어떻게 해서 인간 세계에서만 발생했는가를 묻는 것이 핵심이다. 그 다음에 중요한 것은 무엇이 최고의 선인지를 탐구하는 이론, 즉 이념으로서의 선에 대한 이론이 아니라 우리 안에서 선(혹은 악)을 향한 욕망과 욕구가 발현되는 조건은 무엇인가에 대한 통찰이다.

플라톤의 가설에서는 만일 어떤 조건이 충족되면 인간에게 선을 향한 욕망은 필연적이고도 본질적인 것이라 되어 있다. 이 가설에 대한 검증은 선의 본질학에서 중요한 주제가 된다.

요약해 보자. 선을 행해야 한다고 하는 당위의 논리는 도덕의 훈육학(인격이나 품성을 함양하는 가르침)이지, 선에 대한 본질학이 될 수는 없다. 선을 향하려는 욕망은 어떠한 조건하에서 우리 안에 풍부하게 유지되고 계속 활성화되는 것인가? 또 역으로 어떠한 조건이 결여되면 그것은 니힐리즘이나 악으로 변해 버리는 것인가? 이런 문제들에 대한 본질적인 통찰이 필요하다. 이 물음은 가치관에 따라 다른 사고가 출현한다는 식의 문제가 아니기 때문이다.

마지막으로 중요한 것은 개개인의 입장에서 이러한 선에 대한 본질학이 사회의 선악(정의와 불의)에 대한 물음, 즉 사회 본질학의 토대가 된다는 점이다. 실은 바로 이 지점에 보편적인 사회 이론의 전제 조건이 있다. '사회란 무엇인가'라는 물음은 어떠한 사회가 인간에게 선한 사회라 할 수 있는가, 라는 물음을 가장 중심적인 것으로 포함하기 때문이다.

사회

사회 영역을 담당하는 인문 영역의 학문들은 사회학, 정치학, 역사학, 경제학, 인류학 등인데, 여기서는 특히 허버트 스펜서(1820~1903)에서부터 뒤르켐(1858~1917)으로 나아가는 사회학을, 그리고 이와 평행하게 등장한 마르크스주의 이론을 개관해 보자.

마르크스는 유물사관("인간의 역사는 계급투쟁의 역사다")이라는 하나의 근본적 역사관을 제창하고, 그럼으로써 사회와 역사의 구조적 본질을 포착하는 새로운 방법을 제시했다. 그 근본 테제는 "의식이 생활을 규정하는 게 아니라 생활이 의식을 규정한다"(『독일 이데올로기』)라는 명제로 제시된다. 인간의 역사는 고대 사회에서 중세 봉건제, 자본주의로 나아가는데, 계급 투쟁 역사의 전개는 필연적으로 프롤레타리아 혁명을 통해 자본주의를 사회주의(공산주의)로 향하게 한다고 본다. 또 한 가지 중요한 것은 마르크스주의 세계관은 공상적 사회주의와 구별되는 과학적 세계관으로, 가장 '올바른 세계관'이라고 하는 주장이다.

이데올로기 논쟁

마르크스주의야말로 유일하게 올바른 세계관이라고 하는 이 주장은 다른 모든 사회 이론이나 사회 사상을 지배 체제를 옹호하는 이데올로기[*]라 비판하고, 그 결과 19세기 말부터 20세기에 걸쳐 등장한 유럽의 사회 이론들 전체를, 도대체 무엇이 '올바른' 사회 인식이라 할 수 있느냐 라는 이데올로기 대립의 논의로 빨아들이게 되었다. 하지만 이 주장은 머잖아 막스 베버나 칼 만하임으로부터, 마르크스주의 자신이 하나의 이데올로기가 아니라는 보증은 어떻게 제시될 수 있느냐라는 비판을 불러들이게 된다.

어떤 의미에서 마르크스주의 사회 이론은 '보편적인 사회 이론은 가능한가'라는 난문을 다시 한번 환기한 것인데, 이 논의는 머잖아 마르크스주의의 좌절과 이를 비판하는 포스트모던 상대주의 사상의 등장에 의해 명확한 답을 제시하지 못한 채 흐지부지된다. 결국 이러한 경험은 20세기의 철학과 사상을 크게 상대주의, 그리고 반철학의 흐름으로 기울어지게 했다.

한편 콩트의 실증주의 선언을 이어받아 근대 사회학의 출발점을 이룬 것은 스펜서의 사회진화론이며(「과학의 기원」 등), 사회학의 방법적 선언으로서 상징적인 것은 뒤르켐의 『사회학적 방법의 규칙들』이다.

여기서 뒤르켐은 사회학을 실증주의 방법에 의한 '사회적 사실의 구명究明'이라 위치 짓는다. "사회적 사실은 하나의 사물이며, 또 사물처럼 취급하지 않으면 안 된다."(『사회학적 방법의 규칙들』) 혹은

---

[*] 이데올로기: 원래는 하나의 포괄적 세계관을 의미하지만, 마르크스주의 이후에는 특히 사람들을 의도적으로 기만하는 그릇된 세계관이라는 의미를 띠고 사용되었다.

"무릇 사회학이 요구하는 것은 인과율의 원리를 사회 현상에 적용하는 것이 승인되어야 한다는 점, 그것이 전부다."(같은 책) 사회를 변화시키는 근본 동인을 사회적 **사실**이라고 간주해도 되니, '사회적 관행'의 기본 계기로 상정할 수 있다는 주장이다.

그는 또 이렇게 말한다. 이제 사회학은 철학에서 독립하지 않으면 안 된다. 요컨대 가치나 이데올로기로부터 독립한 **객관 과학**으로서의 내실을 제시하지 않으면 안 된다는 것이다.

'올바른 세계관'을 표방하는 마르크스주의는 콩트의 실증주의를 이어받은 스펜서, 뒤르켐의 사회학과 함께, 19세기 후반 이후 인문 영역 탐구의 중심이 철학에서 벗어나 사회 과학 영역으로 이행했다는 점을 확실히 보여 준다. 그러나 독자적인 가치관(세계관)을 포함하는 마르크스주의와, 사회의 객관 인식을 표방하는 사회학은 그 자체의 내부에서 이론적인 대립이 발생한다. 이로 인해 여기서도 무엇이 올바른 사회 인식이라 할 수 있느냐, 라는 난문을 극복하지 못한 채 남겨 두게 된다.

결국 개괄을 해보자면, 19세기 이후의 사회 이론은 우선 마르크스주의의 독단적 세계관과, 객관적 학문으로서의 사회학으로 분기하고, 마지막으로 상대주의의 본류인 포스트모던 사상 및 현대 언어철학(분석철학)에 다다른다. 여기서도 세계 인식의 문제는 독단론과 상대주의라는 참으로 오래된 구도를 반복한다.

베버의 '이념형'

사회학 분야에는 또 한 명의 거물인 베버(1864~1920)가 있다. 그는 뒤르켐의 『사회학적 방법의 규칙들』보다 나중에 『사회 과학과 사회 정책에 관한 인식의 객관성』(객관성 논문이라 불린다)을 쓰는데, 이는 사회학이 어떻게 보편적 학문일 수 있느냐에 대한 문제 제기로서 중요한 의미를 갖고 있었다.

베버 사회학의 키워드는 '이념형'인데, 여기에는 '유일하게 올바른 세계관'이라는 마르크스주의의 사고에 대한 저항이 있다. 베버는 말한다. 하부구조(경제 구조)야말로 사회 현상의 결정인이라고 하는 유물사관의 테제는 독단적이며, 검증되지 않았다. '문화적 현상'에 대한 인식은 객관적인 법칙 같은 것에 의해서는 결코 밝혀지지 않는다. "왜냐하면 그것(문화적 현상에 대한 인식 - 인용자 주)은 가치 이념에 의해 결정되기 때문이며, 우리는 … 이 가치 이념하에 '문화'를 고찰하는 것이다."(『사회 과학과 사회 정책에 관한 인식의 객관성』)

베버는 사회나 문화에 대한 인식이 단순한 **사실 관계** 인식이 아니라, **여러 가치 관계들**에 대한 인식임을 확실히 자각하고 있었다. 사회학이 보편적인 인식이기 위해서는, 어떠한 관점에서 사회가 인식되어야 하는가를 명시하는 '이념형'을 모델로 삼고, 이를 바탕으로 사회 현상들에 접근해야 한다고 그는 주장한다. 그러나 그 뒤 현대 사회학이 실제 전개되어 온 모습을 본다면 베버의 이러한 본질적인 문제 제기를 인수하고 있다고는 할 수 없다.

사회시스템론

현대 사회학의 커다란 계보로 탤컷 파슨스(1902~1979)에서 니클라스 루만(1927~1998)에 이르는 사회시스템론을 들 수 있다. 사회시스템론은 마르크스주의 사회 이론에 대항하면서, 그 퇴조를 맞아 등장한 사회 이론의 새로운 흐름이다.

『사회적 행위의 구조』 등으로 알려진 파슨스의 이론은 일반적으로 구조 기능주의라 불린다. 우선 개개인의 행위를 기본 단위로 삼고, 그로부터 사회 구조와 기능이라는 관점에서 사회의 존재 방식을 분석해 보자는 아이디어다. 파슨스의 두 가지 키워드는 '홉스 문제'와 'AGIL 도식'이다.

홉스 문제란 각자 공리적 원칙하에 행위하는 인간들의 집합성이 어떻게 해서 사회 질서의 달성을 가능케 했느냐라는 물음이다. 파슨스의 답은 '공통 가치'의 창출이라는 점에 있다. 한편 AGIL 도식은 사회시스템이 **안정되게 존속하기 위한** 여러 기능들을 적응(A), 목표 달성(G), 통합(I), 잠재적 패턴의 유지(L) 라는 네 계기를 통해 사유한다.

파슨스의 사회학은 사회를, 가령 스펜서처럼 실체적인 **유기체**의 유비analogy로는 포착하지 않는다. 도리어 사회는 어떻게 유지, 존속하느냐라는 '기능'의 문제가 중심 축에 놓여 있다. 하지만 사회를 객관적인 '사실성'으로서 포착한다는 점에서는 콩트, 스펜서, 뒤르켐의 관점을 그대로 계승하고 있다. 분석 방법도 전형적인 지성적 분석*이다. 예컨대 사회적 가치의 기본 형식은 보편주의/개별주의, 감정중립성/감정성, 집합체 지향/자기 지향 등으로 구분 및 정리되는데, 지성적 분석이 늘 그렇듯이 어디까지나 임의의 분류에 그친다.

일반적으로 파슨스의 사회시스템론을 발전시켰다고 간주되는 인물이 『사회시스템이론』으로 알려진 루만이다. 루만은 파슨스가 주로 사회를 유지하고 존속시키는 '기능'에 역점을 둔다는 점에서 **보수적**이라고 비판한다. 루만의 포인트는 사회를, 유지 존속을 위한 완결된 시스템이 아니라, 외부에 열린 동적인 시스템(구조체)으로 파악한다는 점에 있다.

"사회는 동적인 시스템이다." 이 테제를 논증하기 위해 루만은 몇 가지 복잡한 '동적 모델'을 사회에 적용한다. 그것을 호메오스타시스(항상성) 모델에서 사이버네틱스 모델, 오토포이에시스(자기조직화) 모델로의 전이라고 크게 정리해 볼 수 있다. 각 모델의 요점은 다음과 같다.

(1) 호메오스타시스 모델: 유기체적 모델을 적용한 것이다. 이 모델의 포인트는 생명체가 다양한 외계(주변)에 대처하면서 자기의 '정상定常 상태'(호메오스타시스)를 유지하듯이, 사회 또한 외적인

---

* 지성적 분석: 지성(悟性)은 원래 칸트의 『순수이성비판』에서 사용된 용어다. 그는 인간의 인식 능력을 감성, 지성, 이성으로 나누어 고찰하는데, 그중에서 지성은 양, 질, 관계 등을 인식할 때의 개념적인 틀을 의미한다. 본문에서 말하는 '지성적 분석'은 이러한 칸트의 구분 자체를 비판적으로 평가한 헤겔의 표현이다. 이 표현에는, 현상이나 상황을 개념적인 구분으로 정리 및 분류하여 이해할 뿐, 본질적인 이해라고는 할 수 없다는 비판이 함의되어 있다.

여러 변동들에 대해 자기의 정상성을 유지하는 기능(시스템)을 가진다는 것이다. 이는 주로 파슨스에 의해 도입된 모델인데, 사회를 항상적인 존재로 다루는 경향 때문에, 루만의 경우에는 다음과 같은 '동적' 모델로 전이된다.

(2) 사이버네틱스 모델: 사이버네틱스는 본래 메커니즘의 제어 이론에서 온 것으로, 그 포인트는 피드백 기능에 의해 전체가 재조정된다는 것이다. 사회는 자기 피드백 기능들에 의해 안정적 존속을 조정하는 시스템이라고 본다.

(3) 오토포이에시스 모델: (1)과 (2)만으로는 사회 존재의 여러 가지 변화와 역동성을 표현하기에 충분치 못하므로, 시간적 계기를 갖는 모델을 또 하나 구성하게 된다. 그것이 오토포이에시스 모델이다. 이는 가령 생명체의 유전자처럼 끊임없이 자신을 재창출하는 메커니즘을 의미하며, 그런 점에서 '자기 창발 메커니즘'이라고도 불린다.

루만의 '사회시스템' 모델은 이후에도 더 발전되어 가는데, 이처럼 모델을 복합적으로 조합한다는 아이디어는 사회 이론을 엄청나게 복잡화, 방대화, 추상화하게 만들었다. 그렇긴 하지만 그 근본적 성격은 다음과 같이 요약할 수 있다. 사회는 극히 **복잡한 구조**를 갖는다. 사회는 갈수록 방대화되어 가는 복잡성을 끊임없이 감축(조정)하면서, 자기의 정상성을 유지한다. 이처럼 끝없는 복잡성과 그 조정 시스템을 어떻게 하면 간명하고도 정확히 포착할 수 있을까? 여기에 루만 사회학의 중심축이 있다. "학문의 이용 가능성은 단지 '복잡성의 포착과 감축'이라는 정식으로 파악될 수 있는, 극히 보편적인 문제 정위의 특별한 사례에 불과하다.”(『법과 사회시스템』)

파슨스와 루만이 전개한 시스템론 사회학의 근본 테제를 한마디로 정리하자면, 사회란 자기 유지하고 자기 창출하는 극히 복잡한 시스템이라는 것이다. 그런 까닭에 먼저 유사적인 복잡한 시스템을 **모델**로 설정하고, 그런 다음 그 모델에 **견주어 가면서** 사회의 복잡성을 이해하고자 하는 시도라 할 수 있겠다. 이러한 발상으로 인해 사회시스템론은 엄청나게 복잡해지게 되었는데, 베버가 제기한 ‘인식의 객관성’의 가능성이라는 문제 의식은 거의 누락되어 있다. 여기서도 뒤르켐 이래 전개되어 온 사회 ‘본체론’, 즉 사회를 **그 자체로 존재하는 대상**으로 간주하고, 그 사실적인 복잡성을 어떻게 정확하고도 정밀하게 인식할 수 있을까라는 질문이 여전히 존속하고 있는 것이다.

루만의 시스템론에서는 사회가 가치적 현상事象을 포함한다는 점은 의식되어 있고, 그 때문에 더 복잡한 구조의 모델을 시도하게 된다. 하지만 그 모델은 어디까지나 **현상적事象的 구조** 모델이어서, 인간 사회의 가치 관계를 포착하기 위한 방법 원리라고는 할 수 없다. 이 때문에 루만의 이론은 도리어 사회를 **어떠한 관점에서 보더라도** 결국은 모종의 복잡한 시스템으로 그려 내기 위한 편리한 도구처럼 되어 버린다.

지금까지의 얘기를 총괄해 보자. 콩트 이래의 사회과학은 근대 철학을 형이상학이라 간주하고, 그와는 다른 방식으로 사회의 보편 인식을 추구하였다. 그러나 **과학적 방법**을 표방하며 등장한 두 가지 새로운 사회 이론은 이 과제를 훌륭히 해결했다고는 하기 힘들다. 마르크스주의는 하나의 가치관을 유일하게 올바른 세계관으로 상정했지만, 그 객관성은 검증할 수 없었다.

뒤르켐에서 출발하여 파슨스, 루만으로 나아간 주류 사회학은 비록 방법적으로는 복잡해졌지만, 그 방법이란 사회를 사실, 실체로 인식한다는 것일 뿐, 과연 어떠한 관점이 사회의 보편적인 인식을 초래할 수 있느냐에 대한 문제 의식을 방법으로서 갖고 있지는 못했다. 그리고 이 사정은 사회학 분야에만 한정된 게 아니다.

실제로 콩트 이래의 사회과학은 사회학, 정치학, 역사학, 경제학, 종교학 등등 새로운 과학들로 분기해 갔지만, 심리학이나 윤리학을 포함하여 그 어느 영역에서도 후설이 시사한 여러 설들의 난립과 이설의 대립이라는 사태가 벌어지고 있기 때문이다.

우리는 니체와 후설이 수행한 인식 문제의 해명이라는 견지에서, 인문 영역에서의 '보편 인식=본질학'의 가능성을 전망하기 위해 지금까지 전진해 왔다. 하지만 이렇게 살펴본 결과 여기에는 커다란 곤란이 있다는 사실이 드러났다. 특히 사회라는 존재는 여러 다양한 양상과 국면들을 포함한 극히 복잡한 구성체로 존재한다. 그러한 사회라는 존재를 **보편적으로 인식하는** 일은 애시당초 가능한 것일까? 가능하다고 한다민 과연 어떠한 방법에 의해서? 우리는 이 물음에 본질적인 방식으로 답을 해야 하는데, 이를 위해 이제 새로운 장으로 옮겨서 **현대**의 사회 이론들이 어떠한 지평까지 나아갔는지를 좀 더 확인해 둘 필요가 있다.

제6장

다양한 가치와 이상 이념의 대립

현대의 비판 사상

종속하는 주체와 지배

현대 사회이론의 한 전형으로서 우리는 루이 알튀세르, 푸코, 들뢰즈 등 마르크스주의에서 포스트모던 사상으로까지 이어지는 사회 비판 이론의 계보를 갖고 있다. 이에 대해서는 앞에서도 상세하게 논한 바가 있지만, 여기서 다시 한번 이 사회 비판 이론들의 공통 논점을 말해 보자. 이들은 우선 사회를 권력 지배 시스템으로 파악하며, 게다가 개개 인간들이 자발적으로 종속하는 주체로서 그에 순치되는 그러한 독자적 시스템으로 그린다(알튀세르의 『재생산에 대하여』, 푸코의 『말과 사물』, 『감시와 처벌』, 들뢰즈의 『안티 오이디푸스』 등).

예를 들어 잘 알려진 푸코의 규율-훈련적 시스템에 관한 논의를 보자. 근대에 등장한 공장, 학교, 군대 등의 조직에서는 시간, 품행,

태도, 말투, 성욕에 대한 규율적 훈련이 시스템적으로 수행된다. 이 시스템은 인간을 일정한 규율의 틀에 넣고, 이 틀을 이용하여 교정 감화한다. 반복적 훈련과 이를 통한 규범화를 처벌 및 포상과 배합하고, 그럼으로써 규범에 대한 자발적 종속을 생산하여, 개개인 안에 사회 복종적인 '좋음/나쁨'의 가치 평가를 심어 넣는다. 이러한 규율-훈련적 제어 속에서 개개 인간들은 지배적 사회가 바라는 모범적인 모델에 서서히 스스로 종속되어 간다는 것이다.

국가를, 주체의 무의식을 조작操作하여 지배 규범 속으로 포섭해 가는 이데올로기 장치(시스템)로 보는 이러한 국가상은 안토니오 그람시나 알튀세르를 포함한 마르크스주의 사상가들 이래로 이어져 왔으며, 들뢰즈의 경우에도 거의 동일하다. 현대 사회 비판으로서의 이러한 사회 이론들은 우리가 지금까지 살펴 온 인식론적 관점에서는 어떻게 평가할 수 있을까?

이들 사회 비판 이론, 특히 푸코의 논의에서 볼 수 있는 개개의 묘사에는 커다란 진실이 있으며, 현대를 살아가는 수많은 사람들이 느끼고 있는 사회의 모순 감각이나 압박감, 앞이 보이지 않는 갑갑함 등에 강하게 호소하는 설득력을 갖고 있다. 하지만 그것이 갖는 현실적 호소력과는 별도로, 논의의 구성이라는 측면에서 보자면 본질적으로 이야기-설화적인 사회 이론, 즉 독단론에 속하는 것이다. 왜일까?

천문학과 점성술

칼 포퍼(1902~1994)의 『추측과 논박』을 보면, 인문 영역에서 인식 이론이 곤란하다는 점을 상징하는 극히 흥미로운 의견이 있다. 그는 이런 이야기를 들려준다.

제1차 세계 대전 과정에서 오스트리아 제국이 붕괴한 후, 오스트리아인 중에 새로운 이론을 펴는 사람들이 다양하게 등장하기 시작했다. 포퍼 자신은 특히 아인슈타인의 상대성 이론에 흥미를 느꼈는데, 그 밖에도 마르크스의 유물사관, 프로이트의 정신분석 이론, 아들러의 개인심리학 등이 사람들의 주목을 끌었다. 그런데 가만히 살펴보니, 이 이론들은 상대성이론과는 크게 다른 특질을 갖고 있다는 생각이 들었다. 요컨대 그 이론들은 과학의 체재를 취하고는 있지만, 실제로는 "과학보다는 원시적인 신화와 공통된 부분"이 있으며, 말하자면 "천문학보다는 점성술과 더 닮았다"고 생각되었다.

나는 마르크스, 프로이트 및 아들러의 신봉자였던 나의 친구들이 그 이론들에 공통된 많은 논점, 특히 그 이론들이 보여 주는 외관상의 설명 능력에 경탄하고 있다는 걸 깨달았다. 이 이론들은 실제로 거기서 언급되는 영역 내에서 발생하는 온갖 현상들을 설명할 수 있는 듯 싶었다. 그중 어느 이론을 연구해 보면 지적인 회심 내지는 계시 같은 효과가 생겨났는데, 아직 연구를 해보지 않은 사람들한테는 감추어져 있는 어떤 진리에 대해 새로이 눈이 뜨이는 듯 느껴졌던 것이다. 이런 식으로 일단 눈이 뜨이고 나면, 도처에서 그 이론을 지지하는 사례들이 보이기 시작하고, 세계는 그 이론의 검증 사례들로 가득 차 있게 된다. 무슨 일이 일어나든, 그것은 늘 그 이론을 확증하는 게 된다. 이리하여 그 진리는 명명백백하게 개시(開示)되어 있는 듯 보이며, 그걸 믿지 않는 자들은 개시된 진리를 보려고 하지 않는 자들임에 분명했다. 진리를 보려 하지 않는 것은 그 진리가 그자들의 계급 이익에 반하는 것이든가, 아니면 아직 '분석'되지 않은 채 치료를 갈망하고 있는 그들의 억압이 있기 때문이었다.(『추측과 논박 1』, 민음사, p.78)

마르크스주의가 그리는 국가 이론이나 프로이트의 심층심리학설에 대해 나 또한 포퍼가 말하는 것과 똑같은 "지적인 회심 내지는 계시" 체험을 한 적이 있다. 나뿐만 아니라 내 세대의 수많은 사람들은 그런 체험을 했을 터이며, 더 나아가 이러한 새로운 세계상에 의한 '진리의 계시' 체험, 말하자면 사상적인 '결정結晶 작용'*의 체험은 세계 종교가 발생하던 시대나 근대에 특유한 세계관 체험이라고 생각된다.

포퍼는 과학 이론 일반의 보편성=타당성을 음미하기 위한 탁월한 이론, 즉 '반증 이론'의 제창자로 알려져 있다. 그에 의하면 마르크스주의나 심층심리학은 독자적인 설득력에 의해 수많은 사람들을 매료시키시만, 그러나 '반증 가능성'이 없다는 점에서 실증적 과

---

* 결정 작용: 스탕달의 『연애론』 중 잘 알려진 구절에 연애를 '결정 작용'이라 부르는 대목이 있다. 잘츠부르크의 암염(巖鹽)에 마른 나뭇가지를 던져 넣고 한동안 시간이 흐르면, 마른 가지가 아름다운 소금 다이아몬드의 결정체가 된다. 이 사례에 빗대어, 연애를 하면 연인의 모든 점이 더 한층 아름다운 매력 포인트로 빛나기 시작하는 현상을 스탕달은 결정 작용이라 불렀다.

학설로서의 타당성은 결여되어 있다.

이 이론들의 특질은 "실은 세계가 이러이러한 방식으로 성립되어 있다"라는 일관된 세계 설명과, 어떤 경우에는 그 진실이 어떠한 이유에서 감추어져 있다고 하는 독자적인 **은폐설**로 성립되어 있다는 점이다. 가령 프로이트의 설에 대해 누군가 반론을 제기하면, 진정한 원인은 '무의식'의 구조이므로 자각되지 않는다는 반박을, 또 만일 마르크스주의나 포스트모던 사상에 대해 이의를 제기하면, 주체가 사회의 지배 구조에 편입, 순치되어 있는 상태라서 의식될 수 없다는 식의 논박을 당한다.

푸코에 의한 근대 사회 비판

푸코는 『광기의 역사』와 『감시와 처벌』 등의 저작을 통해, 근대는 인간을 지배하고 억압한 세기라는 주장을 전개했는데, 이 주장은 많은 학자들에 의해 실증적으로 **반증**되고 있다. 일례를 들어 스티븐 핑커는 19세기 이후의 급속한 '인도주의 혁명'에 대해 이렇게 쓰고 있다. "이 시대에 비로소 전제정치나 노예제, 고문, 미신 등에 의한 살인, 잔학한 형벌, 동물에 대한 잔학 행위 등, 사회적으로 인정된 폭력 형태를 폐지하기 위한 조직적 운동이 일어났으며, 그와 함께 체계적인 평화주의 운동이 일어나는 걸 최초로 볼 수 있었다. 역사학자는 때로 이 이행을 '인도주의 혁명'이라 부른다."(『우리 본성의 선한 천사』, 사이언스북스)

주목할 지점은, 근대에 대해 푸코는 자유의 주권성을 박탈하여 규율 속으로 가둬 버린 시대라 보고, 그러한 측면을 잘 보여 주는 데이터들을 모아 상세히 그려낸 반면, 핑커는 근대를 역으로, 즉 대다수를 이루는 최하층 인간들이 '인간'으로서 인정받아 가는 과정으로 극명히 그려 냈다는 점이다. 양자는 전혀 다른 주장을 각각 철저한 **실증**에 의해 증명하고자 한다는 점에서 흥미롭다.

근대 사회의 '규율 권력'이 인간에게 다양하고 새로운 규율들을 부여하여 그 틀 속에 감금해 버렸다고 하는 주장 자체는 올바르다. 그런데 푸코가 가하는 이러한 비판을 추동하는 중심적인 동기는 과연 무엇인지 잠시 생각해 볼 필요가 있다. 이 논의는 가령 어린이가 가정에서 다양한 문화적 규범들을 부여받고서야 비로소 인간이 되는 것을 '규율 권력'이라 부르는 것과 거의 마찬가지다(들뢰즈의 반오이디푸스설*도 동일한 구조다). 그러나 이러한 사회 비판은 근대 사회를 인간의 자유가 실현된 최초의 시도라고 인정하는 한, 근본적인 전도라 하지 않을 수 없다.

근대의 역사를 전체적으로 통람해 보면 근대 국가가 인권, 선거, 사회복지를 확보하기 위한 여러 제도들을 서서히 정비해 가고, 그럼으로써 비로소 사람들에게 '자유로운 인간'이라는 관념을, 또 그 현실적 가능성을 부여해 왔다는 것은 의심할 수 없는 사실일 디이

---

* 반오이디푸스설: 들뢰즈는 (가타리와의 공저인) 『안티 오이디푸스』에서 프로이트의 오이디푸스 콤플렉스 이론을 비판한다. 프로이트의 그 이론은, 본래라면 사방팔방 산란적으로(다방향적으로) 분출하게 될 인간의 욕망을 일정한 틀 안에 끼워 넣어 버린다는 것이다. 이는 현대 사회의 문화적 규범이, 본래는 정해진 틀이 없는 인간의 자유로운 욕망을 일정한 틀에 끼워 넣는다고 하는 푸코의 (현대 문화의) 주체 지배론과 거의 동형의 구조를 갖고 있다.

다. 이렇게 보면 제도들의 정비는 '자유로운 인간'을 위한 절대적 전제로, 모든 근대 국가들에게 불가결한 과제였던 것이다.

예를 들어 근대의 학교 교육 제도 없이는, 사람들에게 경쟁의 기회균등 조건은 부여될 수가 없다. 또 인간은 모두 동일한 존재라는 시민적 멤버십의 감각을 육성함에 있어 학교만큼 중요한 장소는 없다. 물론 학교에서는 교사가 구령을 내리면 모든 학생들이 전부 지시받은 대로 줄을 맞춘다거나 동일한 동작을 하거나 해야 한다. 그러나 그런 걸 이유로, 여기에 인간의 자유에 대한 억압과 강제가 있다는 식으로 비판한다는 것은 본질적인 정당성이 없다. 그보다는 '자유의 상호 승인'이라는 근대 사회 이념에 비추어 볼 때 현 상황이 충분치 못하다고 비판하는 편이 옳을 것이다. 이 점에 비추어 볼 때 푸코 식의 규율 권력 비판은, 그 바탕에 '반근대'라는 강고한 동기 없이는 불가능한 것이다. 거기에는 마치 인간의 진정한 자유라는 것이 **일체의 규범이나 규제가 없는 상황**에서라야 성립한다고 보는, 인간 자유의 조건에 대한 소박한 착오가 있다.

근대의 인간들에게는 '자유의 상호 승인'이 필수 불가결했고, 그것을 산출하기 위해 여러 제도들이 설립되었는데, 그런 제도들이 죄다 그릇된 것으로 간주된다는 것은, 그 비판의 바탕에 '근대 사회' 자체에 대한 강한 부인이 있기 때문이다. 푸코의 작업은 근대 사회의 여러 제도들이 가진 **부정적 측면**을 그렸다는 점에서 극히 큰 의미를 갖는다고 할 수 있다. 그러나 우리가 근대 사회를 대신할 어떤 대안alternative을 가질 수 있느냐라는 전망은 그의 작업으로부터 전혀 도출될 수가 없다.

데리다의 '증여'라는 이상 이념

포스트모던 사상의 사회 비판 이론 중 또 하나의 예로 자크 데리다의 『법의 힘』을 들어 보자. 이 텍스트는 사회의 현 상황을 상대화하는 비판이 아니라, 사회적인 '정의'의 **근거**를 논의하고 있기 때문이다.

데리다의 '탈구축' 방법은 되풀이 지적한 바 있듯이 귀류론적 상대주의가 논리의 핵심에서 작동한다. 그의 목표는 국가가 갖는 정의나 법의 근거를 탈구축하는 것, 즉 거기에 어떤 '정당성'의 근거도 없음을 보여 주려는 것이다. 데리다는 늘 그렇듯이 극도로 난해한 논의를 전개하면서, 결국 다음과 같은 극도로 **심플한** 결론에 다다른다.

> 현전(現前)하는 정의에는, 근본 바탕이 될 만한 확실성이 갖추어져 있다고 보는 추정을 모조리 엎어 버리는 탈구축이 있다고 한다면, 이 탈구축 자체는 어떤 무한한 '정의의 이념'에 입각하여 작용한다. … 이 '정의의 이념'은 그 긍정적인 성격에 있어 파괴 불가능한 것이라고 생각된다. 긍정적인 성격이란 결국, 교환 없이 증여하라고 요구하는 것이다.(『법의 힘』, p.54)

정의와 법에 대한 데리다의 비판, 그 탈구축 논리를 간명화하면 다음과 같이 된다.

첫째, 국가의 정의나 법은 최종적으로 그 근거를 폭력에 두고 있으며, 그런 까닭에 거기에는 하등 정당성이 없다. 둘째, 그러나 국가의 정의나 법이 근본적으로 비판(탈구축)될 수 있는 까닭은, 우리에게 어떤 무한한 '정의의 이념'이 있기 때문이다. 셋째, 이러한 무한한 '정의의 이념'은 어떤 것에 의해서도 탈구축될 수 없다.

바로 이것, 즉 진정한 의미에서 정의라 부를 수 있는 것의 근거는 우리에게 **절대적으로**(조건 없이) **증여하라**고 명하는 '어떤 무언가의 음성'이다. 그리고 이 근거만은 어떤 것에 의해서도 비판받을 수 없는 탈구축 불가능한 것이며, 그 이외의 어떤 근거로도 환원될 수 없는 것이다.

여기서 데리다가 증여 관념을 근거로 국가의 정의나 법을 비판하는 것은 이례적인 일에 속한다. 본래 모든 비판 사상들은 잠재적으로 그 근거를 제시해야 할 필요에 압박을 받는다. 그러나 상대주의 사상은 비판 근거의 **보편성**이라는 것을 부정하므로, 그 근거는 특별한 형태를 취하게 된다. 즉, 그 자체는 **상대화될 수 없고**, 어떤 무언가로부터도 비판(탈구축)당하지 않는 절대적인 **초월항**의 형태를 취하게 되는 것이다. 데리다가 말하는 증여나 레비나스가 말하는 타자는 그 전형적인 예다.

하지만 데리다가 정의의 절대적 근거로 제시하는 증여라는 것이 진정으로 탈구축(비판) 불가능한 것일까. 이제부터 이 문제를 음미해 보자.

세계에는 정의에 대한, 소위 **지상至上의 가치를 갖는 이념**들이 다양하게 존재할 수 있다. 어떤 종교에서는 신에 대한 사랑과 이웃에 대한 사랑이야말로 지상의 이념이고, 다른 사상에서는 절대 자유나 절대 평등이 세계의 궁극적인 이상이 된다. 나아가 최고선(칸트에게는 모든 인간의 도덕적 완성), 절대 행복, 완전한 해탈의 경지, 절대 구원 등도 지고의 이상 이념이 될 수 있다. 그리고 이 이상 이념들은 종종 현재 우리가 살고 있는 사회나 국가의 존재 방식에 대한 비판의 근거가 되기도 한다. 그러나 이처럼 이상 이념을 설정함으로써 수행하는 현실 비판은 두 가지 문제를 안고 있다.

첫째, 이상 이념은 결코 유일하지 않고 반드시 여럿이 존재하기 마련이다. 그리고 이러한 이상 이념들 하나하나는 '가치의 다양성' 원칙에 의해 논리적으로는 모두 등가이며 우열을 가릴 수 없다(사회적인 실험이 가능하다면 일정한 우열은 나타날 테지만 말이다). 이 때문에 이상 이념에 의한 현실 비판은 해결 불가능한 이데올로기 대립을 산출하게 된다.

자, 우선 '이상 이념'의 본질을 관취하는 데서 시작해 보자. 무릇 이상 이념이란 근대의 자유 의식(따라서 현실에 대해 모순을 의식하는 것)이 사람들에게 초래하는, 인간과 사회에 대한 이상적인 상이다. 그 원천은 마치 '곧음'이 이념화되어 '직선' 관념이 되듯, 우리가 생활 속에서 갖게 되는 다양한 덕목들이 이념화되어 다양한 현실의 모순을 극복할 것으로서 '이상화'되는 바에 있다. 예컨대 올바름, 행복, 자유, 사랑, 공평함, 아름다움, 평화 같은 덕목들은 이념화되어 질내 성의, 절대 행복, 절대 자유, 절대 사랑, 절대 평등, 절대적인 미, 절대 평화 등의 이상 이념으로 결정結晶을 맺는다.

어떤 문화에도 존재하는 종교를 생각해 보자. 종교에서는 이러한 이상 이념이 필연적으로 절대화되고 성화聖化되어, 결국 **유일한** 이상 이념으로서, 가령 절대신이나 깨달음, 해탈의 경지 같은 형태를 취한다. 한데 근대 사회에서는 사회의 이상 이념도 반드시 복수화되어, 이념적으로는 결말이 날 수 없는 신념 대립에 빠지게 된다. 이 대립의 구조는 일찍이 가톨릭과 프로테스탄트 신앙의 대립이 엄청난 논의를 산출했음에도 불구하고 그 어떤 결론도 내지 못한 채 종국에는 대규모 전쟁 이외의 해결책이 없었던 것과 같은 구조다.

그렇다면 데리다가 여기서 탈구축 불가능한 것으로 제시하는 증여라는 이상 이념의 경우, 과연 무엇이 그 올바름의 근거를 제시할 수 있을지 생각해 보자.

증여는 우선 가족 공동체에 속하는 인간들 간의 관계에 출현하는 근본 덕목이고(단, 그것은 순수 증여라기보다는 가장 친밀한 가족 내에서 재화를 **공유**하는 것을 의미한다), 또 그보다는 더 큰 규모의 혈연적 공동체 내부의 **상호 부조**에 입각한 덕목이다. 나아가 공동체들 간에서는 상대 공동체에 대해 적대감이나 전투 의지를 품고 있지 않다는 것, 또는 호의를 품고 있다는 것을 서로 표명할 필요가 있다. 요컨대 **폭력이라는 계기를 감축**할 필요가 있다고 하는 커다란 동기가 있는 것이다. 또한 가령 공동체 안에 가진 자와 못 가진 자의 계층 분화가 생겨나고 그것이 사회에 불안정을 초래할 때, 공동체 내에서의 증여는 극히 중요한 덕목이 된다(고대 그리스의 초기 폴리스 공동체나 이슬람 공동체의 경우).

어떤 공동체든, 서로 아끼지 않고 공유하는 것 혹은 끊임없이 더 가난한 자들에게 주는 것이 그 공동체의 존속에 필수적이라는 공감대가 있는 한, 증여라는 것이 올바름의 절대적 아이템으로 이상화될 이유는 있는 법이다. 그러나 자유로운 경쟁을 상호 인정하는 원칙 위에 수립되는 시민 사회에서는, 증여라는 것이 가진 자의 입장에서 취할 수도 있는 하나의 덕에 불과하게 된다. 요컨대 증여라는 이상 이념은 어디까지나 **공동체적인** 덕으로서의 본질밖에는 가질 수 없으며, 따라서 자유로운 시민 사회에서는 결국 정의의 절대적 이념이 될 수 없다.

근대 사회는 자유의 상호 승인을 원리로 삼는 사회로서, 여기서는 당연히 경제 경쟁의 자유, 즉 각 사람이 대등한 규칙하에서 자신의 이익을 추구할 자유가 포함되어 있다. 증여가 절대적인(=결코 상대화될 수 없는) 정의의 기준이 된다면, 근대 사회의 근본적인 영위 자체가 사회 정의에 어긋나게 된다. 요컨대 공동체적 덕목을 이상화한 증여 같은 이념은, 가령 평등이나 이웃 사랑, 이타 및 그 외의 여러 **이상화된** 임의의 덕목들과 전적으로 같은 이유로, 근대 사회에서 정의의 근거는 결코 될 수가 없다.

권력과 폭력이 본질적으로 다른 점

결국 결론은 이러하다. 데리다의 '정의'론은 정의나 증여 같은 것의 본질에 대한 통찰로부터 출발한 것이 아니다. 그 근본 동기는 사회 변혁이 일어나야 한다는 하나의 가치관, 신념, 희망에 있는 것이고, '국가'의 존재 자체를 비판하기 위해 '증여'라는 절대적인 이상 이념을 내세우고 있는 데 불과한 것이다. 기본적으로 국가라는 것이 폭력에 의해 성립되기 때문에 국가의 '정의'나 '법'에는 근거가 없다는 논리는 '자유로운 개인'이라는 근대적 관념에서 생겨난 극히 로맨틱한 전도다. 그리고 여기에는 근대 국가나 권력의 본질에 대한 근본적인 몰이해가 존재한다.

예컨대 니체는 이와 정반대의 주장을 펼친다. 즉, '정의'는 선한 인간이고 싶다는 내적인 마음(가령 '증여는 올바르다')으로부터 출현하는 게 아니고, 강대한 정복 민족의 압도적 '힘'에 의해 **비로소** 가능해진다. 압도적인 힘을 가진 권력이 강력한 **법** 제정을 가능케하고, 바로 이 법의 실효성이 지배당하는 사람들 사이에서도 **대등과 공정**을 창출하기 때문이다.

> 무릇 이제까지 법의 온전한 운용이, 또 법에 대한 참된 요구가 지상에 뿌리내려 온 것은 도대체 어떤 영역에서였던가? 반동적 인간의 영역에서도 그러했을까? 천만에! 그것은 능동적인, 강력한, 자발적인, 공세적인 인간의 영역에서였다. … 정의가 행해지고 유지되는 곳에서는 어디에서나, 더 강한 권력이 하급의 보다 약한 자들(집단이건 개인이건)에 대해, 그들의 르상티망[원한]이 벌이는 미친 듯한 광란을 종식시키기 위한 수단을 강구하는 걸 볼 수 있다.(『도덕의 계보 / 이 사람을 보라』 청하, p.83)

니체의 뜻을 오해해서는 안 된다. 여기서 그는 권력자가 피지배자를 강권적으로 지배하는 게 '정의'와 '법'의 근거라고 주장하고 있는 게 아니다. 『도덕의 계보』를 통독한 사람은 분명히 알 테지만, 니체는 사회적인 '정의'라는 게 동정이나 연민 같은 인간의 '선의'로부터 실현되는 일은 있을 수 없다는 것을 말하고 있다. 즉, 그것은 어떤 강력한 권위와 힘이 '법'을 제정하고, 그 법에 의해 사람들이 공격과 복수라는 '보편 투쟁'의 연쇄로부터 "강제로 분리되었을 때"에야 비로소 가능해진다는 것이다.

데리다 같은 반국가주의자나 반권력주의자가 이해하지 못하는 것은, 기본적으로 사회적 '정의'의 본질이라는 것이 '법'에 의해 사람들의 보편 폭력(보편 전쟁)을 억지하는 데에 그 근원이 있다는 점이다. 또한 이것이 우선은 한정된 형태로나마 사람들의 대등한 교환이나 교류라는 생활 기반을 최초로 보증한다고 하는 점, 나아가 근대 사회의 권력과 '법'은 사람들의 대등한 상호 승인에 그 근거를 두며, 그런 까닭에 권력과 법에 대해 그 이상의 '정당성'의 근거를 끄집어낼 수 없다는 점이다.

데리다뿐만 아니라 푸코, 들뢰즈 등의 현대 사상가들은 한결같이 사회에서 국가의 '권력'이나 '법'을 제거했을 때에 진정한 '정의'가 가능해진다는, 소박하지만 강고한 낭만주의적 표상으로부터 벗어나지 못하고 있다. 그러나 인간 사회는 '법' 없이 폭력을 제어할 수 없으며, 또 권력 없이 '법'을 창출할 수는 없는 것이다.

전체주의나 마르크스주의 권력에 의한 비참한 폭력(방대한 규모의 숙청 등)을 목격한 유럽 지식인들은 일반적으로 '권력=폭력=악'이라는 소박한 표상에 의해 사고해 왔다. 반면 이러한 표상으로부터 자유로웠던 극히 드문 철학자 한나 아렌트(1906~1975)는 이렇게 쓰고 있다.

요약하자. 정치적으로 말한다면 권력과 폭력이 동일하지 않다고 하는 것으로는 불충분하다. 권력과 폭력은 대립한다. 한쪽이 절대적으로 지배하는 곳에서는 다른 한쪽은 부재한다.(『폭력에 대하여』)

권력은 정치적 공동체의 존재 자체에 본래 갖추어져 있는 것이므로, 조금의 정당화(justification)도 필요치 않다. 권력이 필요로 하는 것은 정통성(legitimacy)이다.(같은 책)

요컨대 여기서는 홉스의 원리, 즉 권력만이 '보편 폭력'을 억지한다고 하는 통찰이 명료하게 공유되어 있다. 즉, 권력은 악이고, 또 그 권력을 어떻게 탈구축할 수 있느냐고 묻는 것은 사태의 본질을 오인하는 것이다. 권력 없이 폭력을 억지할 수 있는 그 어떤 근본적 방법이라는 것이 있다면, 권력을 비판하는 일에는 **정당성**이 있을 터이다. 그러나 그렇지 않은 한 우리에게 남겨지는 것은 바로 루소가 제기한 권력의 '정통성' 문제, 즉 어떠한 사회가 그 통치 권력을 '정당한 것으로 만들까'라는 물음뿐이다.

루소의 답은 이러하다. 근대 시민 국가만이 통치 권력의 정당성의 근거를 사람들의 '일반 의지'에 둔다. 바꿔 말하자면 전제적 권력이 아니라 일반 의지에 입각한 인민 통치만이 보편 폭력을 억지하고 아울러 사람들에게 '자유'를 확보해 주며, 그럼으로써 시민 국가의 통치 권력으로서 '정당성'을 얻는다.

아렌트의 "권력과 폭력은 대립한다" 혹은 권력은 그 "정통성"(정당성)을 요구한다는 말은 이렇듯 루소의 사회 원리와 완전히 포개어진다. 아렌트가 간결한 말로 제시한 권력과 폭력의 본질 관계를,

데리다나 푸코는 전혀 이해하지 못하고 있다. 근대 국가가 누차 독재적 체제가 되어 권력을 남용했다는 사실과 루소나 아렌트가 제시하는 권력과 폭력의 본질, 이 양자는 다른 차원의 문제임을 이해하지 않으면 안 된다.

현대의 사회 이론은 사회가 객관적으로 '어떠한 존재인가'라는 사실학일 수는 없다. 도리어 그것은 무엇이 사회의 '정의'나 '공정'의 근거일 수 있는가, 또 통치 권력의 정당성이 무엇에 입각하는가에 대한 **보편적인 이론**이어야만 한다. 그리고 그 근거는 데리다적 '증여'나 레비나스적 '타자' 같은 임의의 이상 이념에서 찾을 수 없다. 그러한 이념들은 현대 사회의 모순과 문제점을 사람들에게 의식시키는 일은 가능해도, 가치의 다양성 혹은 이상 이념의 복수성이라는 난문을 극복할 가능성을 갖고 있지 못하기 때문이다.

이 관점에서 우리는 현대의 사회 이론 중 또 하나의 중요한 계보가 있다는 점에 주목할 수 있다. 존 롤스(1921~2002)의 『정의론』을 시발점으로 하는 미국 정치철학의 흐름이다. 여기서는 중심 주제가 과연 무엇이 사회적인 '정의'나 '법'을 정당화해 주는 근거일 수 있느냐는 물음 쪽으로 방향이 잡혀 있기 때문이다.

미국 정치철학의 전개

롤스의 정의론

존 롤스, 로버트 노직(1938~2002), 알래스데어 매킨타이어(1929
~)로 이어지는 미국 정치철학의 논의에 대해서는 이미 엄청난 수
의 논평들이 나와 있다. 여기서 그것을 상세히 추적하지는 않겠지
만, 주목할 것은 1971년의『정의론』에서 출발한 이 논의가 지금도
미국 정치 사상에서 대표적인 입장을 표현하는 것으로 계속 살아
있다고 하는 점이다. 이것이 의미하는 바를 포함하여 이 논의를 개
관해 보자.

롤스의『정의론』을 보면 서두에, 사회에서 '정의'의 기준을 보편
적으로 설정할 수 있느냐고 하는 물음이 놓여 있다.

사상 체계에 있어 제1의 덕(the first virtue)은 진리이듯이, 사회의

여러 제도가 우선 발휘해야 할 효능(the first virtue)은 바로 정의다.
(『정의론』)

사상의 제1의 덕(가장 중요한 주제)을 '진리'라 부르는 점은 일단 차치하고, 적어도 여기에는 사회라는 복잡한 구조를 어떻게 '정확히' 파악할까 같은 식의 사실학적 전제는 존재하지 않는다. 문제는 철두철미하게 사회에서 정의의 공준을 어떻게 발견할 수 있을까라는 점이다.

우선 '원초 상태'라는 독자적인 가설이 놓인다. 이는 비유해 보자면 지구를 버리고 다른 행성에서 생활하게 된 한 집단이 새로운 사회의 '올바름'의 공준을 어떻게 설정할까 같은 식으로 상황을 가정해 보는 것이다. 롤스는 말한다. "자기 자신의 이익 증진에 관심을 갖는 자유롭고 합리적인 사람들이" 공동으로, '공정'과 '정의'가 존재하는 사회를 창출한다고 할 경우, 이 "평등한 초기 상태에서 받아들일 원리들"로는 어떤 것이 설정될까? 이렇듯 정의의 두 원리와 공정의 원리가 근본 사회 원리로 설정되는데, 특히 '정의의 두 원리'가 중요하다.

제1원리: 각자는 다른 사람들의 유사한 자유의 도식[체계]과 양립할 수 있는 평등한 기본적 자유의 가장 광범위한 도식에 대하여 평등한 권리를 가져야 한다(대등 원리).
제2원리: 사회적, 경제적 불평등은 다음과 같은 두 조건을 만족시키도록, 즉 모든 사람에게 유리해질 거라고 합리적으로 기대되고, 모든 사람들에게 개방되어 있는 직위나 직책이 결부되도록 편성되어야 한다 (차등 원리).

롤스는 우선 '무지의 베일veil of ignorance'이라는 사고실험적 가상을 설정하는데, 누가 어떤 지위를 차지할지 전혀 결정되어 있지 않은 사회 창설의 원초적 상태에서는 전원이 이 정의의 두 원리를 선택할 터이고, 그런 까닭에 이 정의의 두 원리는 전원의 의지에 의해 구성될 사회에서 가장 기초적인 정의의 기준이라고 주장한다.

데리다의 정의론이 절대적 증여 같은 초월적 이상 이념을 일체의 국가나 법이나 권력을 비판하는 절대적 근거로 삼는 것에 비하면, 롤스의 이론적 우위는 명백하다. 그가 여기서 제기하고 있는 것은 사회 정의에 대한 임의적인 이상 이념이 아니라, 사회 성원들에게 부여되어야 할 권리와, 사회의 재화를 배분하는 기준에 대하여 **누구든 납득할 수밖에 없는** 정당성의 원리를 어떻게 발견할 수 있느냐는 문제이기 때문이다. 그리고 그 원리의 요점은 다음 두 가지다.

첫째, 대등한 자유에 입각한 **민주주의적인** 사회가 암묵리에 전제되어 있다(사회주의, 아나키즘 같은 사회 제도의 가능성은 배제되어 있다).
둘째, 이 민주주의적인 사회에서는 부의 격차에 대한(빈자에 대한) 배려가 늘 있어야 한다고 되어 있다.

일견 이런 사고에는 보편성(누구라도 동의할 타당성)이 있는 듯 여겨진다. 그러나 롤스의 『정의론』이 등장하자마자 미국에서는 롤스에 대한 비판이라는 형태로, 무엇이 사회적인 정의 관념의 공준이 되어야 하느냐를 둘러싸고 다양한 이견들이 출현하였다. 그중 롤스에 대한 대표적인 반론은 리버테리어니즘과 커뮤니테리어니즘이다.

리버테리언과 커뮤니테리언이 가한 반론

우선 리버테리어니즘으로 분류되는 노직(『아나키, 국가, 유토피아』)이 나왔고, 또 커뮤니테리어니즘으로 분류되는 매킨타이어(『덕의 상실』)나 마이클 샌델(『정의의 한계』), 나아가 하이에크(『자유의 조건』)나 로널드 드워킨(『권리론』) 등이 논의에 가담한다. 여기서 발생하는 대립의 핵심 지점은 무엇일까?

　노직은 애시당초 국가의 존재 자체를 정의와는 어긋나는 것으로 본다. 그리고 정의의 근본 근거는 단지 개인의 불가침한 자유의 권리, 특히 소유의 권리에만 있다고 주장한다('권원權原 이론'이라 불린다). 즉, 처음에 개인의 소유 권리를 사회적 올바름의 기본 단위로 설정해 두고, 그 전후에 걸친 개인 간의 정당한 납득에 의한 획득과 교환만이 재화의 소유에 대한 올바름의 '권원entitlement'(자격)을 만든다고 한다.

　이 사고방식에서 보자면 롤스가 시사하는 바('못 가진 자'들에게 재화를 재분배하는 것)는 개인의 정당한 소유의 권원을 국가가 **부당하게 침해하는 처사**이고, 정의에도 어긋나는 것으로 비판받는다. 노직의 사고를 살펴보면 그 토대에는, 한편으로 로크적인 개인 소유의 정당성 관념(노동하는 인간의 소유권을 신이 인정한다는 설)이 깔려 있고, 다른 한편으로 반권력적 아나키즘의 사상이 깔려 있다.

다음은 커뮤니테리언 매킨타이어다. 그의 상징적인 발언에 따르면 롤스는 "권원의 규범에 반대해서 필요를 고려하는 정의"에 호소하는 반면, 노직은 "배분상의 규범에 반대해서 권원의 정의"에 호소한다(『덕의 상실』).

이러한 두 입장 중 전자는 일반적으로 '선'이라 불리고 후자는 '정의'라 불리는데, 양자의 입장은 그 자체로 '공약共約 불가능'하다. 즉, 완전히 대립적이고 조정 불가능한 것이다. 과연 이를 공약할 수 있는 것이 있을까? 매킨타이어에 따르면 그것은 '가치desert' (상찬받을 만한 가치) 관념, 즉 인간에게 좋음善이라 할 수 있는 가치의 모습이다.

롤스와 노직은 선의 토대를 암묵적으로 개인의 가치에 둔다. 그러나 그들의 입장에는 인간의 좋음에 대한 다음과 같은 설명이 결여되어 있다. 즉, "진가眞價(상찬받을 만한 일)라는 관념이, 공유되는 선을 추구할 때 그 공동체의 일에 대한 공헌과의 관계에서 인정되며, 따라서 그 관념이 덕과 부정不正에 대한 판단의 기초가 될 수 있는 그러한 설명이다."(『덕의 상실』)

요컨대 매킨타이어에 의하면 인간에게 선이란 본질적으로 공동체적인 것이다. 인간은 개인으로서는 어떤 선도 이룰 수 없다. 선은 인간이 공동체의 인간적 관계에 속함으로써만 출현할 수 있다. 다시 말해서 진가란 사람이 소속된 '그 공동체의 일'에 얼마나 공헌하고 있느냐에 의해서만 인정되기 때문이다.

가치의 다양성에 막히다

지금까지 이야기한 미국 현대 정치철학의 흐름을 총괄하면 어떻게 될까? 유럽을 포스트모던 사상에 의한 상대주의적 사회 비판이 석권하고 있었던 데 반해, 미국 정치철학은 사회의 정의(혹은 선)의 공준과 그 정당성의 근거에 대한 논의를 전개했다는 점에서 현대 사회 이론으로서 큰 의의가 있다고 인정된다. 사회에서 정의의 공준이 무엇이냐는 물음은 사회 이론의 근거에 관한 중요한 물음이고, 그래서 만일 커다란 합의가 발견된다면 현실적인 변혁력을 산출할 가능성이 있기 때문이다.

그러나 롤스가 시동을 건 이 중요한 시도는 최종적으로는 무엇을 사회 정의의 기초로 삼을지에 대한 가치 다양성 문제에 막혀, 다시 한번 전형적인 방식으로 좌절되었다는 점을 쉽게 알 수 있다. 이 좌절의 본질은 어디에 있는 것일까? 또 그것을 극복할 가능성은 존재하는 것일까? 혹은 이렇게 물을 수도 있다. 3인의 주장은 어떠한 이유 때문에 개별적인 가치 이념에만 그칠 뿐, 사회 이론의 **보편적인** 토대로까지 나아가지 못하는 것일까?

롤스는 사회적 정의의 공준을 차등 원리에 두는데, 이 공준이 바탕에는 무지의 베일이라는 독자적인 가상적 전제가 깔려 있다. 그러나 이 상정은 하나의 가상적인 가설일 뿐, 철학적으로 철저하게 검토된 것이라고는 할 수 없다. 드워킨의 다음과 같은 비판은 그것을 잘 보여 준다.

롤스의 계약은 가상적인 것으로, 가상적인 계약은 해당 계약 사항의 집행이 공정하다는 점을 보여 주는 독립적인 논거를 제공하지 못한다. 가상적 계약은 단지 현실적인 계약의 빛바랜 형태가 아니라, 애시당초 계약이라고 할 수가 없다.(『권리론』)

간단히 말해서 롤스는 '가상적'으로 상정한 계약으로부터 현실 정치의 정당성 이론을 만들어 내고 있다. 처음에 설정된 계약이 가상적인 까닭에, 여기서의 정의나 정당성 개념 자체가 상상의 산물에 불과하게 된다는 것이다. 드워킨의 비판은 타당하지만, 나는 거기에 다음과 같이 덧붙이고 싶다.

우선, 롤스의 가상적 계약설이 만일 모종의 보편적 원리를 포함한다면 이 가상성은 문제가 되지 않는다. 문제는 롤스의 가상적 계약설이 사회적인 보편 원리로 제시되어 있지 않고, 민주적 사회에서는 늘상 불리한 입장에 있는 사람들의 편익이 배려되어야 한다고 하는, 이른바 **호혜적 가치관**을 그 동기로 삼고 있다는 점이다.

요컨대 '차등 원리'는 시민 상호간 '은혜적 배려'의 원리일 뿐, 왜 시민 사회에서 은혜적 배려가 정당성을 갖느냐까지는 제시되어 있지 않다. 바로 이 점을 쉽게 직관할 수 있기 때문에 **다른 가치관**들로부터 비판이 나오는 것이다.

실제로 노직이 롤스의 호혜적 배려 원칙에 대해 가하는 비판도, 시민 사회에서는 자유로운 경쟁과 그 결과가 존중되어야 한다고 하는 감도感度에서 온다. 이 감도가 개인의 자유(소유의 권원)야말로 가장 중요한 올바름의 토대라고 하는 주장을 떠받치고 있다. 그렇긴 하지만 노직의 권원 이론도 역시 철학적인 근거를 갖고 있다고는 할 수 없다. 그것은 암묵적으로 노동에 의한 개인 취득은 신에 의해 정당한 소유로 인정된다고 보는 로크의 설을 답습하고 있어, 유럽 기독교적 독단론이라 하지 않을 수 없다.

개인의 인권(따라서 소유권)의 절대성은 하등 보편적인 자명성이 아니다. 나중에 보겠지만 이런 사고는 근대 시민 사회가 형성한 개인 관념의 이념화로부터 출현하였고("개인은 태어날 때부터 대등하게 자유의 권리를 갖는다"), 또 민주주의 사회에서는 널리 퍼져 있는 관념이지만, 철학적인 근거는 확보되어 있지 않다. 개인의 자유의 권리는 하등 **선천적인** 것이 아니고, 사회 내부에서 서로 권리를 승인함으로써 비로소 **창출되는** 것이기 때문이다.

루소의 말을 사용하자면, 사람들의 광범위한 '합의convention'만이, 즉 일반 의지에 의한 통치권력의 창설과 법의 실효實效만이 개인의 자유를 실현하는 것이다. 따라서 국가에 대한 자유의 우위라는 노직의 논리는 역시나 전도된 낭만주의적 표상이고, 그 권원 이론은 개인의 절대 자유라는 가치 이념의 산물인 것이다.

이 때문에 노직의 권원 이론의 독단론도 커뮤니테리언에 의한 논리, 즉 개인이라는 것은 기본적으로 공동체에 속함으로써만 가능하다고 하는 로직에 의해 반박당하게 된다.

커뮤니테리어니즘을 대표하는 매킨타이어의 주장을 한마디로 말하면 이렇다. 공동체적인 우애가 시민 사회적인 정의, 즉 개인의 자유의 권리에 선행한다.

정의는 이미 구성된 공동체 내부에서 합당한 일에 보답을 하고, 또 그렇게 함으로써 불이행(不履行)을 메운다고 하는 덕인데, 우애는 공동체를 처음 구성할 때에 요구되기 때문이다.(『덕의 상실』)

그러나 우애의 원리가 개인의 자유의 권리에 선행한다는 원리, 혹은 인간은 개인이기 전에 공동체의 일원이라고 하는 가치 관념은 공동체의 전통적인 윤리관이어서, 시민 사회에서 사회적인 정의의 공준이 되기는 어렵다.

공동체란 선악의 기준이 이미 동일성을 가지고 형성되어 있는 사회 집합으로, 그 핵심에는 **동포 감정적인** 일체감이 깔려 있다. 공동체적인 윤리성은 그 바탕에 하나의 가치관이 굳건히 받치고 있어야 하며, 따라서 다수의 가치관을 허용할 수는 없다. 그러나 시민 국가의 경우에는 그 안에 인종, 민족, 종교 등 여러 차원에서 다양한 공동체들이 포함되어 있어, 가치관의 다수성이 나타난다. 그 때문에 시민 사회에서는 공동체적인 동포 감정이 아니라, 시민적인 **멤버십**의 감도感度, 즉 자신과는 다른 가치관을 상호 승인한다고 하는 감도가 있어야 하고, 이 감도가 동포 감정을 대체하지 않으면 안 된다. 시민적 멤버십의 육성에 실패하면, 사회는 복수의 공동성, 복수의 가치관에 의해 분열되고 그 대립에 의해 시민 사회로서의 생명을 상실한다.

앞서 우리는 포스트모던 사상이 상대주의를 무기로 사회 비판을 전개한 결과, 근거를 가질 수 없는 신앙주의에 빠져 버리든가, 아니면 자의적인 초월항('증여'나 '타자')에 의거하는 것 말고는 방법이 없다는 점을 확인한 바 있다. 한편에서 롤스, 노직, 매킨타이어로 대표되는 미국 정치철학(물론 이들 외에 공리주의도 있지만, 여기서는 생략했다)은 사회에 있어 정의의 공준을 임의의 가치 이념에 의해 기초 지으려고 하는 시도인데, 이는 가치관의 대립이라는 난문을 극복할 수가 없다.

이렇듯 현대 철학(현대 사상) 역시 끝까지 파고들면 상대주의냐 아니면 독단론이냐 하는 양극의 방법밖에 취할 수 없기 때문에, 보편적인 사회 본질학에 다다를 가능성은 없는 것이다.

우리는 이미 인문 영역에서 본질학이 가능하다는 점을 시사해 왔다. 하지만 사회 이론(사회 사상)의 영역은 특히나 가치의 다양성이라는 것이 커다란 난문이 되는 영역이다. 사회적인 정의 혹은 그 정당성의 공준을 보편적인 방식으로, 즉 다양한 가치관의 차이에도 불구하고 사람들이 동의할 만한 방식으로 근거 짓는 일은 가능할까? 다음 마지막 장에서 이 물음을 음미해 보자.

제7장

인간에게 사회란 무엇인가

사회 본질학을 구상한다

우선, 사회 본질학이란 뭔지를 다시 한번 간결히 설명해 두자. 지금
까지 보아 왔듯이, 19세기 이후 융성한 실증주의에 입각한 인문과
학과 사회과학은 인문 영역에서의 보편 인식 확립 문제에 부딪쳐
좌절했다. 이에 후설에 의해 구상된 것이 본질학이고, 그 방법으로
서의 본질 관취였다. 단, 후설 자신에 의한 본질학 탐구는 거의 이
념 제시만으로 끝나고 말았다. 그래서 나는 후설의 뜻을 이어받아
본질학의 방법적 원칙을 전개해 보고 싶다.

　이미 우리는 제5장에서 본질 관취의 방법을 확인해 보았다. 가령
인간에게 불안이나 죽음의 의미(본질)는 무엇인가와 같은 문제, 말
하자면 인간의 본질학 문제에서는 불안이나 죽음이 인간의 생에 어
떠한 보편적 의미(본질)를 갖느냐에 대해 개개인의 경험을 내적으
로 통찰하는 것(본질 관취하는 것)이 불가결해진다.

그러나 인식 대상이라는 차원에서 볼 때 사회라는 대상은 인간의 본질학에 비해 더 복잡한 성격을 갖는다. 그런 까닭에 사회의 보편 인식으로서 사회 본질학의 핵심에 다가가기 위해서는, 극히 많은 주제들을 적절한 순서로 끝까지 추적하며 나아가지 않으면 안 된다. 여기서는 이를 위해 필요한 방법상의 원칙을 숙고해 보자.

사회의 본질이란 무엇인가?

사회 본질학이란 사회를 사실 차원에서 연구하는 실증적 인식의 학學이 아니고, 사회가 우리(인간)에게 갖는 의미(=본질)를 탐구하는 학을 **의미**한다. 그렇기 때문에 사회 본질학에 시동을 걸기 위해서는 우선 사회의 본질이 무엇이냐고 물어볼 필요가 있다.

조금 우회하여 칸트에서 시작해 보자. 칸트는 『실천이성비판』에서 '덕복일치德福一致의 안티노미'라는 흥미로운 물음을 제시한다. 참고로 플라톤이 『국가』에서 '덕복일치'를 논할 때, 가장 유덕한(덕 있는) 인간이야말로 가장 행복하다는 방식을 취했다는 사실은 잘 알려져 있다. 칸트는 플라톤의 이런 방식과 관련하여 다음과 같이 논평한다. 현실에는 유덕한 사람이 행복해진다는 보증은 어디에도 없다. 하지만 만일 유덕한 사람이 불행해지고 악덕한 인간이 행복해지는 사회라면, 인간이 대체 어떠한 의미나 동기에서 선(도덕)을 목표로 삼을 수 있겠는가! 바로 여기에 아포리아가 있고, 칸트는 이를 '덕복일치의 안티노미'라 명명하였다.

칸트는 이 안티노미의 해결책을 '가상계可想界'에서 찾는다. 즉,

만일 신이 존재한다면, 가장 덕 있는 인간이 가장 행복한 그런 세계가 실현될 가능성이 있다고 말한다. 이 상태야말로 칸트가 말하는 최고선의 이념이고, 바로 이로부터 칸트는 신의 존재는 증명되지 않지만 그러나 **요청**되어야 한다고 하는 도덕철학의 테제를 유도해 낸다.

한편, 헤겔은 이러한 칸트의 설을 다음과 같이 비판한다.

기본적으로 칸트는 처음에 자연 세계(감정이나 욕망의 세계, 즉 행복의 가능성의 세계)와 자유의 세계(도덕의 세계)를 확실히 분리해 두고, 후자로부터 도덕 법칙을 끌어냈음에도 불구하고, 나중에는 이 두 가지가 일치하지 않는 것이 문제라고 불평을 한다. 그러고는 여기에서 출현하는 모순(안티노미)을 '신의 요청'이라는 관념을 동원해 해결하려고 한다. 결국 여기서 철학은 모순을 해결하기 위한 **조건**을 탐구하는 사고가 아니라, 현실의 모순을 '당위'(그러해야 함)의 관념으로 메우는 사고, 즉 그랬으면 좋겠다고 하는 단순한 희망의 사고가 된다.

헤겔의 비판은 신랄하다. 도덕과 행복이 일치해야 한다는 칸트의 당위는 실은 행복이 덕 없는 사람들에게 속해선 안 되고, 자신 같은 덕 있는 사람에게 주어져야 한다고 하는 판단이 동기로 되어 있다. 요컨대 "이 판단의 의미와 내용은 질투이고, 이 질투가 도덕성을 위장 수단으로 삼고 있다."(『정신 현상학』)

헤겔이 하고 싶었던 말을 더 부연해 보자. 그는 『미학 강의』에서 이렇게 쓴다. 근대가 인간의 내면에 자유의 정신을 불어넣은 이래, 인간은 사회라는 현실과 자유라는 이상 사이의 모순을 강하게 의식하는 양서류가 되었다. 현실과 이상의 분열 의식, 즉 현실 사회가 다양한 인간적 모순들을 갖는 것으로 나타나는 것이야말로 근대인의 자유 의식에서 필연적으로 초래되는 것이다. 그리고 만일 "일반 문화가 그러한 모순에 휩쓸려 있다고 한다면, 그 대립을 해소하는 것이 철학의 과제다."(『미학 강의』)

헤겔의 말을 보완해 보자면 이렇다. 자유로운 근대인의 사회 의식 차원에서 보자면, 덕복일치의 요구는 현실의 모순을 극복하고 싶다고 하는 하나의 필연적 요구다. 하지만 이 요구를 '신의 요청'이라는 관념으로 메우는 것, 요컨대 일치가 있어야 한다는 당위로 때우는 것은 철학의 패배와 다를 바 없다. 오히려 철학은, 덕복일치라는 것이 서서히 실현되어 가기 위해서는 무엇이 필요한가, 라는 과제로 나아가지 않으면 안 된다.

철학이 사회의 보편 인식에 대해 사유한다는 것은 문제를 끝까지 파고들어, 현실 사회가 가진 모순을 극복하기 위해 무엇이 본질적인 조건이고 또 과제인지를 보편적인 방식으로 포착하는 노력이어야만 한다.

이를 다르게 표현해 볼 수도 있다. 헤겔의 사유가 여기서 시사하고 있는 바는, 근대인에게 사회라는 관념은 과연 무엇이냐는 것이다. 사회는 현실과 이상 간에 출현하는 인간적 모순을 가능한 한 극복하고 해결하고자 하는 요구 혹은 그 가능성의 관념으로서 존재한다. 이 점은 우리가 품고 있는 사회 의식의 본질이라는 것을 통찰하면 분명해질 것이다.

물론 사람이란 일상 생활에 큰 불만을 느끼고 있지 않다면, 굳이 사회 의식이라는 것을 갖지 않고도 살아갈 수 있는 존재다. 그러나 예컨대 젊은이들 대다수는 이러저러한 사상에 강하게 마음을 빼앗기기 일쑤고, 심지어는 어떤 종교에 깊이 빠져드는 경우도 종종 있다. 이때 사람은 사회라는 것을, 현실의 모순이 근본적으로 극복되는 커다란 희망 혹은 가능성으로 상상하고 있는 것이다.

이렇듯 사회에 대한 인식에는, 혹은 우리가 사회라는 것을 인식하고자 하는 동기에는 사회적 현실이 산출하는 모순을 어떻게 극복할 수 있을까, 라는 물음이 핵심적으로 포함되어 있다. 그리고 바로 여기에 사회라는 것의 **인식 대상으로서의 본질**이 있다고 해도 과언이 아니다.

이미 본 바 있지만, 애시당초 인식의 본질은 욕망 상관적이어서, 무엇이 가장 필요하고 또 요구되고 있느냐에 따라(상관하여) **인식되어야 할 것**의 핵심이 나타난다. 그것을 나는 인식 대상의 본질이라 부른다. 우리가 지금 사회에 대한 인식을 필요로 할 때, 그것은 '사회는 이러이러한 것으로 존재하고 있다'라고 하는 사실의 설명이 아니라, 지금 한 사회의 모순을 극복하고 더 좋은 상태로 가기 위해서는 무엇이 필요하냐고 하는 요구에 부응하는 인식이 아닐 수 없다.

이리하여 사회 본질학이 출발하기 위한 우선적인 전제가 설정된다. 요컨대 사회 본질학은 현대 사회가 산출하는 인간적 모순의 중심이 어디에 있는지에 대한 보편적인 탐구여야만 한다. 또한 이 모순이 어떠한 방법으로 극복될 수 있는지에 대한 **보편적인** 탐구여야만 한다.

이제 다음은 이 과제를 탐구함에 있어 과연 어떻게 보편성을 확보할 수 있는지가 문제인데, 그 전에 나는 우리가 현 시점에서 사회 본질학을 필요로 하는 **현대적** 동기에 대해서도 잠시 언급해 두고 싶다.

자본주의의 현재

나는 이 책의 서두에서 현대 사회는 지금 인간의 역사에서 거대한 기로에 서 있다고 썼다. 이 기로는 근대 철학의 설계도에 의해 산출된 자유로운 시민 사회*의 이념, 즉 만인의 자유를 권리로 확보하고, 그 위에서 인간적 자유가 가장 본질적인 방식으로 꽃피우는 사회를 목표로 하는 이념이 **계속 살아남느냐 붕괴하느냐**를 정하는 기로다.

현대 사회가 맞닥뜨린 이 중요한 기로에 대해, 이미 나는 『철학은 자본주의를 바꿀 수 있는가』에서 상세히 논한 바 있다. 큰 윤곽은 대략 이러하다.

근대 시민 사회는 이전까지의 전통적 지배 사회와는 정치 시스템과 경제 시스템에서 크게 달랐다. 정치 시스템으로서는 인민 주권이 키워드고, 경제 시스템으로서는 (절대적 수탈과 재분배가 아니라) 자유 시장 경제 시스템의 형태를 취한다. 이 시스템의 특질은

---

* 자유로운 시민 사회: 시민의 통치에 의한 근대 사회 원리의 이념으로 로크, 홉스, 루소, 칸트, 헤겔 등에 의해 철학적, 이론적 토대가 부여되면서 성립했다. 영국, 미국, 프랑스가 그 출발점이 되었다. 이 이념의 내실에 대해서는 뒤에서 상세히 논하겠다.

역사상 처음 출현한 '생산성을 지속적으로 확대하는 경제 시스템'*
이라는 점에 있다.

이 새로운 경세 시스템은 산업혁명이 커다란 계기가 되어 자본주
의로 급속히 전환한다. 애덤 스미스는 『국부론』에서 분업의 의의에
대해 논하면서 이 점이 유일하게 인민의 희망이 되리라고 예언했는
데, 그의 통찰은 옳았다. 자본주의는 도처에서 교환과 분업을 촉진
하고, 그럼으로써 사회의 생산성을 비약적으로 확대해 가는데, 바
로 이것이 일반 사람들의 생활을 서서히 풍요롭게 만들어 근대 시
민 사회에 있어 '만인의 자유의 해방'에 도달하기 위한 경제적 기초
조건을 창출했기 때문이다.

근대 사회의 새로운 정치 시스템과 경제 시스템은 사람들에게 우
선 직업의 자유를, 즉 경제적인 경쟁에 뛰어들 자유를 부여하게 된
다. 거기서 무엇이 발생했던가? 전통적인 사회에서는 종교적인 성
스러운 관념이 관습이나 계율에 의해 사람들의 욕망(자기 중심성)
을 늘 제어하고 있었다. 그러나 근대 사회에 있어 자유의 해방은 사

---

* 생산성의 지속적 확대: 『철학은 자본주의를 바꿀 수 있는가』에서 나는 경제 시스템
으로서의 자본주의의 본질을, 역사상 처음 등장한 '생산성의 지속적 확대' 시스템
이라 정의하고, 그 근본적인 메커니즘의 본질을 '보편 교환'과 '보편 분업'이라는
두 계기로 제시하였다. 애덤 스미스에 의하면 분업의 진전이야말로 생산성 확대의
열쇠가 된다(『국부론』). 이와 관련하여 유럽에서는 14세기 이후 다른 문명들에 앞
서 선구적으로 '보편 교환', 즉 상업로와 시장의 전반적 네트워크 형성에 의한 '도
처에서의 교역=교환' 상태가 출현하였고, 그것이 또한 '도처에서의 분업'('보편 분
업')을 야기하였다. 그때까지 비교적 세력이 약소했던 유럽 문명은 16세기 이후 다
른 문명들에 비해 특출난 생산력을 장착, 그것이 18세기 이후 유럽이 세계를 제패
할 수 있는 근본 원인이 되었다.

람들의 자기 중심적 욕망을 해방하고, 시민 국가는 그 본성에 있어 개개인의 이익을 둘러싼 자의적인 자유 경쟁의 세계가 된다.

실제로 나폴레옹 전쟁이 상징하듯이, 근대 국가가 성립하고 얼마 안 되어 국가 간 투쟁이 개시되는데, 곧 그것은 자원이나 시장을 둘러싼 치열한 자본주의 간의 보편 전쟁으로 급격히 전환된다. 그리고 이 투쟁은 유럽 열강에 의한 식민지 전쟁과 제국주의 전쟁이 되고, 마침내 양차 세계 대전이라는 파국에 다다르게 된다. 여기서 중요한 측면을 지적하자면, 유럽의 근대는 시민 사회 내부에서 사유의 상호 승인을 서서히 실현시켜 갔지만, 국가 간 상호 승인에 대해서는 이를 추진할 원리도, 그를 위한 조건도 발견할 수 없었다는 점이다.

그 뒤 근대 국가는 어떻게 나아갔는가? 미증유의 방대한 전사자를 낸 양차 세계 대전의 반성 위에서, 근대 국가끼리는 드디어 공존의 가능성을 모색한다. 국제 사회는 국가 간 이해 충돌을 전쟁(폭력)에 의해서가 아니라 경제 경쟁에 의해 해결한다고 하는 새로운 국제 관계를 구축한다. 국제연합이나 브레튼우즈 체제 등에 의한 새로운 정치 경제 질서가 바로 그것이다.

이후 핵무기의 균형에 의한 냉전 구도라는 배경도 가세하면서, 20세기 중반에 이르러 드디어 선진국끼리의 전쟁이 거의 불가능해지는 조건이 산출되었다. 여기서 주의해야 할 것은 **대국 간의** 한정된 범위에서긴 하지만, 인류가 역사상 처음으로 보편 전쟁을 억지하는 국제 관계 시스템을 창출했다는 점이다.

스티븐 핑커는 사태를 올바로 포착하여 이렇게 쓴다. "네 번째 거대한 변화는 제2차 세계 대전 후에 일어났다. 전후부터 현재에 이르는 약 3분의 2세기 동안, 인류사에 미증유의 진전을 볼 수 있었다. 초강대국, 그리고 선진국 대부분이 서로 전쟁하기를 그만둔 것이다."(『우리 본성의 선한 천사』)

물론 이 세계적인 보편 전쟁 억지 체제는 유럽 열강에 의한 세계의 전면적인 지배(식민지화)라는 거대한 비참을 희생으로 성립했다는 점을 잊어서는 안 된다. 19세기 이후의 범세계적인 근대화는 유럽 열강이 중국, 인도, 중동의 전통적 대제국들을 강압적으로 지배하고 식민지로 만들어 버린, 그 모순에 찬 프로세스를 통해 실현된 것이다. 이 점은 세계적인 반유럽, 반근대의 정서를 낳는 커다란 원인이 되기도 했다.

하지만 다른 한편, 제2차 세계 대전 후의 보편 전쟁 억지 체제가 산출한 것들도 있다. 식민지 지배라는 체제의 종언, 근대 국가들의 경제적 공존, 그리고 그 결과로서 일반 대중의 복지(생활수준)의 향상이다.

1945년부터 1980년까지 선진국들은 하나같이 거의 5% 이상의 경제성장률을 보이고, 그에 수반되어 대중 소비 사회의 도래, 시민 국가의 민주화, 일반 복지의 실현, 중간층의 확대, 그리고 부의 격차 축소라는 현상이 처음으로 출현하였다. 이 공존 상태가 1960년대에 이르러서는, 훗날 동아시아의 기적이라 불리게 될, 도상국의 급속한 경제성장을 초래하여, 자본주의는 도상국의 착취에 의해서만 진전된다고 하는 뿌리 깊은 종속 이론을 소멸시켰다.

비록 20세기 전반까지의 거대한 희생 위에서 이룬 것이긴 하지만, 현대 자본주의는 이때 희망의 시기를 맞이하고 있었다고 할 수 있다. 황금의 60년대라는 표현을 빌려 오자면, 전후 남짓 무렵부터 1980년경에 이르기까지의 이 시기를 나는 자본주의의 황금 시대라 부른다.

폭력의 지배냐, 자유의 해방이냐?

그러나 전후 자본주의의 희망인 양 보였던 이 진전은 1980년대 이후 크게 변화한다. 이미 세계 경제의 대규모 구조 전환이 1970년대부터 시작된 상태에서(생산 거점들의 도상국으로의 이전, 자원이나 석유 가격 등의 비등, 선진국에서의 소비 감퇴 등이 주된 이유다), 1980년대를 경계로 세계의 경제 성장도 크게 정체되어, 선진국의 성장률은 하나같이 3% 이하로 떨어진다. 그리고 이를 계기로 영국과 미국이 선도하는 선진국 간 금융 경쟁의 시대가 시작된다.

이리하여 세계의 실물 경제 및 금융 경제의 규모는 완전히 역전되고(9:1에서 1:9로 역전되었다는 놀라운 보고가 있다), 그 결과 전후 크게 축소되어 있던 부의 격차는 1980년을 경계로 재차 급속히 확대되기 시작한다. 1%의 부유 층이 세계 부의 80% 이상을 독점하는, 혹은 수십 명의 대부호가 세계 부의 반을 독점하는 상태라는 것이 수많은 데이터에 의해 제시되고 있다.

근대에 비롯된 자유로운 시민 사회라는 이념의 성패는 자본주의가 격차의 확대를 적절히 제어할 수 있느냐 여부에 달려 있다고 해도 과언이 아니다. 왜 그러한가?

격차의 확대는 필연적으로 경제와 정치의 유착을 초래하고, 이 유착은 돈의 힘에 의해 정치 룰을 왜곡함으로써 부유 계층의 특권을 만들어 낸다. 이를 상징하는 것이 바로 미국에서 '로비 활동'에 의해 정치의 룰이 '매점買占'되는 현상이다(로버트 라이시의 『자본주의를 구하라』 참조).

격차 확대를 방치하는 것은 "각인의 대등한 권한에 의한 통치"라는 시민 사회의 대원칙을 허물어뜨리고, 민주주의 자체를 파괴하는 것이다(요컨대 '1인당 1표'가 아니라 '몇 달러당 1표'가 된다).

격차가 불가역적으로 확대되어 가는 것은 국가 간 경제 경쟁을 격화시키고 그럼으로써 지구의 자원 및 환경의 한계라는 문제도 해결 불가능하게 만든다. 나아가 최빈국 사람들의 절망을 심화시켜, 테러를 포함한 세계적 규모의 '폭력 계기moment'를 더 한층 고조시킨다. 이 두 가지 문제가 산출하는 결과는 자원의 절대적 희소화, 생존 경쟁의 격화, 그리고 핵병기 기술 확산 등의 요인에 의한 세계적 보편 전쟁 상태의 재현, 또 그 귀결로서 세계적인 절대적 지배 상태로 역행해 버릴 가능성이다.

요컨대 이 상황은 근대 사회에 의해 착수된 자유의 보편적 해방(전쟁과 절대 지배를 종식시키고, 만인의 자유를 확보하고 해방한다)이라는 프로젝트를 완전히 좌절시킬 수도 있고, 결국 인류는 다시 한번 보편 전쟁과 절대 지배 체제로 역행해 갈지도 모른다. 이런 사태는 100년 이내 혹은 50년 이내에 발생할 가능성도 있다.

참고로 앞서 인용한 핑커라든가 한스 로슬링 같은 학자들이 최근에 내놓은 연구, 즉 '자본주의의 장래는 밝다'라는 실증적인 논증

연구가 화제가 되었다. 이 연구들은 공통적으로 수많은 실증적 데이터를 바탕으로 세계 전체로서는 차이가 축소되고 있다는 것, 또 국내의 격차 확대는 인간의 행복이나 빈곤 문제에 악영향을 주지 않는다는 것 등을 '논증'하고 있다.

그러나 이 작업들은 오히려 실증주의의 결함을 잘 보여 주고 있다. 실증주의가 데이터를 다루는 기술은 점점 더 고도화되고 있기 때문에, 가령 맨 처음에 현대 자본주의를 긍정하고 싶다는 전제적 결론(신념)이 서 있으면, 그것을 어떤 식으로도 **실증적으로** '논증'할 수 있기 때문이다.

이는 예컨대 앞 장에서 말했던 푸코의 연구 결과, 즉 '근대 자체에 대한 반대'라는 동기에서 출발하여 근대 사회 전체를 반자유, 반인간성의 시대로 논증했던 작업이 정반대로 뒤집혀 있는 격이다. 예를 들어 핑커는 "세계를 올바로 인식하기 위해서는 '세는 일'이 엄청 중요하다"라고 하지만(『21세기 계몽』), 방대한 데이터는 얼마든지 신념 보강적으로 활용될 수 있다. 따라서 이런 문제를 적절하게 잘 다루기 위해서는 수많은 데이터로부터 보편적인 '본질'을 끄집어내는 본질 관취의 방법이 불가결한 것이다.

그 문제는 또 그렇다 치고, 어쨌든 여기서의 요점은 다음과 같다. 현재 진행 중인 격차의 확대가 만일 이후에도 수정되지 못한다고 하면 근대의 자유로운 시민 사회 프로젝트에 치명적으로 작용할 가능성을 품고 있다. 그것은 자원이나 환경 문제를 해결 불가능하게 만들고 폭력 계기를 증대시켜, 인간 사회를 보편 전쟁 및 절대 지배의 세기로 되돌릴 수도 있다. 이것이 양 갈래로 갈라진 '분기'의 한

쪽 길이다.

이 가능성은 빈곤이나 범죄가 감소했다는 등의 개별적인 데이터와는 다른 차원의 문제로, 자유로운 시민 사회의 기본 조건이 위협을 받아 그 존립 자체가 위태로워질 가능성을 의미한다.

양 갈래의 분기 중 또 하나의 길은 다음과 같이 말할 수 있다. 자본주의가 만일 건전한 방식으로 발전한다면, 즉 부의 배분 문제가 적절히 해결되고 시민 사회의 과도한 경쟁 원리가 적절히 억제되는 방법이 발견된다면, 고도 자본주의에서의 지속적인(혹은 기하급수적인) 테크놀로지의 진보와 그에 따른 생산성의 비약적 확대는 사람들의 노동 시간을 지속적으로, 대폭적으로 단축시킬 수 있게 될 것이다. 그리고 이 상태가 세계적인 차원에서 전개된다면, 근대에 출발한 자유의 보편적 해방 이념에 하나의 새로운 지평을 개척할 가능성이 초래될 것이다.

일찍이 마르크스는 『자본론』에서 (공산주의 사회에서의) 생산성 확대는 사람들의 노동 시간을 크게 단축하고, 그를 통해 참된 의미에서의 자유의 왕국이 가능해질 것이라 썼다. 요컨대 노동 시간의 대폭 단축은 경제 게임(머니 게임)의 비중을 감축시키고, 문화적인 게임들의 영역을 크게 확대하는 방향으로 사회를 이끌어 간다. 경제 게임이 유일한 중심 게임이 되는 게 아니라, 다양한 문화 게임들이 여기저기서 들끓고 각자가 자신의 행복과 선을 추구하게 되는 다양한 삶의 방식, 그 가능성의 조건이 더 한층 고양된다. 혹은 경제 게임 자체가 문화 게임의 하나가 될 가능성도 있다. 여기서 우리는 근대 철학자들이 구상한 자유의 보편적 해방이라는 이념의 이상적인 범례 중 하나를 발견할 수 있다.

자본주의에 대해 낙관적인 예상도를 제시하는 사람들은 현대 자본주의가 가진 이러한 밝은 가능성의 측면만을 보고, 현재의 위기적인 상황의 본질을 간과하고 있다. 근대의 자유로운 시민 사회 이념이 인간 사회의 새로운 가능성을 향해 가기 위해서는 부를 적정하게 배분하는 것, 인구를 적절하게 억제하는 것이 절대적인 조건이 된다.* 그리고 이를 위해서는 인간 사회가 어디로 향해 나아가야 할지에 대해, 큰 차원에서 사람들이 합의를 형성하지 않으면 안 된다.

그러나 그러한 미래 인간 사회의 구상에 대한 사람들의 커다란 합의는 어떻게 가능할까?

---

* 인구 문제: 자본주의의 미래와 관련해 인구 문제가 갖는 중요성에 대해서 나는 『철학은 자본주의를 바꿀 수 있는가』에서 논한 바 있다. 어느 인구문제연구소가 2006년에 제시한 예측에 따르면, 만일 2050년경에 현재의 중국이 일본만큼의 생활 수준에 도달했을 경우, 그 사실만으로도 자원적으로는 지구가 또 하나 필요하게 된다. 이 점은 현재의 자본주의가 생산성을 대폭 높인다 해도, 그와 병행적으로 인구의 적절한 억제가 이루어지지 않으면 인류는 환경과 자원의 한계라는 문제를 해결할 수 없다는 걸 잘 보여 준다.

보편성을 확보하기 위하여

어떻게 최초의 합의를 설정할까?

지금까지 우리는 사회 본질학의 수립이라는 과제가 바야흐로 인간의 미래와 관련해서 대단히 절박한 문제가 되었다는 점을 확인했다. 그리고 이 절박한 과제가 사회의 바람직한 구상에 대한 보편적인 이론 따위는 존재할 수 없다고 보는 현대 상대주의 사상에 의해 저지당하고 있다는 점도 이미 살펴보았다.

사회의 개혁 가능성을 향한 사람들의 요구가 아무리 진지한 것이라 해도 가치의 다양성이라는 혼란을 극복할 수 없는 한, 가치 상대주의에 길을 내어 주고 그저 현상 유지에 기여할 뿐이다. 이 교착 상태를 타개할 가능성은 있는 것일까?

여기서 잠깐, 18세기 후반의 유럽을 상기해 보자. 그때 유럽에서는 자유에 대한 자각이 서서히 광범위하게 퍼져 나가고 절대주의 체제의 모순이 감추기 힘들 정도로 드러나, 지식인을 중심으로 수많은 사람들이 앙시앙 레짐(절대 군주와 기독 교회의 권위)에 반대하고 있었다. 로크, 스피노자, 흄, 애덤 스미스, 에드먼드 버크, 볼테르, 몽테스키외, 디드로 같은 새로운 계몽사상가와 철학자들이 출현하여 사회와 정치에 대해 다양한 사상을 제시한 결과, 치열한 경합 상황이 발생하였다. 그러나 시간이 흐름에 따라 그 대립 상태는 서서히 하나의 명확한 사회 원리로 형태를 갖추어 가게 된다.

사회에 대한 사람들의 여러 가지 새로운 요구들은 자유라는 키워드에 의해 초점이 맺어지게 되고, 머잖아 근대 시민 사회라는 새로운 사회의 구상으로 결실을 맺어 영국, 미국, 프랑스라는 근대 국가를 산출하였다. 그것은 절대 권력에 의한 지배를 배제하고 각 사람의 자유를 확보 한다고 하는, 인류 역사상 획기적인 새로운 국가 체제, 즉 '근대 시민 국가'의 등장이었다.

이때 현실 사회에 대해 사람들이 제시한 요구들은 매우 다양한 것이었다. 그러나 그토록 다양했던 요구들은 여러 사상과 논의의 소용돌이 속에서 단련되며 서서히 커다란 요구로 통합되어 가고, 또 그에 상응하는 명확한 사회 원리가 등장함으로써 사람들의 욕망은 사회의 현실적 변혁이라는 방향으로 모아지게 되었다. 이제 와 돌아보면, 당시 사람들의 다양한 요구들이 어떠한 '큰 합의'를 향해 통일되어 갔는지를 알 수가 있다. 즉, 일체의 절대 권력을 배제하고 인민 자신의 통치를 창출하는 것, 바로 이것이 사람들의 합의가 집결되는 집약점이었다.

나는 이 새로운 근대 국가의 원리를 자유로운 시민 사회 이념이라 부르면서 홉스, 루소, 헤겔 등의 사회철학이 그 이념을 떠받치는 원리였다고 제시해 왔다.

우리는 이제 다음과 같이 묻고자 한다. 그들의 사회철학 원리는 어떻게 해서 임의의 가치 이념이라는 차원을 뛰어넘어 사람들의 다양한 요구를 집약하는 보편적인 사회 원리가 될 수 있었던 것일까?

세 가지 사회 원리 – 보편 전쟁, 일반 의지, 상호 승인

이미 시사했듯이 현대 철학에서는 이 세 사람의 사회철학 원리가 근대의 자유로운 시민 사회에 기초 설계도로 작용했다는 점이 처음부터 충분히 이해되지 못하였다. 아니, 그 점이 이해되지 못했다고 하기보다는 현대 사회의 현실에 대한 끊임없는 비판 속에서 아예 근대 사회 자체가 의문시되어 왔다고 하는 게 더 적절할 것이다.

그래서 나는 이 세 철학자의 사회 원리를 다시 한번 간결히 요약하면서, 그것을 자유로운 시민 사회라는 이념의 근본적인 토대를 이루는 것으로 재구성해 보고자 한다. 그러고 나면 대체 왜 이 사회 이념이 보편적인 사회 원리가 될 수 있었는지, 그 이유가 밝혀질 터이다.

미리 말해 두자면 자유로운 시민 사회라는 이념은 홉스의 '보편 전쟁', 루소의 '사회 계약'과 '일반 의지', 헤겔의 '상호 승인', '일반 복지' 등의 원리를 근본 축으로 삼고 있다.

우선 홉스의 설을 간결히 요약해 보자. 그에 따르면 보편 전쟁의 근본적인 이유는 상호 불안이며, 그런 까닭에 보편 전쟁을 억제하는 원리는 강력한 국가 통치 이외에는 없게 된다. 이미 보았듯이, 보편 전쟁의 근본 원인을 불안이라고 보는 홉스의 설에 대해서는 갖가지 반론들이 있다. 본래 인간들은 평화롭게 살고 있었다든가(로크나 초기의 루소 등), 혹은 전쟁의 원인은 이해관계의 대립이나 지배자의 욕망이라든가(그런데 사실 이것은 홉스도 지적하는 지점이다), 아니면 그 원인은 인간의 욕망, 심지어는 인간의 본능이 아닌가 등등의 견해도 있을 수 있다. 하지만 중요한 것은 홉스가 주장한, 전쟁의 근본 원인으로서의 불안이라는 말은 전쟁을 억지하기 위한 근본 원인도 제시하고 있다는 점이다.

확실히 이해관계의 대립이나 인간의 욕망도 전쟁의 원인이라고는 **할 수 있다. 하지만** 그러한 원인을 아무리 쌓아 올려도, 전쟁을 억지하기 위한 사고로는 끝내 이어지지 않는다. 이렇게 생각해 보면 홉스의 사고가 얼마나 탁월한지 이해가 된다.

즉, 강력한 룰(법)과 패널티로 구성된 시스템에 의해 영토 내의 모든 '사적인 투쟁들'이 금지되고, 이해의 대립은 모두 룰에 의한 조정에 복종한다. 그럼으로써 불안이 억지되고 비로소 보편 전쟁이 억지된다. 이 사고의 핵심적 함의는 바로 여기에 '국가' 그리고 '통치 권력'의 본질적인 존재 이유가 있다는 점이다

홉스의 사유는 '국가 권력'을 부정하는 사람들로부터 오래도록 비판을 받아 왔다. 그러나 인류 역사에서 실제로 보편 전쟁과 절대 지배가 장구하게 이어졌다고 하는 사실 자체가 다른 무엇보다도 홉스의 원리가 올바르다는 걸 보여 주며, 이 사실을 설명함에 있어 홉스를 뛰어넘는 설득력 있는 원리는 아직 어디서도 발견되지 않았다.

다음으로 루소의 '사회 계약'과 '일반 의지' 원리를 보자. 그 요체는 다음과 같다. 만일 **각자가 자유를 원한다면**, 각자가 타자의 자유를 상호 인정하고 그 위에서 대등한 권한에 의해 사회 계약을 맺는 것, 요컨대 **인민 권력을 창설할 계약을 행하는 것 이외에는 방법이 없다.**

버트런드 러셀은 루소에 대해 과녁을 벗어난 비판을 펼친 장본인인데(루소의 이론은 전체주의 이데올로기다), 그 비판조차 2차 세계 대전의 주된 원인인 나치즘, 전체주의 국가, 내셔널리즘 국가 등의 권력에 대한 반감에 기인한 의견에 불과하다(로크로부터 처칠이 태어났고, 루소로부터 히틀러나 스탈린이 태어났다고 러셀은 『서양 철학사』에서 말한다).

루소의 일반 의지는 확실히 이해하기 쉬운 개념은 아니다. 그것이 얼마나 까다로운 개념인지 다음 인용문을 보자.

> 전체 의지와 일반 의지는 다른 점이 한두 가지가 아니다. 일반 의지는 공동 이익 말고는 전혀 주목하지 않지만, 전체 의지는 사적 이익에 주목하는 것이다. 후자는 사실 특수 의지의 총합일 뿐이다. 단, 이 특수 의지들 전체에서 서로 상쇄되는 과잉의 면과 부족의 면을 뺄 경우, 남는 차이들의 합계가 바로 일반 의지다.(『사회계약론』)

여기서 루소는 '전체 의지'와 '특수 의지'라는 개념을 보조선으로 활용하여 '일반 의지'가 어떤 개념인지를 설명하려 하고 있다. 내 생각에 이 설명은 일반 의지에 대해 엄청나게 많은 혼란스럽고 그

룻된 논의들을 낳았고, 그리하여 오래도록 루소의 근본 아이디어를 완전히 가려 온 커다란 원인이 되어 왔다.* 따라서 나는 이 설명을 글자 그대로 해석하지 않고, 루소가 틀림없이 이렇게 생각했을 것이라고 사료되는 사유의 회로를 제시해 보겠다.

해결되어야 할 과제는 이러했다. 보편 전쟁을 억지하기 위해서는 홉스가 제시했듯이 국가 통치가 불가결하다. 문제는 그때까지의 거의 모든 국가 통치가 사람들에게 절대적인 예속 상태(자유가 없는 상태)를 강요했다는 점이다. 자, 이런 상황에서 어떻게 하면 좋을까? 우선 통치가 불가결하다는 점을 인정하고, 그러면서도 각 사람들이 자유를 확보할 수 있는 그런 사회시스템은 생각할 수 없는 것일까? 루소는 이렇게 쓴다. "이 문제라면 풀 수 있을 거 같다."(『사회계약론』)

루소는 그 원리를 사회 계약과 일반 의지라는 말로 제시했는데, 그가 제시한 아이디어의 의미는 누가 생각해 보더라도 단 하나일 수밖에 없다. 모두가 절대 권력(왕권과 교회 권력)을 배제하고, 대등한 권리로 자신들의 통치 권력을 구성해 내겠다는 의지를 가지며, 바로 이 의지를 현실화하는 것(사회 계약)이다. 또 이로부터 정

---

* 일반 의시 개념의 핵심: 루소의 『사회계약론』에 날린 수를 보면, '일반 의지' 개념의 핵심이 아주 잘 표현되어 있다. 그는 다르장송의 "두 특수 이해의 일치는 (그 둘이 아닌) 제3자의 이익에 대한 반대에 의해 성립한다"라는 대목을 끌어와 다음과 같이 쓰고 있다. "여기에 그는 모든 사람들의 이익의 일치는 각인의 이익에 대한 반대에 의해 성립한다, 라고 덧붙일 수도 있으리라." 루소는 사태를 올바로 통찰하고 있다. 요약하자면 근대 사회에서는 사람들의 다양한 이해나 가치관의 차이가 있다는 게 전제되는데, 그런 사회에서도 사람들이 '일치'를 발견하는 것은 각각의 이해에 대한 '반대'(절대 권력)의 존재에 의해서다, 라는 말이다.

치 통치와 법은 반드시 일반 의지를 대표해야만 한다는 점이 필연적으로 도출된다.

어떻게 하면 자유로운 사회가 가능해질까, 라는 문제에 대해 루소가 제시한 사유의 핵심은, 지금 말한 내용 안에 전부 망라된다고 생각한다. 루소의 이 간명한 사회 원리야말로 근대에 비로소 출현한 자유로운 근대 사회라는 이념의 핵심을 이룬다.

하지만 애시당초 유럽의 근대나 국가 권력이라는 것에 의구심을 품는 사람들은(러셀은 그중 한 사람이다) 이 간명한 원리에 온갖 의문점이나 이의들을 제기할 수가 있고, 실제로 수많은 비판적 논의들이 펼쳐지기도 했다. 나는 그런 수많은 논의들을 일일이 반박하는 대신, 루소의 원리를 다음과 같이 바꿔 표현해 보고자 한다. 그리고 사회의 성원들이 대등한 방식으로 자유를 권리로서 가질 수 있는 사회의 원리로서, 과연 이와 다른 사고방식이 존재하는지 독자들 스스로 숙고해 보길 촉구하고 싶다.

가령 우리가 게임을 한다고 해보자. 누구로부터도 불평이 나오지 않는 페어한(공정하고도 공평한) 게임이 되기 위해서는 어떤 본질적 조건이 필요할까?

우선, 성원들이 서로 대등한 플레이어로서 상호 인정을 해야 한다. 다음으로는 전원이 동일한 하나의 룰에 따라야 한다(따라서 특권이나 차별이 없어야 한다). 그리고 이 게임의 룰은 초월적인 외적 권위 없이, 늘 성원들의 합의에 의해서만 변경 가능해야 한다. 이것이 방금 말한 본질적 조건의 거의 전부다.

사회 계약과 일반 의지라는 루소의 개념은 이렇게 변형시키고 난

다음에야 비로소 자유로운 시민 사회의 근본 원리를 명료하게 제시하는 개념이 된다고 나는 생각한다. 그런데 혹시 이는 근대 사회의 이념을 표현하기에는 너무 심플한 비유가 아닐까? 내가 보기엔 그렇지 않다. 루소나 헤겔의 다소 난해한 문장을 이해하려 할 때 나는 늘 이 이미지('완전히 페어한 게임으로서의 사회'라는 이미지)로 되돌아 생각을 하게 되고, 결국 매번 크게 납득을 하곤 한다.

마지막으로 헤겔의 원리. 헤겔의 공적은 홉스와 루소의 사회 원리를 정확히 받아들이고 이를 계승하여 근대 국가의 공준(존재 이유의 본질)에 철학적 토대를 부여했다는 점에 있다(이는 『정신 현상학』 및 『법철학』에서 전개된다). 단, 헤겔의 국가론은 시대적 제약으로 인해 입헌군주적 국가 체제를 취하고 있어, 우리는 다소의 수정을 가하지 않을 수 없다. 그렇게 수정을 가한 다음, 중심 개념들을 잘 추출해 내면 그 결과는 첫째, '주인-노예론', 둘째, '자유'의 본질론('상호 승인'과 '법의 본질'), 셋째, 시민 국가의 본질론('일반 복지'*와 '보편 자산')이 된다.

---

* 일반 복지: 헤겔의 『법 철학』은 근대 국가에 철학적 토대를 부여하는 작업인데, 여기서 헤겔이 제시하는 커다란 국가의 본질은 다음과 같다. 유럽 세계는 서서히 자유의 상호 승인을 육성하여 경제적인 자유 경쟁의 영역을 확대해 왔는데, 이 상호석인 자유의 영역을 시민 사회라 부를 수 있다. 그러나 시민 사회는 사람들의 자유로운 욕망이 해방되는 세계라서, 자의적인 욕망의 체계(욕망이 경합하는 경쟁적 세계)가 된다. 이로 말미암아 시민 사회는 격차(양극화)를 비롯한 온갖 모순들을 낳게 되는데, 시민 사회 자체에는 이 모순을 극복할 원리가 존재하지 않는다. 그래서 국가가 이 모순을 조정, 극복하는 역할을 담당한다. 그러한 국가의 본질을 헤겔은 인륜이라 부르고 또 그를 위한 방책을 보편 복지라 불렀는데, 이는 모든 사람들의 행복(=복지)을 배려한다는 의미에서였다. 보편 복지는 조금 추상적이므로, 나는 이를 사람들의 일반 의지에 대응하는 형태로 일반 복지라 바꿔 부르고 있다.

우선 '주인-노예론'은 홉스의 보편 전쟁 원리를 인간 자유의 본질론의 관점에서 재구성한 것으로, 주안점은 다음과 같다. 인간이 일찍이 자유로웠던 선례는 없지만, 그러나 인간에게는 자유를 추구하는 본성이 있다(타인에게 종속당하는 걸 혐오한다). 그래서 인간은 승인을 둘러싼 보편적인 투쟁에 돌입하고, 그 투쟁의 결과 인간 사회는 보편적인 '주인-노예 관계'(절대 지배)의 구조를 갖게 된다. 이 모순의 근본적 해결책은 단 하나다. 바로 자유의 상호 승인이다(헤겔은 상호 승인이란 용어를 사용했지만, 그 함의를 더 명쾌하게 밝히기 위해 나는 '자유의 상호 승인'이란 개념을 대신 사용했다).

근대 국가의 '법'(독일어 'Recht'라는 단어에는 올바름, 권리, 법 개념이 모두 들어 있다)의 본질은 이 상호 승인으로부터 출현하는 인간의 '자유'를 **제도적으로 실현한다는** 점에 있다. "법 내지 권리는 그런 까닭에 총체적으로 자유이고, 이념으로서 존재한다."(『법철학』)

헤겔은 이로부터 근대 국가의 본질(존재 이유)을, 사람들의 일반 복지(Wohl=행복)의 실현에 있다고 본다. 또 헤겔은 근대 사회를, 각각의 사람들이 자기 나름의 행복이나 선을 추구하며 살아가는 것이 허용되는 사회로 파악한다. 국가가 사람들의 일반 복지를 배려한다는 것은 구체적으로는 사람들의 생활 수준이 지속적으로 높아지는 것을 뜻한다. 단지 사람들의 생활이 풍요로워진다는 것 이상으로, 누구나 자신의 삶의 방식을 추구할 수 있는 일반 조건이 향상되는 것, 즉 개개인의 **자유로운 실존 가능성**의 조건이 드높아진다는 것을 의미한다.

마지막으로 '보편 자산'. 헤겔에 따르면 시민 사회에서는 사람들의 노동이 만인의 의존 관계라는 관계 속으로 들어가는데, 이 관계성 자체가 사회의 '보편적이고 지속적인 자산'이 된다(『법철학』). 이 함의도 중요하다. 요컨대 시민 국가의 부는 성원들 전체의 **협동**에 의한 산물(보편 자산)이며, 따라서 그것이 어떻게 배분될지는 철두철미하게 일반 의지의 원칙, 즉 성원들의 총의에 따라 결정되어야 할 것으로 간주된다.

조건법 덕분에 가능해지는 커다란 합의의 형성

지금 나는 홉스, 루소, 헤겔의 사유를, 자유로운 시민 사회라는 이념의 핵심을 이루는 사회 원리로서 재구성했다. 이 사회 원리는 임의의 사회 원리, 즉 롤스의 호혜적 원리, 노직의 '소유의 권원' 원리, 매킨타이어의 '미덕'의 원리와 어떻게 다른가? 또 그 밖의 사회원리들, 종교 공동체의 원리나 민족적 일체성 원리 혹은 덕치주의의 원리와는 어떻게 다른 걸까?

자유로운 시민 사회 원리에는 그 외의 임의적인 원리들과 결정적으로 다른 점이 있다. 그 요점은 하나다. 요컨대 이 자유로운 시민 사회 원리만이 보편 전쟁을 억지함과 **동시에** 다양한 가치들의 공존(자유)을 가능케 하는 유일한 원리라는 것이다.

지금까지 보아 왔듯이, 홉스의 설에서는 강력한 통치만이 보편 전쟁을 억지한다. 그러나 역사가 확연히 보여 주었듯이, 공동체적인 정치나 전제적인 통치는 일정한 영역 내의 보편 전쟁을 억지할 뿐, 공동체 간의 혹은 국가간의 보편 전쟁을 억지할 수는 없다. 여기에는 상호 승인 원리가 존재히지 않기 때문이다. 자유로운 시민 사회만이 그 안에 상호 승인 원리를 포함하고 있고, 따라서 시민 국가들 간의 상호 승인으로 확대될 가능성을 갖는 것이다.

자유로운 시민 사회만이 다양한 가치들의 상호 승인 원리를 갖는다는 것, 이 점에 비춰 볼 때 우리는 미국 정치철학에서 사회적 올바름의 공준을 탐구하려던 시도가 왜 좌절되었는지 이해할 수 있다. 예를 들자면 리버테리어니즘은 개인이 갖는 소유의 권원에 올바름의 근거를 두었고, 커뮤니테리어니즘은 공동체적 미덕에 그 근거를 두었다. 그러나 이 공준들은 특정한 가치 이념이어서 시민 사회의 올바름의 공준일 수는 없다.

노직의 '권원 이론'은 이미 시사했듯이 로크의 천부인권적인 사고를 배경에 깔고 있는데, 이는 노동에 의해 획득된 산물은 그 사람의 소유에 귀속되어야 한다는 하나의 '이상'(당위)에 불과하다. 이 바람직한 이상, 그러나 이것이 보편 전쟁의 원리 앞에서 전적으로 무력하다는 것은 말할 필요도 없다. 모든 권리나 권한은 루소나 헤겔이 말하듯이 다만 사람들의 '합의'(혹은 약정)에 의해서만 확정된다. 요컨대 개개인의 소유권의 **정당성**은 일반 의지(사람들의 합의)에 입각한 통치 권력에 의해서 비로소 확립되는 것이다.

커뮤니테리언이 주장하는 '공동체적인 선'이라는 주장도 가치 공존의 원리를 그 안에 포함하고 있지 않다. 예를 들어 마이클 샌델은 이렇게 말한다. 도덕적, 종교적 교의에 대해 중립적이어야 한다고 보는 리버럴은 틀렸다. 왜 신앙의 자유가 권리로 인정되어야 하는가? 그것은 개인의 신앙의 자유라는 관념에 입각한 것이 아니고, 종교가 선한 삶을 촉진하여 좋은 시민을 만들어 낸다고 하는 그런 덕성을 갖기 때문이다. "내가 보기에 … 권리의 정당성은 그 권리가 이바지하는 목적에 과연 도덕적 중요성이 있는가, 바로 그 점에 의존한다."(『정의의 한계』)

하지만 자유로운 시민 사회의 원리로부터 보자면, 시민 사회에서 종교(혹은 신앙)의 자유는 그것이 갖는 도덕적 교의의 중요성에 의해서가 아니라 다양한 가치들의 상호 승인 없이는 시민 사회 자체가 존립할 수 없다는 이유에 의해 정당화된다. 만일 그렇지 않다면, 일찍이 유럽이 치렀던 종교적 교의 간의 심각한 대립이 곧장 산출되고 말 것이다.

롤스에 대해서는 이렇게 지적하지 않을 수 없다. 성원들 간의 호혜적인 이념은 일반 의지에 입각한 통치라는 원리에서 생각하지 않는 한 **임의의** 가치 이념이 되어 버리고, 그 때문에 노직처럼 대립적 가치를 가진 사람들로부터 반박을 당하지 않을 수 없다.

다른 한편, 비판적 상대주의는 이렇게 주장한다. 사회 안에 가치의 다양성이 존재할 수 있다는 점이야말로 중요하며, 그런 점에서 사회적인 올바름(정당성)의 공준을 하나로 정하는 것은 위험하다는 사실을 깨달아야만 한다. 하지만 이렇게 말할 때 상대주의자들은 가치의 다양성이라는 것을 하나의 당위(이상)로 부르짖고 있는 것에 불과하다.

현재 이 가치의 다양성이라는 사고방식은 누구도 공공연하게 반대할 수 없는, 즉 일반적으로 승인된 그런 관념이 되었다. 그러나 왜 가치의 다양성이 시민 사회에서 불가결한 것인지, 또 어떠한 원리에서 그것이 가능해지는지, 그 근거를 상대주의자들은 끝까지 파고들어 제시할 수가 없다. 도리어 상대주의적 사고로부터는 가치의 다양성도, 가치의 절대성도, 모두 등가라는 주장도 필연적인 것으로 도출해 낼 수 있다. 메이야수가 말하는 사상의 신앙주의란 바로 이 문제를 상징하고 있는 것이다.* 이 문제의 요점은 다음과 같다.

나는 지금 자유로운 시민 사회의 원리를 재구성하여 명시했는데, 이것이 보편적인 사회 이론의 기초가 되는 이유는 이 원리가 우리에게 하나의 명확한 조건법의 형태를 취하고 있다는 점에 있다. 만일 우리가 단지, 무엇이 인간에게 좋은 사회냐고 질문을 던진다면, '좋은 사회란 이러이러하다'라는 형태로 금세 엄청나게 많은 이상 이념들이 나타날 것이다. 그것들은 가치의 다양성이라는 원칙에서 볼 때 모두 '등가'이기 때문에, 어떤 보편적인 원리도 발견할 수가 없다.

그러나 여기에 하나의 조건법을 설정하면 사태는 달라진다.

즉, **보편 전쟁을 억지함과 동시에 사람들의 자유를 가능케 하기 위**

---

* 가치의 다양성: 우리는 지금 미국 정치철학에 있어 가치의 다양성에 대해 논하고 있지만, 이는 사태의 한 국면에 불과하다. 예컨대 (미국에 국한되지 않고 전 세계로 눈을 돌려 보면) 현대의 정치 사상은 극히 다양한 주장들의 분화를 낳고 있어 그중 주요한 것들을 꼽아 보더라도 엄청난 수에 달한다. 자유주의적 민주주의, 사회민주주의, 아나키즘, 공산주의, 종교원리주의, 종교민주주의, 종교적 사회주의, 프롤레타리아 민주주의, 덕치주의, 봉건주의, 민족주의, 공동체주의, 코포라티즘, 국가자본주의 등등. 이런 정치 이념들은 하나같이 임의의 정치적 이상 이념이어서, 결코 보편적인 사회 이념일 수 없다고 나는 생각한다.

해 어떤 사회가 필요하냐고 물었을 때, 그 대답의 자리에 이상 이념이나 상대주의적 주장이 밀고 들어올 여지는 없어진다. 즉, 철학의 역사가 시사하듯이, '누구라도 이렇게 생각할 수밖에 없는' 답으로서 제시될 수 있는 것은 자유로운 시민 사회라는 원리뿐인 것이다.

선별하는 사상의 필요성

다음과 같은 이의 제기는 성립될까? 대체 어떤 근거로 자유로운 시민 사회의 원리만이 '유일한 것'이고, 다른 가능성의 원리는 존재하지 않는다고 할 수 있단 말인가? 그것은 '유럽적인 것'이야말로 올바르다고 강요하는 것이 아닌가? 이런 이의 제기에 대해, 기본적으로 '사회적인 가치 이념의 다양성이란 무엇인가'라는 물음을 설정해 보자.

사회적인 가치 이념의 다양성은 단지 인간의 가치관의 다양성으로부터 생긴다고 말하는 것만으로는 불충분하다. 사회적인 가치 이념은 오랜 옛날부터 몇 가지 전형적인 범례들이 있어 왔다. '만인의 구제', '만인의 행복', '절대 평등', '절대 자유', '세계의 도덕적 완성' 등등, 이미 시사한 바 있듯이, 이런 이상 이념들은 삶의 모순에 대한 사람들의 의식으로부터 자라나는 것이라서 사람들이 어떠한 조건에서 살아가고 있느냐에 따라 천차만별이고, 바로 모순에 대한 의식의 이러한 다양성이 여러 가지 다른 가치 이념들로 표현되는 것이다.

그런 까닭에 모순에 대한 하나하나의 의식에는 저마다 강한 설득력과 논리가 있지만, 개개의 이상 이념은 그 자체로는 보편성을 가질 수가 없다. 그리고 이로부터 도출되는 결론은 각 사람의 다양한 가치 이념들이 컨플릭트(갈등 혹은 충돌)를 산출하지 않고 공존할 수 있는 사회 원리, 즉 상이한 가치관들이 다른 가치관을 배제하지 않고 승인하는 범위에서 허용되는 자유로운 시민 사회의 원리만이 보편적인 것으로 남게 된다는 것이다.

다음과 같은 중요한 이의 제기도 예상해 볼 수 있다.

요컨대 자유로운 시민 사회란 현재의 민주주의적 선진국의 정치적 원칙을 의미한다. 그렇다면 자유로운 시민 사회 원리를 옹호한다는 것은 세계의 현 상황을 그저 시인하고 긍정하는 것에 불과하지 않은가? 현 상황을 바꾸는 것이 문제라면, 오히려 새로운 정치 원리야말로 필요한 게 아닌가? 이런 의구심은 마르크스주의의 좌절 이후 거의 반세기 가까이에 걸쳐, 내 세대를 포함해 수많은 사람들이 품어 온 근대 사회에 대한 의구심이기도 하다. 그리고 바로 이 의구심이야말로 내가 오래전부터 철학의 세계에 밀고 들어가, 다양한 가능성의 원리들을 검증해 온 근본 이유이기도 했다.

그러나 그런 과정을 거친 끝에 나는 이런 결론에 도달했다. 즉, 온갖 사회 원리들의 본질을 철학적으로 음미하고 검토해 보았는데, 인간 사회가 향해야 할 미래의 가능성으로서 자유로운 시민 사회의 원리 이외의 것은 아직 발견되지 않았다. 바꿔 말하자면 자본주의의 현 상황을 변혁할 필요가 있다고 할 때, 그 상황을 비판함에 있어 보편적인 정당성을 확보할 수 있는 것은 자유로운 시민 사회라는 이념* 이외에는 없다는 것이다.

인간 사회의 미래를 여러 국가들의 공존 및 상호 승인 상태로서 그려 보는 한, 즉 다양한 인간들과 공동체(국가)들이 각자의 방식으로 가치의 자유를 추구하고 더욱이 그것이 공존할 수 있는 그런 사회를 그려 보는 한, 우리는 상호 승인의 원리를 포함하는 자유로운 시민 사회의 원리에서 출발해야 하며, 이를 시민 사회로부터 국가 간 관계로 이전 및 확대해 가는 길로 나아가는 것 이외에는 없기 때문이다.

일찍이 니체는 근대를 살아가는 사람들에게 기독교적 삶을 계속 고집할 것이냐 아니면 디오니소스적 삶(자유로운 에로스의 긍정)을 살아갈 것이냐 하는 양자택일을 '선별하는 사상'으로서 제시한 바 있다. 우리에게도 역시 보편적인 사회 사상에 입각한 선별하는 사상이 필요하다.

이를 한마디로 표현하자면, 근대의 자유로운 시민 사회 외에 참된 '인간 사회'를 실현할 가능성이 어딘가에 있을 것이라는 희망을 확실히 단념할 때, 비로소 우리는 새로운 인간 사회의 가능성을 움켜쥘 수 있는 것이다.

---

* 자유로운 시민 사회라는 이념: 이 이념은 이 사회 원리가 한 국가 내에 그치는 것이 아니라 세계적인 국가 간 공존 상태로서 전개되어야 한다는 목표를 그 안에 포함하고 있다.

사회 본질학의 근본 원칙

지금까지 우리는 인문 영역에 있어 철학의 보편 인식이 가능한가 하는 주제로부터 사회 본질학의 가능성이라는 주제로 전진해 왔다. 내가 이 장에서 제시해 온 것을 요약하면 다음과 같다.

현재, 많은 사람들이 현대 사회는 변혁되어야 한다고 보고 있다. 그리고 그것을 위해서는 사회 이론을 구상해 내야 하는데, 이 과제는 가치 이념의 다양성 문제와 상대주의 사조의 융성에 의해 오래도록 저지되어 왔다. 바로 이 문제가 사람들로부터 현대 사회의 모순을 극복할 가능성과 희망을 빼앗아 온 것이다.

하지만 문제를 하나의 '조건법'으로 전제할 때, 즉 보편 전쟁의 억지와 아울러 인간의 자유의 해방이 가능해지기 위해서는 어떠한 원리가 필요한가, 라는 조건법으로 설정할 때 비로소 사회의 보편 이론, 즉 사회 본질학이 가능해진다. 이 점을 제시함으로써 나로서는 독자를 사회 본질학의 입구까지 이끌어 올 수 있었다고 생각한다.

물론 이미 시사한 바와 같이, 그 구체적 내용 속으로 진입하는 것은 이 책의 주제가 아니고 따로 다른 책을 쓸 필요가 있다(『욕망론』 제3권에서 이 내용을 다루려 한다). 그래서 여기서는 사회 본질학의 방법에서 근본 원칙이 무엇인지를 정리해 제시하고자 한다.

첫째, 사회를 어떠한 관심하에서 인식할지를 정해야 한다. 이미 보았듯이, 현실 세계가 산출하는 모순들에 대한 의식이야말로 우리로 하여금 대체 '사회란 무엇인가'라는 질문을 던지게 하는 것이고, 그런 까닭에 '사회'는 이 모순들을 끊임없이 극복할 가능성 혹은 희망으로서 파악되어야만 한다.

둘째, 이로부터 사회는 단지 복잡한 시스템이나 구조의 사실성으로서가 아니라 인간이 겪게 되는 모순들이 끊임없이 개변되어 나갈 가능성의 시스템으로서, 요컨대 본질적으로 '개변 가능성의 구조'로서 파악되어야만 한다.

사회의 구조나 시스템을 어떠한 복잡한 모델과의 **유비**에 의해 그려 보는 방식으로는 근대의 시민 사회가 일반 의지, 즉 사람들의 상호 승인 의지에 의해 형성된 **신약信約의 집합체**라는 본질을 갖는다는 점을 도저히 파악할 수가 없다. 이 점을 파악하지 못하면 사회가 온갖 문제들을 산출할 때 과연 어떻게 또 어떠한 방향으로 그것을 개변(개선)해야 할지에 대한 근거를 도출해 낼 수도 없다. 혹은 역으로 이렇게 말해 볼 수도 있다. 사회라는 것을 사람들에 의해 늘 개변 가능한 구조체라는 본질로 포착한다면, 사회 중에서도 특히 근대 시민 사회는 일반 의지에 의해 구성되는 룰 게임으로 파악되지 않으면 안 된다.

셋째, 이를 이어받아 통치는 일반 의지의 **최선의 표현**을 근본 이념으로 삼지 않으면 안 된다. 사회를 끊임없이 개변 가능한 구조로 파악할 때, 가장 중요한 개념이 되는 것은 일반 의지라는 개념이다. 근대 시민 사회의 근본 구조는 사람들의 일반 의지(집합적 의지라 불러도 좋다)에 의한 통치 권력의 창출과 이 일반 의지의 **표현**으로서의 통치를 기축으로 삼는다.

이 점에서 시민 사회는 거기에 출현하는 모순이나 문제들이 일반 의지에 의한 정치적, 경제적인 룰의 변경에 의해 늘 개변될 수 있는 구조로 파악된다.

하지만 개변은 어떻게 실현되는 것일까? 일반 의지가 늘 더 정당성을 갖는 방식으로 '표현'됨으로써 실현된다. 그 원리는 이러하다.

시민 사회의 통치는 일반 의지를 법과 시책施策에 의해 대표하고 표현함으로써 정당성을 얻는다. 그러나 일반 의지가 늘 **완전한 방식**으로 표현된다는 건 있을 수 없다. 그럼에도 불구하고 통치는 늘 일반 의지를 **최선**의 방식으로 표현하고자 하는 노력을 본질적인 의무로 지고 있다. 여기서는 그것을 사람들의 총의가 가능한 한 적절한 방식으로 법과 통치에 표현될 것, 요컨대 '일반 의지의 최선 표현'이라는 이념으로 제시해 둔다. 일반 의지의 최선 표현이라는 이념은 끊임없이 사회가 더 선한 상태로 개변되어 갈 가능성의 본질적 조건이다.

격차와 시민 사회

우리는 사회 본질학이 무엇을 동기로 삼고, 무엇을 지향하며, 어떠한 방법으로 전개되어야 하는지에 대한 기본 구도를 확인했는데, 여기서 한 가지 구체적인 예를 시사해 두고 싶다.

격차(양극화) 문제의 중요성과 긴급성에 대해서는 이미 언급했다. 자본주의에서 격차의 확대는 온갖 다양한 악영향들을 미치는데, 가장 중요한 것은 그것이 '민주주의'를 실질적으로 파괴한다는 점이다. 어떻게 해서? 금력金力과 정치의 유착에 의해서다.

부유 계층은 부의 배분이 자신들에게 유리해지도록 끊임없이 정치세력에 힘을 미치고 또한 룰(정치와 경제의 룰)을 변경하려고 노력한다. 이를 규제할 힘도 물론 존재해 왔으므로 오래도록 양자 간의 줄다리기가 거듭되어 왔는데, 그러나 현재 이 균형의 저울은 거의 회복 불가능할 정도로 부유층 쪽으로 크게 기울어 있다. 어떻게 이를 적절한 균형 상태로 되돌릴 수 있을까?

국가가 부를 배분하는 시스템을 조정하는 방법에 대해서는 다양한 아이디어가 있다(과세, 재정정책, 금융시스템 개혁, 기본소득 등). 하지만 무엇보다 중요한 것은 이를 개선해야 할 본질적인 근거인데, 그것을 담당하는 것이 바로 일반 의지와 보편 자산 개념이다.

보편 자산은 사회가 산출한 부라는 것이 사회의 총체적인 경제 활동의 소산이며, 따라서 그 배분의 근거는 오직 일반 의지에만 있다는 뜻이다. 요컨대 사람들의 총의에 의한 민주주의적인 결정만이 부 배분의 '정당한' 근거인 것이다.

격차의 과도한 확대는 왜 끊임없이 정치 룰에 의해 적절히 조정되어야만 하는가? 그것은 시민 사회가 '호혜적 원칙'을 가져야 하기 때문도 아니고, 상호 부조가 인간의 공동체적인 미덕이기 때문도 아니다. 격차의 확대는 일반 의지의 표현을 크게 저해하고 그럼으로써 자유로운 시민 사회의 통치 원칙을 파괴한다. 따라서 부의 배분을 일반 의지에 근거하면서 늘 적절히 조정하는 것은 자유로운 시민 사회의 이념에 있어 일차적이고도 근본적인 중요성을 갖는다.

사회 본질학이 주제로 삼는 영역은 부의 배분 문제만은 아니다. 늘 주제가 되어야 할 것들은, 예컨대 정치 제도, 교육, 경제시스템, 사회 복지, 의료, 사법 및 경찰시스템, 과학기술에 대한 룰의 조정이다. 그리고 어느 영역에서도 개변 가능성의 근거가 되는 중심 개념은 일반 의지이며, 또 이로부터 파생되는 것, 즉 일반 복지와 보편 자산 개념이다.

우리는 근대 국가(시민 국가)라는 건물 속에서 하루하루를 살아간다. 그래서 시민 국가가 지금까지 말한 본질적 설계도(원리)를 갖는다는 점을 어렴풋이는 알고 있다. 하지만 아마도 대부분의 사람들은 이 자유로운 시민 사회라는 건물의 근본적인 설계도를 자각적으로 파악하지는 못하고 있을 것이다. 그런데 단지 거기에 살고 있다는 것과 그 설계도를 이해하고 있다는 것 사이에는 커다란 차이가 있다. 그 설계도에 대한 본질적인 이해가 결여되어 있으면, 커다란 문제가 발생했을 때 무엇이 문제의 중심이고 어떤 변화가 일어나야 하는지에 대해 적절한 판단을 구성해 낼 수가 없는 것이다.

철학의 재생을 위하여

철학 테이블이라는 제도

현대 사회가 어디로 향하려 하고 있는지에 대해 여러 의견들이 있다. 그러나 현재의 상황은 절박하다. 지금, 격차를 비롯한 자본주의의 문제들을 극복하기 위한 큰 전망과 그에 대한 합의를 창출해 낼 수 없다면, 세계의 지속 가능성이라는 차원을 넘어서, 우리 세계는 자유로운 시민 사회의 원리를 포기하고, 세계는 다시 한번 보편 전쟁과 절대 지배의 상태로 회귀할지도 모르기 때문이다.

18세기에 발원한 근대 시민 사회는 당시 사람들에게 자유로운 삶, 새로운 삶을 살 수 있다고 하는 커다란 희망이었다. 그러나 그 이후의 진전은 사람들이 생각한 쪽으로 나아가지 못했다. 유럽의 근대는 근대 국가를 창출해 냈지만, 그것은 오래지 않아 격렬한 국가 간 자본주의 전쟁으로 이행하였고 세계에 커다란 비참을 초래하였다.

사람들의 희망은 거대한 희생을 초래한 양차 세계 대전 이후에야 드디어 서서히 그 발걸음을 떼기 시작하는 듯싶었다. 선진국들 간의 전쟁 종언과 상호 공존, 일반 사람들의 생활 수준과 복지의 향상 등등. 그러나 그것은 지금 불온한 경향을, 즉 격차의 확대, 부유층과 일반인의 계층적 괴리, 금력에 의한 민주주의의 붕괴 같은 분명한 경향을 드러내고 있다.

이미 20세기 전후부터 자본주의를 축으로 하는 근대 사회 및 근대 국가에 대한 여러 비판들이 출현하고 있었다. 우선 마르크스주의는 '자유' 대신 '평등'을 실현할 사회를 구상했지만 '자유'를 확보할 원리를 가질 수 없었기 때문에, 결국 절대 지배 사회에 가까워지면서 좌절하고 말았다. 다음으로 등장한 강력한 비판자는 포스트모던 사상이었다.

그러나 여기서는 상대주의가 비판의 중심 무기가 되었기 때문에, 현재의 모든 제도들을 죄다 비판하지만 얼터너티브(대안 사회)를 결코 제시할 수 없다는 점이 분명해졌다. 보편적인 원리나 근거에 대한 사유 자체가 부정되었기 때문이다. 그리고 미국의 정치철학을 포함하여 다양한 정치 사상이나 이상 이념들이 현재의 자본주의 사회를 수많은 지점에서 비판하고 있지만, 도리어 이 비판의 다양성이 변혁의 비전에 대한 커다란 합의를 저지하고 있다.

이와 관련하여 나의 주장을 한마디로 요약한다면 다음과 같다.

인간 사회가 보편 전쟁을 억지함과 동시에 인간의 자유를 확보하면서 이를 더 발전시켜 나가기 위한 사회 원리는 아무리 의외스럽게 여겨질지라도 결국 단 하나밖에 없다. 요컨대 자유로운 시민 사회라는 이념뿐이다. 따라서 현재 우리가 현대 사회의 모순들을 극복하고자 한다면, 다른 여러 이념들의 가능성을 단념하고 이 사회 원리를 원칙으로 삼아 전진하는 수밖에 없다.

나는 이 책에서 그 이유를 충분히 독자들에게 전할 수 있었다고는 생각지 않는다. 그러나 한 가지는 제시할 수 있었던 것 같다. 즉, 사회의 사상은 당위의 이념이나 이상의 제시여서는 안 되고, 어디까지나 보편적인 이론(사상)으로 제시해야만 한다는 것.

왜냐하면 보편성을 추구하지 않는 사상은 우선 이상 이념의 다양성 앞에서 좌절하고, 뒤이어 보편적인 사상 따위는 존재하지 않는다고 하는 상대주의 앞에 굴복할 수밖에 없기 때문이다. 이 점은 무엇을 의미하는가? 이 또한 한마디로 말할 수 있다. 철학이나 사상이라는 활동은 결국 사람들의 마음 속에 확산되고 있는 저 냉소주의의 '목소리', '이러니저러니 떠들어도 결국은 이론에 불과하고 현실적으로는 힘이 모든 것이야'라는 목소리에 대항할 수 없기 때문이다. 만일 사상이나 철학이 '현실에의 대항'이라는 본질을 가질 수 없다고 한다면, 철학이나 사상에 대체 무슨 의미가 있을까?

예민한 독사들이라면 납득해 주실 테지만, 나는 내 생각을 유일하게 올바른 사회 이론이라고 독단적으로 주장하고 싶지는 않다. 사회 본질학의 사유를 보편적인 사회 원리로 제시하긴 했지만, 이것이 참으로 보편적인 이론이라 부르기에 충분한지, 더 뛰어난 보편적 원리가 가능한지 아닌지를 사람들이 검증해 주길 바라는 것이다.

철학에서 중요한 원칙, 즉 보편적 사고의 원칙을 가능한 한 간명한 방식으로 말하면 이렇다. 문제의 형태를 끊임없이 간결화하고 명료화함으로써 문제를 **누구에게나 사고 가능한 것으로 만드는 것**. 이를 통해 "이것이야말로 보편적이다"라고 생각하는 다수의 아이디어들을 가능한 한 '철학 테이블'에 참가시키는 것. 그리고 보편적 사고로 제시된 다양한 제안들을 수많은 사람들이 음미하고 검증할 수 있도록 개방함으로써 더 탁월한 보편적 원리로 다듬어 발전시켜 가는 것.

뛰어난 철학자가 뛰어난 원리를 산출한다고 말하는 것은 하나의 사후적 설명에 불과하다. 철학의 사유가 많은 보편적 원리들을 산출해 온 것은, 더 보편적인 사고가 사람들의 음미에 의해 검증되고 선택되어 가는 '철학 테이블'이라는 시스템을 철학이 옹호하고 유지해왔기 때문이다.

철학 재생의 뜻을 품는다

철학이 그러한 보편적 원리를 창출하는 언어게임이라는 것을 잊으면, 철학은 뭐든지 심원한 진리처럼 그럴싸하게 표현하는 고도의 변론술로 타락한다. 그리고 지금 철학은 다분히 그런 물건이 되어가고 있다.

현대 철학자들은 어디에 있는 것인가? 포스트모던 사상은 이미 사회 비판을 담는 그릇으로서의 역할을 다했음이 분명한데, 그 사상의 얼마 안 남은 잔불을 둘러싸고 아직도 논의를 계속하고 있는 많은 철학자들, 현대 형이상학을 상징하는 하이데거적 반근대주의나 아니면 레비나스의 '절대 타자' 등에서 구원의 길을 발견하고자 하는 윤리적인 사상가들, 그리고 논리상대주의에 의거한 언어의 수수께끼나 존재의 수수께끼를 둘러싸고 사변적 논의에 계속 몰두하고 있는 분석철학자들, 또한 수많은 원리주의자, 종교주의자, 무정부주의자, 비판을 위한 비판가, 구원사상가들.

한편, 주구장창 이어져 온 상대주의적 철학의 미망을 깨고 등장한 듯 보이는 새로운 철학 세대는 어떨까? 이 책에서 '신실재론'이라는 이름하에 소개한 몇몇 철학은 물론 상대주의 철학에 맞선 대항을 주요 동기로 삼고 있다. 그러나 그들의 이론상의 무기는 상대주의에 대항하는 '본체론적'인 **사변적** 실재론이다. 게다가 이 실재론적인 사조는 이제 인공지능적 테크놀로지의 진보와 결부된 현대적인 실증주의적 실재론과 손을 잡을 가능성이 있다. 이 두 흐름은 상대주의가 오래 지속된 데 대한 시대적 반동 혹은 여진으로서 단순히 독단적 실재론 쪽으로 기울어진 것처럼 내게는 보인다.

중요한 것은 현대 철학자들과 현대 사상가들에 의해 간과되거나 부인되어온 근대 철학자들의 사고에 바로 '철학의 보편 인식'을 추구하는 '언어게임'이 성립되어 있었다는 점이다. 그것은 습관으로 굳어져 버린 사람들의 무거운 관념에 변화의 계기를 만듦으로써, 인간의 자유의 존재 조건을 서서히 창출하고 향상시켜 왔다. 나아가 그것은 오랜 시간에 걸쳐 인간의 세계로부터 일체의 초월항을 제거하는 방향으로 전진하였고, 그럼으로써 인간의 사고가 이성적인 보편성으로 다가가는 길을 개척해 왔다.

우리의 근대가 어디에서 출현했고, 우리의 사회가 지금 어디에서 있으며, 어떠한 길이 가능한 것으로 존재하고 있는가? 이를 본질적인 방식으로 알기 위해서는 다시 한번 보편 인식으로서의 철학으로 되돌아가지 않으면 안 된다. 다양한 이상 이념들, 다양한 세계 해석들 그리고 다양한 상대주의만이 존재하는 곳에서는 결국 힘의 논리만이 모든 걸 결정하고, 세계에는 오직 모순과 희망을 주장해 댈 뿐인 공허한 말들이 넘쳐흐르게 되는 것이다.

현재의 자본주의가 극복되어야 한다는 데에는 커다란 합의가 형성되고 있다. 거기에 우리 시대의 희망이 있다. 철학의 재생은 이 희망을 새로운 인간 사회의 원리로 가다듬어 발전시켜 나가기 위한 불가결한 조건이다. 이 과제를 담당할 사람들은 아마도 낡은 세대의 철학자나 학자들이 아니리라. 철학의 원리와 본의가 보편 인식의 탐구에 있음을 이해하고, 이를 재생시키고자 하는 뜻을 품은 진정 새로운 철학 세대만이 이 중요한 과제를 인수할 것임에 틀림없다.

보편, 상식, 삶으로서의 철학

1. 철학을 (새로) 시작하는 마음

이 책의 원서 띠지를 보면 저자는 1947년 출생에 현재 와세다 대학 명예교수라고 되어 있다. 노년에 접어든 학자가 어렵고 복잡한 철학을 빙긋이 웃으면서 잔잔히 풀어주는 책일까? 대략 그런 짐작을 하며 책을 폈다. 첫인상과는 달리 「서론」에서부터 훅! 치고 들어왔다. 철학의 사명은 보편 인식의 획득이고 이것이 현대 사회의 위기를 헤쳐갈 열쇠라고 주장했다. 그러니 새로운 철학을 시작하자고, 그것이 철학의 오래된 미래라고 말하며 「서론」을 끝내고 곧장 본론으로 직행했다. 시원시원하게 말하니 일단 흔쾌했다. 본론에서도 그는 시종일관 분명하고 확실히 말했다. 그리고 자신의 신념에 대해 열렬했다. 첫 저서를 출간하는 젊은 학자처럼 패기가 넘쳤다. 그는 내게 칸트와 화이트헤드를 오랜만에 상기시켰다. 칸트는 자신의 3 비판서를 환갑 전후인 57세(『순수이성비판』), 64세(『실천이성비판』), 66세(『판단력비판』)에 잇따라 출간했다.

세상으로부터 서서히 은퇴하기는커녕 본격적으로 새 삶을 시작했던 것이다. 방대하고 심오한 우주론 철학을 펼친 화이트헤드는 더 하다. 『과학과 근대세계』(64세), 『과정과 실재』(68세), 『관념의 모험』(72세). 그가 이 이전까지 세계적인 수학자로 활약했다는 걸 고려하면 더 괴물스럽다.

내가 서른이 넘어 뒤늦은 공부를 시작했을 때, 나도 이들처럼 노년에 새로운 삶과 공부를 다시 시작할 수 있는 사람이 되겠다고 마음먹었다. 하지만 그게 어디 쉬운 일인가! 체력도 떨어지고 눈도 침침해지면서 오래전 그 미래상은 점점 흐릿해졌다. 그러던 차에 이 책과 만난 것이다.

2. 나, 이상적인 독자

때마침 나는 이 책의 이상적인 독자였다. 단순무식하다고도 할 수 있는 문체에서 쿨한 매력을 느낀 것부터가 그랬다. 철학서에서는 보기 드문 돌직구의 매력이었달까!

내가 철학 전문가가 아니라 가끔 철학서를 읽는 애호가라는 점도 좋게 작용했다. 내가 철학서에 늘 불만인 것이 골치 아픈 책이 너무 많다는 점이다. 철학책이니까 넘어놓고 덧힐 수만은 없지만 그거야 철학 쪽 입장이고, 내 머리가 아픈 건 현실이다. 책 한 권 읽으려면 미리 알고 있어야 할 철학사 지식이 너무 많은 것도 짜증이다. 하는 수 없이 참고 서적들을 좀 읽다보면 그것들을 소화하기 위해 더 많은 지식이 필요하다는 걸 자꾸 알게 된다. 왕짜증이다. 철학의 고상한 세계에 흐뭇하게 입장하기는커녕 철학서의 노예가 되기 일쑤다. 이 책은 그렇지 않다. 고교

생 수준의 지식으로 대부분 커버 가능하다. 그렇다고 마냥 쉽기만 한 것은 아니다. 기초적인 지식을 가지고 실제로 철학해야 하기 때문이다. 칸트식으로 말하면 철학에 대해 배우는 게 아니라 철학하기를 익히는 것인데, 사실 이게 우리가 본래 바라던 바이긴 하다. '철학'이란 말이 본래 지혜와 사귄다는 뜻이기도 하고.

내가 마침 현상학과 후설에 관심이 생겼다는 우연도 한몫했다. 평소에 나는 후설이나 하이데거라고 하면 거리감부터 느껴지고 특히 그 흑백 표정은 부담감 만빵이었다. 게다가 제목은 또 얼마나 엄숙한지 거기엔 세상 모든 근심거리가 다 담겨 있을 것 같았다. 실제로 몇십 페이지 읽어본 적이 있었는데 내 짐작은 틀리지 않았다. 아니, 더 심했다. 매력이라곤 한 톨도 발견하지 못한 채 내내 허덕이다가 포기했다. 그것은 뿌옇고 다크한 세계였다. 그런데 이 책과 만나려고 그랬는지, 작년부터 그레이엄 하먼이라는 요즘 잘 나가는 철학자의 글을 읽게 되었다. 하먼의 철학은 싱그럽고 흥미진진했는데, 그가 주로 의거하는 선배 철학자가 후설과 하이데거였다. 둘 중에서도 후설은 사뭇 매력적이었다. 요약 지식으로 알고 있던 후설과는 딴판인, 생동하는 철학자가 3D 동영상으로 천천히 다가왔다. 그렇지만 과거의 독서에서 입은 트라우마가 깨끗이 치유되지 않아선지 그의 책을 직접 읽어볼 마음은 일지 않았다. 그런 상황에서 후설이 주인공 중 한 명인 이 책을 만나니 마침 잘됐네, 싶었다. 인연 중에서도 시절 인연이었던 셈이다. 저자는 필요할 때마다 후설의 철학을 해설해주되 원전을 끊임없이 인용하는 방식은 취하지 않는다. 자신이 충분히 소화한 내용을 자기 식으로 쉽고, 직설적으로 설명해준다. 현상학만이 아니라 니체, 하이데거, 홉스, 루소, 헤겔 등도 동일한 레시피로 요리해준다. 저자의 이런 문체는 철학사 지식이 적은 독자들에겐 진입장벽을 낮춰준다. 또 나름 철학책을 애호해온 독자들에게는 서양 철학사 전체를 조망하는 시각을 제공한다. 두루뭉술하고 애매모호한 자신의 철학 지식을 또렷하게 정리해볼 수도 있겠다.[*]

마지막으로, 미국의 정치 철학을 비중있게 다룬다는 점이 좋았다. 어떤 분들은 미국에 독자적인 철학 같은 게 있느냐, 정치 철학이라면 더더욱이 있을 리가 없지 않냐고 생각할 것이다. 그런 분들에겐 푸코나 들뢰즈가 먼저 떠오르고 더 최근으로 와도 아감벤이나 네그리 같은 이탈리아 사상가들이 훨씬 더 친숙하다. 영미 철학에 관심이 있거나 전공한 분들은 이와 정반대의 경우가 많다. 구체적이고 현실적인 문제를 다루는 영미 쪽에 비해, 프랑스나 독일 쪽은 너무 뜬구름 잡는 식이라는 것이다. 소위 대륙계와 영미계의 대립이라 불리는 이 세태는, 내가 보기엔 구시대의 유물이다. 학문만이 아니라 서양의 문화 전체를 영미권이냐 대륙 쪽이냐로 대립시키던 관성이 아직 남아 있는 탓이다. 이보다는 영미와 '소위' 대륙(사실은 대륙도 아닌데)을 더 세분해서 세계의 여러 지방들로 바라보는 게 낫지 않을까 싶다.

이런 점에서 저자에게 꽤 공감이 되었다. 이 책은 후설과 니체를 가

---

[*] 일본에서 현상학이 의료, 특히 정신 의료 분야에서 크게 활약한다는 걸 알았을 때, 현상학에 색다른 관심이 생겼다. 심각한 정신 질환자라든가 식물인간이라 통칭되는 환자들의 경우, 기존의 의학 지식을 척도로 그들을 재단해버리기보다는 환자와 마주 앉아 성심성의껏 교감하는 과정이 매우 중요하다. 환자의 만족감을 높여줄 뿐 아니라 치료에도 상당히 진전을 볼 수 있다. 그리고 이 과정에서 의료 지식이나 치료 기술이 발전되기도 한다. 저자는 이 책에서 현상학이 의료에 어떤 순기능을 하는지를 평이하게 말해준다.

장 중시하지만, 미국의 정치 사상을 전혀 얕잡아보지 않는다. 도리어 유럽의 정치 사상이 출구를 찾지 못한 채 막혀 있는 반면, 미국의 학자들은 훨씬 더 나아간 측면이 있다며 높이 평가한다. 그동안 허다한 지식인과 예술가들이 서양중심주의로부터의 탈출을 말해왔지만, 결국은 서양에 대한 무시나 적대가 아니라 적정한 자리 찾아주기에 의해 실현될 것이다. 탈출보다는 공존이랄까? 실제로 요즘 '서양의 지방화'가 간간이 시도되고 있는데, 이 책은 그런 사례 중 하나로서도 의미가 있다.

3. 상식과 보편, 그리고 현실

앞서 말했듯 이 책의 주제는 '보편 인식의 획득'이다. 많은 독자들이 낡고 촌스러운 것으로 느낄 법한 이 주제, 한데 희한하게도 이게 최신 유행 철학들의 주제이기도 하다. 이제부터 그 얘길 할 건데, 그 전에 잠시 상식과 보편에 대해 얘기해 둬야겠다.

상식은 현실에서나 학문에서나 늘 무시당해왔다. 그 결과 현대에 이르러서는 상식을 회복한다는 게 상당히 까다로운 문제가 되어버렸다. 철학에서도 크게 다르지 않다. 철학에서 상식 같은 걸 파고든다고? 그런 주제는 자연과학이나 사회과학에서 하는 거고, 철학은 훨씬 더 깊이 있고 심오한 것을 사유하는 특별한 학문 아닌가, 도리어 철학은 지배적인 상식에서 벗어나는 것, 심지어 그런 상식에 반하는 것 아닌가, 등등의 이미지들이 널리 퍼져 있다.

정반대의 이유에서 '철학 상식론'에 반대하기도 한다. 요즘같이 바쁘고 새로 배워야 할 것이 많은 세상에서 상식을 회복하기 위해 따로 철학

책을 읽어야 한단 말인가, 라는 반론이다. 반론 수준이면 다행이고 무관심한 분들이 훨씬 많을 것이다. 하긴 그렇기도 하다. 상식이란 사람들 대부분이 갖고 있는 공통적인 지식이나 적당한 균형 감각을 가리키는 말인데, 그런 상식을 따로 회복해야 한다는 게 이상하지 않은가! 맞다. 이상한 말이다.

하지만 내가 지금 살고 있는 현실을 직시하면 상황은 간단치 않다. 가짜뉴스들이 쓰레기처럼 차고 넘치고 것부터가 그렇다. 가짜 뉴스로부터 진짜 뉴스를 구별해내려면 상당한 시간과 노력을 바쳐야 한다. 구별이 불가능한 경우도 적지 않다. 소위 포스트 트루스의 시대요, 상대주의와 회의주의가 지배하는 시대다. 심지어 같은 날 신문에 같은 대상을 정반대로 보도하는 두 기사가 함께 실리기까지 한다. 이에 대해 각종 팩트 체크로 맞서지만 형세는 여의치 않다. 기묘한 것은 이와 동시에 절대적인 신앙주의가 급성장하고 있다는 대목이다. 캉탱 메이야수는 상황을 이 지경까지 이르게 한 원흉이 칸트의 철학과 그 이후의 근대 철학 전체라고 지적했다. 칸트에 따르면 물 자체는 인식 불가능하며, 보편적이고 객관적인 인식이란 본래부터 불가능하다. 따라서 어떤 수를 쓰더라도 우리는 상대주의에 갇혀 벗어날 수가 없다. 극단적인 신앙주의에 대해서도, 비판하거나 반내할 수 있는 토대가 상실되었다. 시민들이 공유하는 상식이나 보편 인식이 희박해진 세상, 우리는 지금 근대 철학의 극한에서 살고 있는 셈이다.

코로나 사태를 통해 우리는 기독교 근본주의가 얼마나 해롭고 시대 착오적인지, 한때 세계의 기준이었던 선진 유럽 국가들의 관습이나 행태가 얼마나 낡은 것인지를 확인하고 있다. 또 세계 각국의 정치 상황을 보면, 특정 정체성을 절대시하는 정체성 정치 '들'이 가장 활발한 정치 세력으로 활약 중이다. 그에 대해 "전문가의 말에 귀 기울이자"는 것이 대안으로 제시되기도 한다. 그러나 이 역시 보편적인 대안으로 받아들여지고 있지는 못하다. 우선, 핵발전소 문제나 코로나 방역 등 초미의 문제와 관련해서 전문가들 간에 의견이 극단적으로 갈리고 있다. 게다가 전문가들의 견해라는 것 뒤에 전문가 계급의 밥그릇이 숨어 있다는 사실이 민망할 정도로 확연히 드러나고 있다. 환경 생태 문제나 방역 문제는 물론이고 의료 민영화나 사법 개혁 등에서 전문가들의 존재가 특히 걸림돌이 되고 있다. 책임성 있는 전문가들과 전문가주의의 폐해를 온몸으로 구현하고 있는 전문가들 중 어느 쪽이 더 많은가, 쉽게 확언할 수 없는 게 현실이다. 요컨대 지금은 전문가를 떠받드는 것으로 해결될 상황이 아니다. 전문 영역에서 획득된 지식들이 시민들의 보편적 상식과 융화되면서 잘 작동하기 위해서는 어떻게 해야 할지, 시민들이 함께 고민해가야 할 상황이다.

저자는 상대주의, 회의주의, 신앙주의가 대유행하게 된 이유 중 하나로 소위 현대 프랑스 사상(푸코와 들뢰즈, 데리다 등으로 대표되는)이 뿌려놓은 씨앗을 지목한다. 물론 2차 대전 이후의 프랑스 사상가들은 큰 역할을 했다. 저자에 따르면 이 사상이야말로, 특히 사회주의와 마르크스주의의 몰락 이후, 현대 사회의 억압과 통제와 착취에 가장 근본적으로 대항하는 사상이었다. 그러나 보편주의적 지배 체제 여기저기에 구멍을 뚫을 수 있게 해준 그 사상이 지금에 와서는 해로운 요소로 작동하고 있다. 그중에서도 상대주의와 회의주의적인 측면이 큰 문제다. 지금은 다시 건전한 상식이 조성되어야 하는 시기로 바뀌었다. 이를 위해 철학은 보편 인식을 확립하고 상대주의와 회의주의를 적절히 다룰 방안들을 연구해야 한다.

철학의 역사는 자기 주제들을 분과 학문들에게 하나하나 빼앗겨온 역사라고 하는 슬픈 이야기가 있다. 그에 대해 나는 고대의 에피쿠로스가 남긴 한 마디를 상기하고 싶다. "교육을 철폐하고 모두 다 철학을 해야 한다." 그에 따르면 날마다 철학을 하는 사람은 과도한 공포에 의해 심하게 흔들리지 않는 삶을 살아갈 수 있다. 안정되고 건강한 삶을 살면서 주변 사람들과 활발히 교제하는 사람, 요컨대 건전한 상식인이 바람직한 철학인이다. 이것이 에피쿠로스가 말한 아타락시아의 구체적인 모습일 것이다. 너무나 평범한 얘기라 할지 모르겠지만, 이런 삶을 실제로 사는 사람은 얼마나 드문가! 그런 사람들이 다수인 사회는 얼마나 드문가! 그리고 이런 삶과 사회에 도움을 줄 수 있는 철학은 또 얼마나 드문가! 그리고 시도해보면 금세 알겠지만, 삶과 인식에서 상식을 회복한다는 건 생각보다 쉽지 않다. 우리의 삶이 상식으로부터 심히 소외되어 있기 때문이다.

상식의 문제는 보편의 문제와도 연결된다. 보편은 1990년대 초반 한국 사회에 포스트 모더니즘이 수입되고 프랑스의 소위 포스트 구조주의가 활발하게 소개된 이래로 '공공의 적'이 되어버렸다. 아마 나도 10년 전이라면 보편 인식을 주장하는 책은 읽지 않았을 테고, 15년 전이라면 거들떠도 보지 않았을 것이다. 그런데 이 책을 번역씩이나 했다. 여기에는 지난 10여 년간 내 생각이 서서히 변해왔다는 사정이 있다.

나는 보편이 '나름' 중요하다고 생각한다. '나름'이라고 단서를 단 것은, 이전보다 보편이 더 강조되어야 하지만, 그것이 보편주의나 근본주의 혹은 전체주의로 과도화되지 않아야 한다고 보기 때문이다. 모든 걸 보편으로 환원시켜버리는 쪽과, 보편을 그 뿌리까지 철폐하지 않으면 진정한 미래도 참다운 시작도 불가능하다는 쪽, 이 양 극단은 모두 과도하고 해롭다. 그래서 내린 결론이 보편을 중시하되 여럿 중 하나로 보자는 것이다. 한데 말이 좀 이상하다. '보편'과 '여럿 중 하나라는 것'은 모순되지 않는가? 물론 모순되는 말이다. 하지만 나는 이런 견해가 세상을 살아갈 때 매우 쓸모있게 작동한다고 생각한다. 조금 아까 말한 상식과 합쳐서 말해보자면, 건전한 상식이 통하는 사회, 그 속에서 보편도 나름 중요한 의미를 갖는 사회가 바람직한 사회라고 나는 생각한다.

지금까지 상식과 보편에 대한 내 생각을 말했다. 이제 현대 철학의 최신 동향을 이런 관점에서 스케치해 보겠다.

4. 21세기 새로운 철학의 풍경

새로운 철학자들

나는 2010년 이래 철학계에 등장한 새 흐름을 보면서 여러 모로 공감을 하게 되었다. 어떤 면에서 그러한지, 그중 몇몇 철학자를 훑어보며 이야기해 보겠다.

우선, 오늘날에도 철학책이 베스트셀러가 될 수 있음을 증명한 신실재론자 마르쿠스 가브리엘 얘기부터. 그가 '실재론자'인 것은 세상 모든 것들이 다 존재한다고 보기 때문이다. 심지어 상상의 동물 같은 것도 다 존재한다고 본다. '실재론' 앞에 '신'자가 붙는 것은 세상 모든 것이 다

존재해도 '세계 전체'만은 존재하지 않는다고 주장하기 때문이다. 그의 책 제목 『세계는 왜 존재하지 않는가』가 이런 뜻이다(내 주변에서 이 책을 읽기 시작한 사람 중 완독하지 않은 사람은 못 봤다). 세계 전체가 존재하지 않는다면 최종 진리나 근본 진리는 없다. 재래형 보편, 즉 초월적 보편은 없다는 뜻이기도 하다. 그럼에도 그는 상대주의나 회의주의에는 극력 반대한다. 세계의 뭇 존재들이 의미의 장 속에서 실재하기 때문이다. 다만, 그 존재들 모두에 의미를 부여해주는 단일한 장, 즉 세계는 존재하지 않는다.

사변적 실재론자(혹은 대상 지향 철학자) 그레이엄 하먼에게도 세상의 모든 대상들이 '실재한다'. 허구의 산물이든, 경험의 대상이든 우리가 대상으로 여기는 것들은 모두 실재한다. 이 당연한 것을 무슨 주장씩이나 하냐고? 그가 보기에 철학자들은 대부분 이 당연한 사실을 부정한다. 그들에게 진정 실재하는 것은 대상이 아니라 그 대상을 이루는 구성요소들이다. 대상의 본질을 구성 요소들로 환원해"버리는" 것이다. 주의할 것은 그가 예컨대 물리학에서 원자론을 구사하는 게 잘못이라고 주장하진 않는다는 것이다. 다만, 뭇 자연물들은 현상일 뿐이고 진정한 실재는 원자나 분자들이라고 보는 관점이다. 사회나 인간에 대해서도 구성 요소들로 환원하는 세 문제라는 것이다. 필요에 따라 적절하게 환원을 하는 행위는 극히 자연스러운 것이며 비판받을 대상이 아니다. 하먼은 이와 반대의 환원주의도 반대한다. 어떤 대상을 그것이 다른 대상들과 맺는 관계나 그 대상이 속해 있는 구조의 효과들로 환원해"버려서도" 안 된다. 특히 세상의 모든 대상들을 세계 전체의 관계나 구조로 설명하는 전일론적(全一論的, holistic) 환원주의는 절대 반대다. 이 관계라는 말 앞에 가령 '역동적인', '무수히 다양하고 끊임없이 변화하는' 같은 수식어들을 아무리 갖다 붙여도, 대상들을 관계로 환원해버린다는 점에서는 차이가 없다. 그의 주장을 듣다 보면 '세계는 없다'는 마르쿠스 가브리엘의 견해와 강하게 공명한다는 게 느껴진다.

한때 하먼과 가까운 입장으로 분류되었던 캉탱 메이야수는 수학을 엄청 애정하는 철학자답게 자연법칙의 보편성과 절대성을 주장한다. 이렇게만 보면 구시대의 보편주의자처럼 보이며 실제로도 그런 면이 강하다. 단, 그는 이 절대 법칙에 '우연성'을 덧붙인다. 지금 우리가 알고 있는 자연과학의 법칙들이 꼭 우리 우주의 절대 법칙일 이유는 1도 없다는 것이다. 주목할 것은 그가 보편 법칙을 강조하는 이유다. 그는 기존 철학, 특히 칸트 이래의 근대 철학이 인간에게 현상하는 것만 알 수 있다는 편협한 인간중심주의에 빠져 있다고 본다(앞서 잠깐 언급했던 그 얘기다). 이는 절대적인 앎을 반대하는 상대주의와 회의주의로 이어지는데, 그 결과 특정 집단이나 개인이 절대적 신앙을 고집하는 것 또한 인정하지 않을 도리가 없다. 상대주의와 회의주의가 신앙주의의 온상이 되는 역설! 그가 보편적 법칙과 이 법칙의 우연성을 강조하는 것은 이처럼 상대주의와 절대주의가 상호 조장하며 강화되게 만드는 근현대 철학을 넘어서기 위해서다.

신유물론자로 분류되는 제인 베넷은 『생동하는 물질』에서 제목 그대로 물질들이 얼마나 활발하게 생동하는지를 유감없이 보여준다. 그녀는 기존의 유물론이 물질들을 자연법칙에 지배당하는 것, 다른 물질들의 작용에 반작용하는 수동적인 것으로만 그려왔다고 비판한다. 그런 상황에서 물질들의 능동성은 '생기론'이라는 관념론 쪽에 흡수될 수밖에 없었다. 이 책은 생기론을 유물론에 새로 배속시키면서 물질들을 능동적이고 변화무쌍하게 활동하는 것으로 소생시킨다. 그래서 '생기적 유물론'이다. 『존재의 지도』의 레비 브라이언트 역시 기존의 유물론에 물질이 없었다고 비판한다. 그것은 프랑스와 이탈리아 사상가들이 주도했던 "포스트구조주의"가 너무 "언어에 집중함으로써 당대의 현재와 공명할 수 없었던 탓이다. 달리 말하자면 "프랑크푸르트학파와 구조주의와 포스트구조주의 … 등의 사회사상과 정치사상이 내용의 측면에 피해를 줄 정도로 표현의 측면에 압도적으로 집중했다." 이 문제의식에서 그는 들뢰즈 철학을 더 발전시킴으로써 유물론의 물질성을 강화시키고자 한다. 참고로 말하자면 제인 베넷 역시 (스피노자와 함께) 들뢰즈에 가장 크게 의거한다.

상식과 보편을 중시하는 삶의 철학

지금까지 이야기한 사조들에는 '실재론'이나 '유물론'이라는 이름이 달려 있다. 텍스트성이나 표현, 기호론 등을 과도하게 강조한 나머지, 정작 현실의 존재들(대상, 물질, 실재 등등)이 소외되었다는 문제의식이 담겨 있다. 이 실재들을 어떻게 되살리려 하는지는 저마다 다르지만 말이다.

아울러 이들 대부분이 저마다 자신의 존재론을 제시한다는 점도 두드러진다. 본래 존재론은 철학 중에서도 보편을 사유하는 대표적인 분야다. 문제는 그것을 부르주아 형이상학자들이나 종교 및 신학에 경도된 학자들이 주로 애호하면서 강단 철학으로 전락해버렸다는 것이다.

새로운 철학자들의 기획은, 존재론을 과거의 유물로 치부하지 않고 적극적으로 탐구하여 새로운 존재론을 구성하는 것이고, 또 그것이 독단적 형이상학이나 구시대적 근본주의가 되지 않도록 구성하는 것이다. 이들의 존재론에서 형이상학적인 차원의 보편자는 배제된다. 대신 대상이나 물질 등 현실의 실재 혹은 존재들이 주역을 맡는다.

5. 철학과 삶, 그리고 철학 자신

인간사 모두가 그러하듯 철학도 역시 사람들이 하는 활동이다. 잘 살아가는 데 쓸모가 있어야 하고 사람들을 새로운 삶으로 끌어들이는 매력이 있어야 한다. 우리 시대의 철학이 이러한 쓸모와 매력을 회복하기 바란다. 건전한 시민들이 저마다 인생과 사회에 대한 철학을 구성하고 발전시키는 데 도움이 되길 바란다. 현실에 안주하지 않되 현실로부터 동떨어지지 않는 철학, 그래서 시민들의 친구가 되는 철학, 이것이 내가 바라는 철학의 모습이다. 이것으로 이 책과 관련된 이야기를 마친다.

한데 다 쓰고 보니 정작 중요한 문제가 하나 빠졌다. 쓸까 말까 몇 번 망설였지만 아무래도 그 얘긴 하고 마쳐야겠다. 그건 바로 철학 자신의 삶에 관한 문제다. 지금 철학은 자신의 일상 유지에 버거워하며 앞으로 얼마나 더 생존할 수 있을지를 매일 근심하고 있다. 앞서 늘어놓은 얘기들이 한가한 소리로 들릴 정도다. 사회 전체나 타인의 삶을 돌보기 이전에 철학과 철학자 자신의 삶을 돌봐야 할 곤경에 몰려 있는 것이다. 철학만이 아니라 인문학이나 유사 가족인 예술과 함께 그러하다. 다수의 시민들이 비슷한 처지에서 불안하게 살아가고 있다. 이것은 철학이 살아가기에 좋은 환경일까 나쁜 환경일까? 아마 둘 다일 것이다. 돌아보면 철학은 지금까지 사람들에게 이렇게 물어왔다. 자신의 삶을 바꿔볼 수 있겠냐고, 지금보다 더 열심히 하는 것을 넘어서 새로운 자신이 되어볼 수 있겠냐고? 이 질문이 지금 철학 자신을 향해 던져지고 있다. 이 급변하는 세상에서 철학이 더 열심히 하는 것을 넘어 새로운 철학이 되어볼 수 있겠는가? 요컨대 탐구 대상이 세계이자 자기 자신인 상황이다. 나는 이것이 철학이나 사상의 본연의 상황일 수 있다는 생각을 종종 한다. 과연 철학이 자신의 위기를 자신의 좋은 환경으로 만들어갈 수 있을까? 그럴 수 있을 때 철학은 철학자 자신에게 생기를 주고, 그런 철학자의 삶은 사람들에게 매력적으로 느껴질 것이다. 철학이 시민들의 현재이자 미래가 되는 세상일 것이다.

인용 문헌

인명 색인

왜 당신들만 옳고 우리는 틀린가?

초판 인쇄 2021년 3월 3일
초판 발행 2021년 3월 10일
지은이 다케다 세이지
옮긴이 박성관
교정·교열 김승규
표지 디자인 김서희
본문 디자인 김미연
펴낸이 박세원
펴낸곳 ㅇㅣㅂㅣ
출판 등록 2020-000159(2020년 6월 17일)
주소 서울시 마포구 신촌로2길 19 출판문화진흥센터 3층 P24
전화 070-884-2047
팩스 0504-224-2047
전자우편 2b-books@naver.com
블로그 https://blog.naver.com/2b-books
ISBN 979-11-971644-1-5(03100)